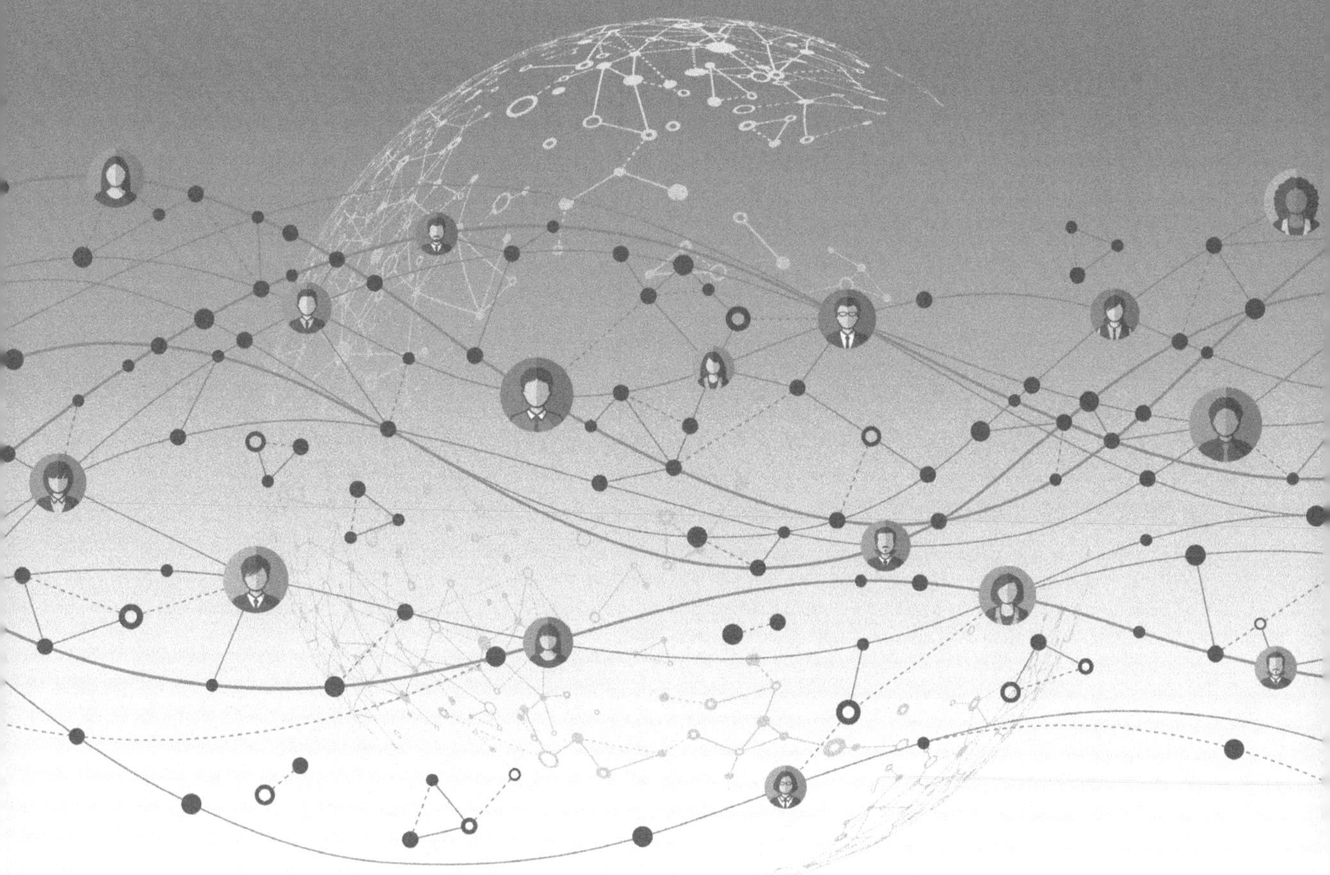

introduction to the ethics of neuroscience

신경윤리 입문

이인영 정성진 설선혜 심지원 김소윤 남승민 양지현 강태우

정독
DEEP READING

머리말

뇌과학의 발전은 인간 정신과정에 대한 과학적 이해를 크게 증진시키며, 신경학적 질환이나 정신의학적 질환을 더 빠르고 정확하게 진단·치료하는 기술과 정상인의 정신 능력을 보강, 향상, 증강시킬 수 있는 기술의 개발을 기대하게 한다. 뇌과학은 기초과학 기술과의 연계뿐 아니라 정보통신, 나노, 기계, 로봇 등과의 연결의 구심점에 있어 학제적 확장 가능성이 무궁무진하다. 인간의 행동 및 자아와 직접적인 관계가 있을 것으로 추정되는 뇌의 활동과 기능을 이해하고 활용하는 단계를 넘어서 뇌-기계 인터페이스, 뇌-컴퓨터 인터페이스, 신경향상약물, fMRI 뇌영상기기 등의 도구들이 개발되었다. 이러한 기술을 통해서 인간의 특징으로 여겨져 온 마음 또는 인지기능을 인위적으로 재구성하거나 간섭할 수 있는데, 그간 뇌기능 통제 또는 뇌의 간섭에 의한 인간의 특질에 영향을 미치는 심리학적·인지적 변화에 대해서 도덕적으로 너무 침묵하고 있었고 너무 늦게 반응하고 있었던 것이다.

신경윤리(neuroethics)는 뇌신경과학의 발달에 따라 뇌인지기능의 강화와 삶과 죽음 등에 대한 사회 전반적 문제들을 다루기 위한 분야이다. 뇌과학의 발전으로 인간의 마음을 물리적 세계의 일부로 이해할 수 있게 되면서 발생하는 주요 쟁점에는 고전적인 생명윤리의 틀 안에서 다룰 수 있는 부분이 많다. 하지만, 인간의 정체성이나 몸과 마음의 관계와 같이 자신과 타인을 바라보는 관점의 근본적 변화라는 뇌과학과의 관련성 속에서만 특수하게 발견할 수 있는 윤리적 쟁점들이 상당수 있으므로, 신경윤리는 생명윤리의 하위 분야를 넘어서는 그만의 독자적인 분야로서 학문적 지위를 가지고 있다고 할 수 있다.

이 책의 목적은 과학의 발전, 뇌과학에 관심이 있는 전문가와 일반인, 그리고 학생들이 새로운 분야인 신경윤리에 대한 기초와 심화 영역을 차근히 이해할 수 있도록 텍스트를 제공하는 것이다. 뇌과학의 발전과 그로 인한 윤리적 쟁점을 어느 한쪽에 치우치지 않고 균형감을 가지고 다루는 기본서로서의 '신경윤리의 입문서'가 부재한 현실에서, 이 책이 뇌과학자뿐 아니라 뇌과학의 전문지식이 없는 일반 독자들에게 과학의 발전과 신경윤리의 현주소를 알게 하고, 윤리적 논쟁의 경과 과정을 전체적으로 파악할 수 있도록 할 뿐 아니라, 갈등이 벌어진 뇌과학 연구의 다양한 사례를 통해서 독자 스스로 '질문'하고 '생각할 거리'를 만들어가는 입문서로서 역할을 할 수 있기를 기대하고 있다. 공동집필자 모두 이러한 논쟁적 주제들을 다루는 과정에서 관심과 지원, 도움을 준 선배들, 동료들에게 감사드리며, 더욱 충실한 내용으로 보완할 수 있도록 최선의 노력을 기울이고자 한다.

이 책은 2019년부터 2023년까지 5년간 한국연구재단 미래뇌융합사업 뇌신경윤리과제(2019M3E5D2A026450822)의 지원을 받았다. 이 책이 나올 수 있도록 출판에 수고를 아끼지 않은 도서출판 정독의 김중용 사장님께도 큰 감사의 뜻을 전한다.

2023년 12월

공동집필자 일동

차 례

제 3 장 첨단 뇌과학과 신경윤리

제4장 Mind Reading

제5장 뇌과학과 신경윤리의 전망과 제언

제1장

뇌과학 발전과 새로운 사회의 등장

CHAPTER 1

뇌과학 발전과 새로운 사회의 등장

Ⅰ. 뇌과학의 발전

1. 신경과학과 뇌과학

신경과학은 뇌를 포함한 모든 신경계에 대해서 연구하는 학문이며, 뇌는 신경계의 일부이므로 뇌과학은 신경과학의 한 분야라고도 볼 수 있다. 그러나 뇌과학이 보다 더 익숙한 이유는 '뇌'라는 단어가 갖고 있는 특성 때문이라고 할 수 있다. 뇌는 인간의 사고와 행동을 지배하는 핵심이라고 생각하는 일종의 '뇌의 권위'라고 할 수 있겠다. 기원전 5세기 크로톤(Croton)의 알크마에온(Alcmaeon)에 의해 동물의 시신경이 발견된 이후 생각과 감정이 뇌에 존재한다는 이론을 이끌어 냈으며, 아리스토텔레스(Aristotle)는 인간의 지적 과정이 마음에서 일어난다고 주장했다. 17세기에 들어서 르네 데카르트(Rene Descartes)는 뇌는 행동에 대한 책임을 진다고 주장했으며, "나는 생각한다, 고로 존재한다"라는 뇌와 인간의 존재성에 대해 철학적이면서도 뇌과학적인 명언을 남겼다.

1891년 산티고 라몬 카할(Santiago Ramón de Cajal)의 신경세포 염색법을 통해 신경세포의 존재가 확인되었으며, '뉴런'이라는 신경세포에 대한 새로운 용어가 탄생하게 되었다. 1861년 피에르 폴 브로카(Pierre Paul Broca)는 뇌손상을 입은 환자들을 연구하면서 뇌의 특정 영역(이후, '브로카 영역'으로 명명)이 손상되면 언어능력이 손실된다고 주장하였으며, 1874년 칼 베르니케(Carl Wrnicke)는 특정 영역(이후, '베르니케 영역'으로 명명)이 손상되면 말은 할 수 있으나 언어를 이해할 수 없는 환자들에 대한 보고를 하였다. 이러한 주장으로 특정 영역은 기본적인 기능을 하는 데 역할을 하지만, 더 복잡한 기능은 뇌의 다른 영역 간의 상호작용이라는 결론을 내렸으며, 이는 현재 과학에서 주장하는 뇌의 연결성

(Connectome)의 기본 개념이라 할 수 있다. 실제로 21세기에 들어와 뇌에 존재하는 다양한 세포의 연결성과 뇌 영역 간의 연결성을 연구하는 소위 '뇌지도'(Brain Mapping)는 각국에서 수행하는 국가 차원의 대규모 프로젝트의 일환으로 지난 10년간 수행되어 왔다.

1962년 매사추세츠 공과대학(Massachusettes Institute of Technology: MIT)에서의 1997년 노벨의학상 수상자인 스탠리 프루시너(Stanley B. Prusiner)의 연설은 우리가 왜 뇌에 대해 관심을 갖고 흥미롭게 생각하는지를 깨닫게 해준다.

> "뇌는 우주에서 가장 매혹적인 대상이므로 신경과학은 지금까지 가장 흥미로운 과학 분야로 여겨지고 있다. 모든 인간의 뇌는 다르다. 즉, 뇌는 각 인간을 독특하게 만들고 자신이 누구인지를 정의한다." −스탠리 프루시너−

이와 같이, 인간 자체라고 할 수 있는 인간의 뇌를 이해하기 위해서는 다양한 과학기술이 사용되어야 하며, 뇌과학 기술은 지금까지 눈부신 속도로 발전해 가고 있다. 현재 뇌신경과학 분야에서 다양한 기술이 사용되고 있으나, 최근 가장 주목받고 있는 기술에 대한 개요를 간단히 소개하고자 한다.

(1) 오가노이드

신경 오가노이드는 인간 뇌 조직의 구조와 기능과 유사하도록 설계된 3차원 세포 배양 모델이다(Lancaster 외, 2013). 이는 신경세포의 성장과 분화를 촉진하는 특수한 환경에서 인간 줄기세포를 배양하여 생성되며, 그 결과 미니 뇌와 유사한 구조가 형성된다. 신경 오가노이드는 비교적 새로운 기술이지만 이미 뇌 발달, 질병 및 기능을 연구하는 데 유용한 도구임이 입증되었으며, 이를 통해 다음과 같은 연구에 기여할 수 있다.

- **뇌 발달 모델링**: 신경 오가노이드는 다양한 뇌 영역의 형성과 배아 발달 중 신경 세포의 이동을 포함하여 뇌 발달의 다양한 측면을 모델링하는 데 사용될 수 있다(Chambers 외, 2013; Kelley & Paşca, 2022; Chiaradia & Lancaster, 2020; Fleck 외, 2023). 3차원 환경에서 신경 세포가 서로 상호작용하는 방식을 연구함으로써 연구자들은 뇌 발달을 형성하는 복잡한 과정을 더 잘 이해할 수 있다.
- **신경 장애 연구**: 신경 오가노이드는 자폐증, 정신분열증, 알츠하이머병을 포함한 다양한 신경 장애를 모델링하는 데 사용할 수 있다(The Economist, 2013). 이러한 장애가 인간 뇌조직의 3차원 모델에서 어떻게 나타나는지 연구(Kelava & Lancaster, 2016)함으로써 연구자들은 질병의 기본 메커니즘에 대한 통찰력을 얻고 잠재적인 치료

목표를 식별할 수 있다.

- **약물 스크리닝**: 신경 오가노이드는 신경 기능에 영향을 미치고 신경 장애를 치료하는 능력에 대해 잠재적인 약물을 선별하는 데 사용될 수 있다(Lee 외, 2017). 이 접근법을 통해 연구자들은 보다 관련성이 높고 인간과 유사한 뇌 조직 모델에서 잠재적인 약물 후보를 테스트할 수 있으며, 이는 임상 시험의 성공 가능성을 높일 수 있다.

전반적으로 신경 오가노이드는 뇌 발달, 질병 및 기능에 대한 우리의 이해를 혁신할 수 있는 잠재력을 가진 유망한 신기술이다(Chambers 외, 2013). 신경 유기체의 잠재력을 완전히 실현하기 위해 극복해야 할 과제는 여전히 많지만, 이 분야에 대한 지속적인 연구는 앞으로 몇 년 동안 많은 흥미로운 새로운 발견을 낳을 가능성이 높다.

(2) 뇌 자극 및 향상 기술

뇌 자극에는 비침습적 자극과 침습적 자극의 두 가지 유형의 뇌 자극 기술이 있다.

비침습적 뇌 자극(Non-invasive brain stimulation: NIBS)은 뇌를 자극하기 위해 두피에 전기장이나 자기장을 적용하는 기술이며, 이 기술은 수술이나 전극을 뇌에 직접 삽입하지 않기 때문에 비침습적이라고 간주된다. NIBS 기술에는 경두개 자기 자극(TMS), 경두개 직류 자극(tDCS) 및 경두개 교류 자극(tACS)이 포함되며, 주로 우울증, 만성 통증, 인지 장애와 같은 다양한 상태를 호전시키는 데 사용될 수 있다. 반면, 침습적 뇌 자극(Invasive brain stimulation: IBS)은 전극을 뇌에 직접 외과적으로 이식하는 방법으로 파킨슨병, 본태성 떨림, 간질, 강박 장애 등 다양한 신경 및 정신 질환을 치료하는 데 사용된다. IBS 기술에는 뇌의 특정 부위에 전극을 이식하는 심부뇌자극(DBS)과 비정상적인 신경 활동을 감지하고 반응할 수 있는 전극을 뇌에 이식하는 반응성 신경자극(RNS)이 포함된다.

- 비침습적 뇌 자극 기술 중 하나인 tDCS은 경두개를 직류방식으로 자극하는 기술로서, 뇌의 신경 활동을 조절하기 위해 두피에 작은 전류를 가하는 비침습적 뇌 자극 기술이다(Rosa & Lisanby, 2012). tDCS의 기본 아이디어는 작고 낮은 강도의 전류를 사용하여 목표 영역에서 뇌의 전기적 활동에 영향을 주는 것이며, 이는 두 개의 전극, 즉 양극과 음극을 두피에 배치하고 그 사이에 작은 전류를 흘려주는 것이다. tDCS는 우울증, 불안, 만성 통증 및 인지 장애를 포함한 다양한 상태에 대한 잠재적 치료법으로 연구되어 왔으나, 그 효과에 대해서는 상반되는 연구결과로 인해 아

직은 보다 더 많은 연구결과가 필요하다(Kringelbach 외, 2007; Brunoni 외, 2016; Elsner 외, 2020). tDCS는 피부 자극이나 화상, 두통, 현기증과 같은 잠재적인 위험과 부작용이 있을 수 있으므로 숙련된 의료 전문가의 감독 하에서만 수행되어야 한다는 점에 유의해야 한다.

- 침습적 뇌 자극 기술 중 하나인 심부뇌자극술(DBS)은 뇌의 특정 부위에 전극을 이식하고 전기 자극을 전달하여 뇌 부위의 활동을 조절하는 기술이다. DBS는 일반적으로 파킨슨병, 본태성 떨림, 근긴장 이상을 비롯한 다양한 신경 질환을 치료하는 데 사용된다(Kringelbach 외, 2007). DBS 시술 중에 외과 의사는 환자의 신경 장애 증상을 담당하는 뇌의 특정 부위에 작은 전극을 이식하게 되며, 그 전극은 환자의 가슴 피부 아래에 이식되는 소형 배터리 구동 장치에 연결된다. 이 장치는 뇌에 전기 자극을 전달하여 비정상적인 신경 활동을 조절하고 환자의 증상을 완화하는 데 도움을 줄 수 있다.

  DBS는 표적 뇌 영역에서 뉴런의 발화 패턴을 변경하여 환자의 신경 장애 증상을 개선할 수 있는 것으로 생각된다. 정확한 작용 메커니즘은 아직 완전히 이해되지 않았지만 연구자들은 DBS가 표적 뇌 영역의 활동을 정상화하고 다양한 뇌 영역 간의 의사소통을 개선하는 데 도움이 될 수 있다고 믿는다(Rissardo 외, 2023). DBS는 일반적으로 안전하고 효과적인 것으로 간주되지만 모든 사람에게 적합한 것은 아니며, DBS 수술을 받기로 한 결정은 환자의 개별 상황을 평가하고 최선의 치료 과정을 추천할 수 있는 신경과 전문의 또는 신경외과 의사와 상담하여 이루어져야 한다. DBS의 잠재적인 이점에는 운동 기능 개선, 떨림 또는 불수의 운동 감소, 신경 질환 환자의 삶의 질 향상 등에 매우 효과가 있는 것으로 알려져 있다.

비침습적 뇌 자극 기술과 침습적 뇌 자극 기술 모두 다양한 신경 및 정신 질환을 치료하는 데 유망한 것으로 알려져 있지만, 침습성에 대한 위험 및 이점은 동전의 양면 같은 측면이 있기 때문에 매우 주의해야 하며, 환자들에게 보다 더 면밀하게 설명을 할 필요가 있다. NIBS는 일반적으로 더 안전하고 덜 침습적인 것으로 간주되지만 특정 조건에서는 IBS만큼 효과적이지 않을 수 있고, 밝혀지지 않은 부작용들이 잠재적으로 존재할 수 있다. 반면에 IBS는 더 침습적이고 합병증의 위험이 더 높지만, 더 표적화될 수 있고 뇌의 특정 영역에 더 정확한 자극을 제공할 수 있으나, 이 또한 여전히 알 수 없는 위험도 존재하고 있다는 사실이다. 궁극적으로 뇌 자극 기술의 선택은 물론 환자의 개인적 필요와 선호도에 따라 매우 달라질 수 있고 이에 대한 과학적, 윤리적 연구는 지속적으로 진행되어야 할 것이다.

(3) 뇌-기계/컴퓨터 인터페이스

BMI(Brain-Machine Interface) 또는 BCI(Brain-Computer Interface)는 뇌와 컴퓨터나 의수족 등 외부 장치 간의 직접적인 통신을 가능하게 하는 기술을 말한다(Krucoff 외, 2016). BMI 기술은 뇌에 이식되거나 두피에 배치된 전극을 사용하여 뇌의 전기적 활동을 기록하고, 이는 외부 장치를 제어하는 데 사용할 수 있는 명령으로 변환된다(Martini 외, 2020).

BMI 기술은 우리가 기술과 상호작용하고 장애인을 돕는 방식에 혁명을 일으킬 수 있는 잠재력을 가지고 있다. 다음은 BMI 기술이 어떻게 사용되는지에 대한 몇 가지 예이다.

- **의수족**: BMI는 의수족을 제어하고 절단 또는 마비가 있는 사람들의 움직임을 회복하는 데 사용될 수 있다. 뇌의 신호를 의수족의 움직임으로 변환함으로써 사람들은 어느 정도의 이동성과 독립성을 회복할 수 있다(Hochberg 외, 2006; Hochberg 외, 2012).
- **의사소통**: BMI는 ALS와 같은 의사소통 장애가 있는 사람들이 컴퓨터나 기타 장치를 통해 의사소통할 수 있도록 하는 데 사용될 수 있다. 사람들은 자신의 생각을 이용해 화면의 커서를 제어하거나 메시지를 입력함으로써 말을 할 수 없거나 팔다리를 움직일 수 없는 경우에도 의사소통을 유지할 수 있다(Hamliton, J., 2021; Moses 외, 2021).
- **인지 향상**: BMI는 기억력이나 주의력과 같은 인지 능력을 향상시키는 데 사용될 수 있다. 연구자들은 전극을 사용하여 뇌의 특정 영역을 자극함으로써 건강한 사람과 신경 장애가 있는 사람 모두의 인지 성능을 향상시킬 수 있음을 보여주었다(Kaimara, 2020).
- **게임 및 엔터테인먼트**: BMI는 플레이어의 생각에 따라 제어되는 새로운 형태의 게임 및 엔터테인먼트를 만드는 데 사용될 수 있다. 예를 들어, 연구자들은 플레이어의 정신 집중에 따라 제어할 수 있는 게임을 개발하여 화면의 개체를 움직이거나 가상 환경을 탐색할 수 있다.
- BMI 기술은 아직 개발 초기 단계에 있지만 기술과 상호작용하고 장애인을 지원하는 방식을 변화시킬 수 있는 잠재력을 가지고 있다. 이 분야에서 진행 중인 연구를 통해 앞으로 몇 년 동안 BMI 기술에 대한 새롭고 흥미로운 응용 프로그램이 많이

나올 것으로 예상된다.

(4) 인공지능과 뇌신경과학, 그리고 뇌신경 데이터

인공지능(AI)과 뇌신경과학은 점점 더 서로 융합되어 기술의 발전을 가속화시키고 있다(Savage, 2019; Surianarayanan 외, 2023; Zador 외, 2023). AI 연구자들은 뇌의 구조와 기능, 뇌활성의 기본적인 원리 등에서 영감을 얻어 보다 발전되고 효율적인 기계 학습 알고리즘을 개발하고 있다. 예를 들어, 이미지 및 음성 인식에 사용되는 인기 있는 AI 기술인 딥러닝은 뇌의 구조와 유사하게 모델링한 인공 신경망을 기반으로 한다는 사실은 널리 알려져 있다.

반면, 신경과학 연구자들은 fMRI 및 EEG와 같은 뇌 활동 데이터와 전자현미경을 포함한 다양한 이미지 데이터, 오믹스 기반의 다양한 분자 데이터, 신경세포로부터 측정되는 다양한 생리학 활성 데이터 등에 대한 대규모 데이터 세트를 분석하고 이해하는 데 AI를 사용하고 있다. 연구자들은 이러한 데이터 세트에 기계 학습 알고리즘을 적용함으로써 전통적인 통계 분석으로는 명확하지 않을 수 있는 패턴과 관계를 식별할 수 있으며, 더 나아가 다양한 수준의 데이터들과 인간과 동물로부터 획득된 다양한 데이터를 통합적으로 분석하는 데에도 AI를 활용하고 있다.

또한, AI를 활용하여 학습과 기억 등에 대한 기본 기전에 대해 방대한 데이터를 활용하여 시뮬레이션하는 연구도 진행되고 있어, 실제 실험을 하지 않아도 기존의 데이터를 활용하여 가상의 새로운 데이터를 획득할 수도 있다.

이와 같이, AI와 신경과학의 결합은 뇌에 대한 이해를 혁신할 뿐만 아니라 신경 및 정신질환을 진단하고 치료하는 능력을 향상시킬 수 있는 잠재력을 가지고 있다. 그러나 이러한 기술이 계속 발전함에 따라 인간의 다양한 활동과 행동을 통해 뇌로부터 측정되는 다양한 수준의 데이터들에 대한 인식이 예전의 유전자 데이터와 비교해 볼 때 생물학적 데이터뿐만 아니라 개인의 행동과 생각에 대한 특별한 데이터라는 사실임을 생각할 때 윤리적, 철학적 고려 사항도 분명히 있을 것이다.

2. 4차 산업혁명과 사회구조 변화

(1) 4차 산업혁명의 새로운 패러다임

고대 '마음은 심장에 있다'는 철학적 담론(談論)에서 논의되었던 뇌과학은 나노기술,

ICT, 인공지능 등 타 분야 과학기술의 비약적 발전과 연계하여 무한히 확장되고 있다. 20세기까지 설치류, 영장류 등 실험동물[1)]과 사후(死後) 인간 뇌만을 대상으로 하는 한계[2)]가 있었으나, 기능성 자기공명 영상 촬영장비(Functional Magnetic Resonance Imaging: fMRI)과 같은 영상 장비를 사용해 살아 있는 사람의 뇌를 실시간으로 직접 관찰하며 연구하고 있다. 2019년 1월 싱가포르 국립대 연구팀은 fMRI에서 수집한 데이터로 인공지능을 활용해 매개변수를 자동으로 추적하는 연구 방법을 개발하여, 뇌과학자들이 임상 수술과 같은 과정을 거치지 않고도 질환이 발생한 뇌의 부위와 다른 영역의 뇌세포 특성까지 추론할 수 있는 기술을 개발하였다(Deco 외, 2021). 이는 뇌질환 치료의 획기적 방법을 제시하는 연구결과로 뇌과학은 이미 우리 생활 깊숙이 파고들고 있으며, 이를 효과적으로 사용하기 위해 고민할 시간도 없이 빠르게 발전하고 있다.

19세기 제1차 산업혁명 상징인 영국의 '방직기'는 증기기관을 기반으로 직물을 기계로 제작하는 당시 혁신적인 과학기술의 산물이었다. 생산공정의 자동화가 도입되어 기존 수공업 중심의 산업구조를 바꿈으로써 이는 필연적으로 노동자 일자리 감소를 낳게 되었다. 경제 3요소(노동·토지·자본) 간 비중이 변화하며 공장 자동화로 인한 일자리 감소, 잉여 노동력 증가와 빈곤층의 도시 집중화 현상은 악순환되었으며, 이를 견디지 못한 빈민층과 노동자들이 기계를 파괴하고 다시 일자리를 찾자는 '러다이트 운동'(Luddite Movement)과 같은 급진적 행동이 사회 전반에 불안정성을 가져오게 되었다. 물론 이를 계기로 근대 각 국가는 빈곤층에 대한 관심을 가지게 되었으며, 최저 임금과 기본 일자리 제공 등 복지와 사회보장 제도를 만들게 되었고, 현재 다양한 복지제도 마련의 역사적 배경으로 작용하였다. 21세기 들어 기존 산업혁명보다 더 빠른 과학기술 변화와 사회 패러다임 변화를 촉진하고 있는 '4차 산업혁명' 속에서 인류가 경험하지 못한 새로운 문제가 발생하여 '제2의 러다이트 운동'을 뛰어넘는 사건과 사고가 발생하지 않을 것이라는 보장은 없다.

---

1) 의생명과학 분야에서 mouse, rat과 같은 설치류를 실험에서 자주 사용하는 이유는, 설치류는 성장속도가 빠르며, 또한 새끼를 낳는 주기가 돼지와 같은 중대형 동물, 원숭이와 같은 영장류에 비교할 수 없을 많큼 짧고 낳는 마릿수가 많기 때문에 연구실험이 세대 간에 미치는 영향을 빨리 파악할 수 있어 많은 연구자들은 설치류를 가지고 실험을 하고 있다.

2) 심장, 간, 위 등 우리 인체 내부장기의 경우, 병원에서 흔히 사용하듯이 일부 조직검사와 같이 샘플을 채취하여도 생명에 직접적 영향을 미치지 않으나, 살아 있는 사람의 뇌를 대상으로 할 경우, 아주 두꺼운 두개골을 분해해야 하는 등 그 과정에서 어떤 사고가 발생할지 모르기 때문에 사람이 죽은 다음 기증한 뇌를 가지고 연구를 할 수밖에 없는 한계점이 있다.

(2) 새로운 윤리 문제

1969년 설립된 생명윤리 전문 연구기관인 미국 헤이스팅스 센터(The Hastings Center)의 솔로몬(Mildred Z. Solomon) 박사는 4차 산업혁명에 대하여 '4대 윤리 문제'를 제기하여 큰 주목을 받았다. 이 내용은 우리나라 '국민권익위원회'의 윤리연구소를 통해 소개되면서 국내 과학계에서도 회자(膾炙)되기도 하였다. 솔로몬 박사는 과학기술 발전에 따른 미래에 대하여 진지한 고민이 필요함을 강조하며, 다자간이 참여하는 공론화의 중요성을 아래와 같이 강조하였다.[3)]

> "인공지능과 생물학의 기술은 서로 결합하여 4차 산업혁명으로 인정받는 놀라운 시너지효과를 발휘할 것이며, 이를 위해 물리학과도 결합하여 새로운 차원의 과학기술 혁신을 이끌어 낼 것이다. 4차 산업혁명 시대 현명한 과학기술 활용을 위해 다양한 형태의 거버넌스를 마련해야 하며, 전문가뿐만 아니라 대중의 참여를 촉구하고 있다. 물론 이 과정 속에서 많은 어려움이 있겠지만, 대화와 소통으로 윤리적 문제에 대한 공동의 해답을 찾아야 한다."

그러나 지금 인공지능으로 대표되는 '4차 산업혁명'을 넘어 뇌과학을 기반으로 인공지능과 바이오 분야 융합을 통한 '5차 산업혁명'을 예견하고 있다. 이미 뇌과학의 우리 현실 생활에서 적용과 응용(뇌 질환 극복, 뇌 기능 향상과 개선, 신체적 증강 등)에서 세계 유수의 뇌과학자들과 관련 학자들이 윤리적 심각성과 부작용에 대해 경고를 하고 있다. 세계적으로 유명한 인지심리학자이자 철학자인 미국 코네티컷대 슈나이더(Susan Schneider) 교수는

〈표 1-1〉 4차 산업혁명 시대의 4대 윤리 문제

질 문	주요 내용
기술 개발이 최우선인가	인간에게 치명적 살상용 로봇, 무기 개발과 인위적 기후변화 유도가 인류에게 미치는 영향 등을 어떻게 분별할 것인지 여부
기술 진화는 어떤 목적에 사용되어야 하나	질병 치료, 인간 능력 증강 등 긍정적인 면과 더불어 어디까지 허용하고 확장해야 하는지 여부
기술 발전은 어떻게 진행되어야 하나	유전자 조작으로 인한 동물이 자연 생태계로 유입될 경우 어떤 영향을 미칠지 모르는데 보다 신중한 연구가 필요
현장에서 규범준수 여부의 모니터 문제	과학기술의 무한 영역 확대에 따른 규제의 한계성과 이에 따른 문제점

(국민권익위원회, 2017)

3) https://www.businessinsider.com/ethics-and-the-technology-industrial-revultion-2016-11.

뉴럴링크를(neural link) 예로 들며 브레인 테크의 윤리적 문제에 대해 아래와 같이 경고하고 있다.[4)]

> "엘론 머스크(Elon Musk)의 뉴럴링크가 인간의 생각을 읽는 두뇌 장치를 사회적으로 광범위하게 사용하는 것은 윤리적인 측면 등 복잡한 문제가 있다. 움직임이나 기억력에 문제가 있는 사람들을 위해 뇌 칩을 치료를 목적으로 사용하는 것은 대단히 기대되지만, 광범위한 사용은 걱정된다. 적절한 규정이 없으면 개인의 속 깊은 내면과 생체 데이터가 거래의 대상이 될 수 있다. 그리고 사람들은 자신의 능력 이상을 발휘하기 위해 AI를 활용하고, 두뇌 칩을 사용해야 한다는 강박을 느낄 수도 있다."

3. 뇌과학 성과의 실용화와 사회적 확산

뇌과학이 본격적으로 진행되기 시작한 배경은 알츠하이머나 파킨슨과 같은 퇴행성 뇌질환을 치료하기 위함이었으나, 뇌과학의 급속한 발전, 예를 들면 증인으로 하여금 거짓말을 하거나 속일 수 있는 능력을 아예 없애버리는 방법, 범행이나 비행적 행동과 결합된 정신적인 비정상이라는 뇌에 기인한 원인을 처리하는 방법, 증인의 기억력을 향상시키는 방법, 그리고 무수한 정치적 문제와 법적 논쟁을 불러일으키고 있는 인지력 향상(enhancement) 등 다양한 분야로 확대, 진화하고 있다(A Vincent, 2014). 2007년 하인즈의 마음을 읽는 연구 이후 최근에는 뉴럴링크의 브레인 칩과 같이 뇌 융합기술을 기반으로 사업화(브레인 테크, Brain Tech)가 추진되고 있으며, 뇌에 칩을 삽입해 뇌신호를 전달받을 수 있는 제품(삽입형 신경 인터페이스), 웨어러블 신경 인터페이스(wearable neuro interface, 신경자극 기술)가 이미 상용화되고 있다.

뇌과학은 이미 다양한 응용 연구로 이미 사회적, 경제적, 군사적 등 다양한 목적으로 우리 일상생활에 이미 적용되고 있다. 우리 주변에서 흔히 볼 수 있는 사례로 노화에 따른 청력 상실로 과거에는 단순 외부 소리만을 증폭하는 보청기를 착용하였으나, 이제는 청각신경과 전기신호를 연결하여, 전기신호를 통해 외부 자극(목소리 등)을 인식하는 인공와우(Cochlear Implant)를 이식하여 외부 소리를 인식, 분석하는 기술이 개발되었고, 이는 청각과 뇌신경 연결에 공학적 기술을 적용하는 뇌과학 산업화의 대표적 성과로 볼 수 있다. 뇌파의 움직임으로 드론을 조정하는 기술은 이미 상용화되어 있으며, 무인택배 드론 시스템을 비롯하여 군사용 무인 공격기 등 다양한 측면에서 활용이 가능하다. 민간 분야

4) https:/www.scientificamerican.com/article/who-wants-to-be-a-cyborg.

에서는 시각장애인이 BMI 기술을 이용해 사물을 볼 수 있도록 하는 장치와 같은 신체장애 극복과 건강관리를 위한 뇌와 기계 연결장비 개발에 주안점을 두고 있다.

그리고 국방 분야에서는 뇌파를 이용한 첨단무기 개발, 신체 능력 강화 및 증강으로 군(軍)전력의 정예화 등 특수목적 수행을 위한 연구·개발이 활발하게 진행 중이다. 미국 국방부와 DARPA(방위고등연구계획국, Defense Advanced Research Projects Agency)는 뇌파 조정을 통한 무인무기 개발을 이미 진행하고 있으며(사이언스 타임즈, 2019), 우리나라 또한 국방부와 국방과학연구소(ADD: Agency For Defense Development) 등에서 뇌과학 기반 국방 R&D사업을 활발하게 진행하고 있는 것으로 알려져 있다(김래현, 2018).

4. 뇌과학 발전과 새로운 윤리 패러다임

인간의 존엄성과 자아 정체성을 규정하는 뇌를 연구하는 분야에서 윤리적 개념 도입은 과학기술과 더불어 인문사회 분야와 더불어 광범위하게 유능해진 디지털 환경과 협업 노력을 전제하고 있다. 뇌과학 발전은 인간에게 직접 미치는 영향이 매우 크고, 그 과정에서 불분명, 불특정한 사건 등으로 사전 예측과 준비가 쉽지 않다. 생명윤리의 한 분야로 시작된 신경윤리는 뇌과학의 급속한 발전에 따라 학제간 영역 경계를 넘어 새로운 이슈를 도출하고 있으며, 세계 각국은 신경윤리에 관한 연구를 활발하게 수행하고 있다.

현대사회는 과거와 달리 인터넷과 인공지능을 이용한 사이버 범죄가 증가하고 있고, 최근 코로나19로 해외 각 국가의 국경 봉쇄, 폐쇄정책에 따라 세계적으로 코로나 블루(Corona Blue)와 같은 정신장애에 의한 가정폭력, 불특정 다수를 대상으로 하는 '묻지마 범죄'가 증가하고 있고, 기존 마약 유통이 어려워져 자체 제작한 신종 약물 오남용과 같은 행위 발생 등 범죄행위가 다양하게 진화하고 있다(The Guardian, 2020). 이런 범죄에 대해 행위자들은 개인의 의사가 아닌 코로나19 등 외부적 요인으로 인한 또는 태생적 뇌 기능 이상으로 심신미약(心神微弱), 심신상실(心神喪失)을, 더 나아가 사이코패스(Psychopath)[5]라고 주장하며 책임을 회피하고자 하였지만 실제로 법원에서 이를 수용하는 경우가 거의 없다. 이와 같은 뇌 기능 이상에 대한 국제적으로 공통된 기준이나, 합의된 가이드라인 등 제도적 방안이 없는 실정이다. 뇌과학은 생물학적 원리 규명 연구에서 사회문화적 요소로 부상하고 있으나 이에 대한 사회적 담론 형성도 아직 미숙한 상황이다.

---

5) 정신을 나타내는 Psycho와 이상을 뜻하는 Path가 결합된 단어로 '마음이 결핍된 정신질환'이라는 뜻이나, 엄밀하게 따지면 의학적으로 공식 진단명이거나 학술적으로 정의된 단어는 아니다(Online Etymology Dictionary, https://www.etymonline.com/word/psychopathic).

우리 사회는 뇌과학을 활용해 어떤 범죄에 대한 동기뿐만 아니라 범죄자의 성장 과정, 평소 인간관계 등 다양한 요소에서 그 원인을 찾아, 범죄를 사전에 막고, 피해를 최소화하기 위해 노력하고 있다. 그러나 이러한 노력에도 불구하고 사이코패스와 같이 특정할 수 없는 범죄의 지속적인 증가는 사법체계 근간을 흔들고 있으며, 또한 사회 전반에 새로운 위협 요소로 작용하거나 부정적 문제를 촉발할 가능성이 크다.

Ⅱ. 뇌과학의 융합과 활용

1. 뇌과학의 융합

뇌과학은 인공지능 등 타 분야와의 융합으로 산업화 단계로 진입하고 있으며, 이 중 일부는 우리 생활에 이미 널리 활용되고 있다. 과거 심리분석, 정신건강 진단과 같은 의생명과학 기전 연구를 넘어 인간 지성과 감성을 모사하는 인공지능 개발, 인공장기 개발 등 일반인의 예상을 뛰어넘어 급속히 발전하고 있다. 대표적으로 '실험용 인공장기(오가노이드, Organoid)'를 들 수 있다.

오가노이드는 생물학을 응용해 인위적으로 만든 세포조직 또는 장기(臟器)를 말한다. 실제 임상연구와 같은 효과를 보기 위해 연구 목적으로 만든 '미니 장기' 기술은 심장, 콩팥, 심지어 뇌까지 제작할 수 있는 수준에 이르렀다.

신경 오가노이드는 당초 생명현상 연구, 독성 검사, 암 치료제 개발 등 여러 실험에서 임상연구 성과를 위해 사용되었으나 최근 인간 성인 피부세포를 역분화시켜 만든 '인공 뇌'에서 미약한 뇌파 활동이 감지되다가 10개월 후 새로운 신경세포가 분화하여 우리 뇌와 동일한 기능을 발휘하였다는 연구 결과가 있다(Sharf 외, 2022).

특히 2021년 8월 독일 하인리히 대학병원 인간유전체 연구소(Institute of Human Genetics, University Hospital) 가브리엘(Elke Gabriel) 박사 연구팀은 인간 뇌 오가노이드에서 시신경을 가진 안구(眼球, eye)를 만들어 냈다는 연구결과를 발표하였다(Gabriel 외, 2021). 눈은 인간의 뇌세포가 연장, 외부로 돌출되어 시각기능을 가진 것으로 상기 뇌 오가노이드에서는 수정체, 망막, 뇌와 연결된 신경 연결구조까지 갖추고 시각 인지기능을 수행하는 안구를 만들어 낸 것이다. 이제 시각 장애자의 세포를 활용해서 새로운 안구로 장애를 극복할 수 있는 가능성을 가지게 되었다. 오가노이드 기술 발전은 암과 같은 난치성 질환으로 손상된 장기를 대체하여 수명 연장, 더 나아가 인류에게 불사(不死)와 같은 새로운 삶의 전환

점을 제공해 줄 것으로 일각에서는 전망되고 있다. 그러나 이런 과학기술의 장밋빛 전망 뒤에는 항상 어두운 그림자가 있으며, 뇌과학과 같이 이제까지 경험하지 못한 첨단과학 기술의 발전은 항상 명암(明暗)의 효과를 불러오는데, 이런 과학기술 발전 속도에 비해 우리 인간의 윤리와 철학, 법·제도는 그 속도를 따라가지 못하고 있다.

BCI 또는 BMI와 같이 우리 뇌와 직·간접적 연결에서 인간의 오감(五感)을 대상으로 한 여러 감각, 인지 기능과 연계한 사업화의 물결, 브레인 테크는 사회 곳곳으로 퍼져나가고 있다. 인간 뇌의 활동을 계측하고, 뇌의 구조와 기능을 연구하여 이를 토대로 공학적, 산업적 응용으로 새로운 신시장을 창출하기 위한 글로벌 경쟁은 지속 심화되고 있다. 2007년 미국 MIT는 융합(Convergence), 기술 분화(Divergence) 등 학문 간 영역과 경계가 사라지는 연구 패러다임과 IT, BT, NT 등 신기술 발전과 연계하여 뇌과학이 급속히 발전될 것으로 전망하였으며, 미래 10대 기술 중 Neuron Control(뇌기능 통제를 통한 뇌질환 치료), Nanohealing(나노소자를 이용한 뇌손상 치료), Digital Imaging(MRI)를 이용한 고성능 뇌영상 기술의 3개를 뇌과학 분야로 선정하며 뇌과학의 미래 가능성을 전망하였다(이천무, 2011).

현재 이런 기술은 이미 해외 주요 선진국에서는 뇌를 기반으로 한 다양한 기초원천 연구확대와 실용화로 일상생활에 적용하고 있다. 국내에서도 이미 10여년 전에 뇌과학의 산업적 분류와 전망을 제시하며 기초연구를 탈피해 공학적, 산업적 측면에서 활용 가능성을 이미 제시하였다. 한국기술혁신학회에서는 2007년 뇌과학의 각 세부분야와 주요 기술을 중심으로 산업 전망을 발표하였으며, 당시에는 인공지능을 비롯한 타 분야의 과학기술 융합과 응용보다는 뇌신경계 질환 중심의 치료와 기능장애 극복을 중심으로 전망하였다. 당시 초고령사회 진입으로 인한 치매 등 퇴행성 뇌질환의 문제가 가장 큰 사회적 이슈였던 만큼 의료기기 개발 중심의 기술 개발과 제품 상용화를 중심으로 기술되어 있다. 이때 전망하였던 기술 대부분은 이미 상용화되어 의료 현장에서 널리 사용되고 있다.

여기에서 이러한 뇌과학의 상용화와 산업적 활용을 지칭하는 단어로 '뇌산업(腦産業)'이라는 말을 정부, 연구기관, 언론 등에서 많이 사용하고 있으나, 뇌와 관련된 산업적 영역의 구분이 아직은 명확하지 않기 때문에 단어로 사용하기에는 다소 모호한 측면이 있다. 뇌과학은 이공계, 의료계를 비롯해 인문학, 경제사회학, 정치학 등 사회 다수 영역에서 다양한 방법으로 응용, 활용이 가능한 융합연구 분야로 '산업(産業)'이라는 단어로 정의하기에는 영역과 범위, 내용의 구체성이 부족하기 때문이다.

〈표 1-2〉 우리나라 뇌과학 산업 분류와 세부 전망

분 야	시 장	
	대분류	세부분류
뇌신경 의약품	뇌신경질환	치매, 간질, 편두통, 경도성인지장애, 다발성경화증, 파킨슨병, 수면장애 및 뇌졸중 등
	정신질환	중독, 불안장애, ADHD, 우울증, 비만, 조현병
	감각질환	신경장애, 통증
뇌신경 기기	뇌신경보철	BMI, BCI
	뇌신경정보기기	뇌신경보정기기 임상시험, 뇌심부·경두개·척수·미주신경·말초신경 자극 등
	뇌신경(외과)수술기기	뇌신경외과항법기기, 방사선외과기기, 신경혈관조정기기
	뇌신경 소프트웨어	통증 조절, 노화 관련 장애
뇌신경 진단	뇌신경 이미징	MRI, fMRI, PET, CT, SPECY, EEG, MEG
	체외진단	치매 진단 테스트, 유전자 테스트 및 약물유전체학, 단백질 바이오마커 측정, 진단에서 패턴 인식
	뇌신경 인포매틱스	환자 데이터 세트 관리, 공개출처 SW

(김무웅 외, 2009)

또한 연구 결과물이 명확하게 예측되는 것이 아니라, 연구 과정에서 의도치 않은 불명확성이 너무 크기에 과학기술정보통신부에서 뇌과학의 산업적 적용을 뜻하며 사용하고 있는 '브레인 테크'(Brain Tech)라는 단어가 통용되고 있다.

현재 뉴럴링크로 대중에게 잘 알려진 브레인 테크의 대표적 산업기술인 BCI(Brain-to-Computer-Interface)는 뇌 기능과 관련된 신경 신호를 감지하고 이를 컴퓨터, 기계 제어 명령으로 변환하는 수준을 넘어 컴퓨터에 의해 제어되는 뇌를 연결하는 CBI(Computer-to-Brain Interface)의 상호 순환적 개념으로 발전하고 있다. 그리고 이런 기술을 응용하여 타인의 특정 뇌 영역을 자극할 수 있는 개인과 생물학적 개체 간의 특정 뇌 활동을 직접 연결하는 BBI(Brain-to-Brain-Interface)를 지향하고 있다. 실제로 뉴럴링크에는 2023년에 미 식품의약국(FDA)의 승인을 받은 후 경추척수부상이나 루게릭병으로 알려진 근위축성 측삭경화증(Amyotrophic lateral sclerosis: ALS) 등으로 인한 사지마비 환자를 임상 대상으로

〈표 1-3〉 브레인 테크 기반 시판 중인 주요 제품

기업명	국 가	제품명 (출시년도)	내 용
필립스	네덜란드	스마트슬립 (2018)	수면 중 뇌파패턴 분석으로 깊은 잠을 자는데 적합한 음향 발생
마인 드리프트	이스라엘	마인드리프트 (2015)	ADHD 아동 뇌에 주의력 향상을 위한 자극 제공
닐 슨	미 국	닐슨뉴로 (2008)	뇌파와 눈동자의 움직임을 추적해 광고효과 측정
헤일로 뉴로 사이언스	미 국	헤일로스포츠 (2016)	뇌에 미세전류 자극을 줘 운동능력 향상
스파크 뉴로	미 국	뉴로저니 (2019)	뇌과학으로 동영상 광고 효과와 성능 개선 서비스 제공
마인브레인 테크놀로지	프랑스	멜로마인드 (2016)	불안증을 예방하는 최적의 뇌파를 측정하고 이를 유지하기 위한 음악 연주
닛 산	일 본	브레인투비히클 (개발 중)	운전자 뇌파로 자동차를 조종하는 마인드 드라이빙 기술 구현
엔터테크	중 국	루나 (2018)	개인별로 뇌 휴식에 가장 적합한 음악을 직접 작곡, 제공
와이브레인	한 국	MIND SCAN (2014)	뇌파 신호 측정 무선 EEG 시스템, 비침습적인 형태로 뇌파 신호를 기록시 통증 없이 편안하게 환자가 뇌파 촬영 가능

(노성열, 2021)

뇌에 칩 이식을 하여, 환자가 회복 중에 있으며 환자의 뇌로부터 기록을 얻고 있음을 발표하였다.[6] 이러한 기술의 발전은 컴퓨터와 인터넷의 직접 연결을 활용하여 신경정보를 주고 받는 초연결, 초지능 사회의 또 다른 연결 토대를 마련하고 있으며, 우리 생활에 이제까지 경험하지 못한 혁신적 변화를 촉진하고 있다.

6) https://twitter.com/elonmusk/status/1752098683024220632.

2. 뇌과학으로 인한 미래사회 변화 전망

(1) 인류의 미래 도전 과제

30년 후 인류가 해결해야 할 최우선 과제로는 어떤 것들이 있을지에 대해 영국 BBC에서는 현재 과학과 기술이 움직이는 동향을 근거로 정확하지는 않으나 미래 도전이 될 만한 쟁점을 아래와 같이 발표하였다.

〈표 1-4〉 BBC 선정 인류의 미래 도전 10대 과제

미래 도전	주요 내용
유전자 조작	◦ 크리스퍼(Crispr)와 같은 유전자 조작으로 질병, 질환을 사전에 차단, 맞춤형 아기와 같은 특정 신체조건을 가진 인간의 탄생
고령인구 증가	◦ 기대수명 증가에 따라 100세 이상 인구가 2100년에는 2,600만명 이상으로 50배 이상 증가 예정, 노령화와 저출산으로 인한 생산성 하락 문제
도시환경 한계	◦ 기후변화로 홍수 등 자연재해 급증으로 기존 도시건물 유지 한계 ◦ 도시로의 인구집중으로 도시 수용한계에 따른 여러 문제 발생
소셜미디어 진화	◦ 소셜미디어의 급성장에 따른 사이버 폭력의 급증 ◦ 개인정보 보호문제와 더불어 거짓 뉴스로 인한 올바른 정보식습관의 왜곡현상
지정학적 갈등	◦ 기후변화, 정치/종교적 이념에 의한 국지전 등으로 인한 대량 난민 발생 등으로 지정학적 새로운 갈등 급부상 ◦ 핵미사일을 비롯 사이버 해킹 등 신기술로 인한 국경 없는 외교분쟁 등
안전한 자동차 등장	◦ 하이퍼 루프, 무인자동차 등 도심의 이동수단의 급변화 ◦ 새로운 이동수단에 대한 수요가 급증하여 공급이 따라가지 못하는 현상 문제
자원 감소	◦ 희토류 등 첨단기술에 소요되는 천연자원의 고갈 급증 ◦ 대체물질 탐색, 개발 한계로 인한 자원 확보를 위한 전쟁 발생 가능성
우주세계 진출	◦ 화성 등 다른 행성으로의 탐색과 이동 증가 ◦ 인류의 안전을 담보하지 않은 무분별한 우주 개발과 산업 성장 우려
향상된 지능	◦ 모다피닐, 암페타민과 같은 약물을 통한 뇌기능 향상과 신체기능 향상 ◦ 인간과 기계 연결을 통한 인간 기억의 외부화 등 첨단 뇌과학을 통한 휴먼 증강 ◦ 인간 개선에 대한 법적, 윤리적 문제의 급부상
인공지능 지배	◦ 인공지능의 의료, 금융 등 인간생활 전반에 영향력 지속 증가 중 ◦ 인공지능으로 인한 인간 삶 자체의 변화, 인간 통제를 벗어나는 자율적 인공지능 등장 우려 ◦ 인공지능 확산에 따른 윤리적, 법률적 쟁점 급부상

(BBC, 2017)

2017년 발표한 위 10대 과제에서 뇌과학과 관련된 사항은 3개로 분류할 수 있으며, 고령인구 증가, 뇌기능 향상과 인공지능으로 인한 인간 존엄성 문제 등은 이미 누구나 예측할 수 있는 수준의 문제로 인식되고 있다. 그만큼 이미 우리 일상생활에서 보편적으로 사용되고 있으며, 이로 인한 새로운 도전과 문제가 인지되고 있음을 알 수 있다.

그리고 2017년 한국고용정보원과 한국기술혁신학회에서는 20년 후, 미래 발생 가능한 주요 이슈와 발생 가능성 연구에 대한 자료에서 영향력이 4가 넘는 분야는 총 6개 분야로, 그중 트랜스 휴먼의 보편화, 인공장기를 비롯한 생물학적 산업화, 뇌 임플란트(Brain Implant) 시술, 다수 가상 현실(Virtual Reality) 확산 등 뇌과학 응용과 관련 분야가 대부분을 차지하고 있으며, 심지어 인공지능과 인간의 일자리 경쟁, 노동의 경제적 가치 소멸까지 전망하며 새로운 사회 패러다임을 제시하고 있다. 과학기술의 혁신적 프레임으로 성장하고 있는 BCI는 다양한 브레인 테크 응용에 대한 시장성이 나날이 커지는 상황으로 2015년 얼라이드 마켓 리서치(Allied Market Research)에서는 세계 BCI 시장, 신경 보철물(Brain Implant) 시장 규모는 계속해서 증가하여 2020년 이후 각각 14.6억, 4.6억 달러에 이를 것으로 전망하였다(진설아, 2017).

이는 단순히 공학적 측면에서 경제적 효과만을 전망한 것으로 나노, 바이오, 인공지능, ICT 등 기존 공학, 산업적 분야와 연계·확장을 고려할 때 새로운 시장성과 경제 가치는 천문학적 수치에 이를 것으로 전망된다.[7] 브레인 테크 성장과 확산은 도구적 발전 수준을 넘어 인간 자체를 대상으로 하여 우리 삶의 환경과 정치, 경제, 사회 구조까지 변화시키고 있다.

(2) 미래 주요 이슈별 발생 가능성

2017년 발표한 '미래 주요 이슈별 발생 가능성－영향력 평균지수'에서 발생 가능성이 3 이상, 영향력이 4 이상 되는 분류항목은 7개로 이 중에서 5개 항목이 뇌과학과 깊은 관련이 있다.

이런 도구는 인간이 주체적으로 사용권을 가지고 활용하는 일반적 도구로 볼 수 있겠지만, 과학기술의 발전에 따라 도구가 인간의 뇌에 직·간접적으로 막대한 영향을 미치는 경우, 목적과 수단의 전치(轉置) 현상이 우려된다. 그러나 이러한 현실과 별개로 뇌과학은 휴먼 증강(Human Augmentation) 기술과 같이 우리 일상생활에 빠르게 스며들고 있다.

---

7) 과기정통부는 '뇌－기계 인터페이스 연결 기술'에 국한된 시장가치 평가로 향후 2027년에는 207조원으로 급성장 추세를 전망하기도 하였다(과기정통부, 2021. 8. 27).

〈표 1-5〉 20년 후 미래 이슈별 발생 가능성-영향력 평균

구 분	미래 장기 핵심 이슈	발생 가능성	영향력
사회/문화	**트랜스 휴먼 시술 보편화**	**3.59**	**4.07**
	자연인간, 트랜스 휴먼, 인공지능 사이에 법적 지위, 고용조건, 직무수행 책임/의무, 임금체계 차별화 등	3.56	3.89
	로봇에 대한 시민권과 법률적 지위 부여 문제	2.85	3.77
	트랜스 휴먼 기술을 활용한 생산성과 효율성이 강한 근로자에 대한 근로소득의 가산세 부과 여부	3.17	3.40
	산업재해 위험의 직업군 감소	3.85	3.75
	개인 유전자 정보틀 통한 결혼 중개 보편화	3.23	3.47
과학기술	인간복제 허용 심사원 및 기술 부작용 방지를 위한 복제인간 추적연구소 등장	3.33	3.99
	인공장기 생산, 세포공장, 유전자 가위 기술에서 산업적 우세	**3.43**	**4.15**
	특정 직무에 뇌 임플란트 요구	**3.16**	**4.05**
	한 개의 실제현실과 수천개의 가상현실에서 사는 시대 구현 (아바타를 통한 가상세계 활동 시대)	**3.44**	**4.02**
환경/에너지	기후변화에 영향을 받지않는 주저기 개발 인력 수요	3.74	3.76
	인구증가에 따른 갈등 조절하는 공공생활 디자이너	3.11	3.15
	종자 확보를 위한 군사, 경제적 분쟁	3.30	3.93
	파괴된 환경에 적응하는 새로운 공동체 생활방식	3.59	3.75
	환경문제 대응을 위한 세계정부기구 등장	3.52	3.89
산업/경제	트랜스 휴먼 보건시스템 관련 의료직업군 증가	3.77	3.96
	노동의 경제적 가치 소멸	3.33	4.05
	기본소득제 전면 도입	3.42	3.94
	인공지능 로봇과 인간의 일자리 경쟁 치열	3.61	4.17
	24시간 각성상태를 요구당하는 디지털 경제 확산	**3.57**	**4.02**
국제/한반도	국방 의무복무 소멸	3.47	3.88
	최신 국방교육기술로 전국민 전력 증강 노력 강화	3.15	3.40
	기술난민 전담원 설립	3.24	3.32
	정찰병, 테러감시직 등 특수직업군에 대한 가상현실	4.06	3.79
	남북간 평화체제 구축, 세계적 평화생태공원 조성	3.40	3.63

(박성원 외, 2017)

휴먼 증강은 인간의 신체, 두뇌, 감성 능력을 강화시키는 것으로 휴먼 증강을 통한 새로운 '트랜스 휴먼'의 시대가 빠르게 전개될 것으로 예측되고 있다(한국과학기술기획평가원, 2020). 세계적인 뇌공학자로 유명한 미국 MIT 보이든(Ed Boyden) 교수는 뇌공학이 생명공학이 한 것과 같이 인간과 인공지능 융합의 혁신적인 발전을 이룰 것을 전망하며, 차기 억만장자 기술 선구자는 스탠포드 컴퓨터 과학 부서가 아니라 MIT의 급성장하는 뇌공학 기술영역에서 나올 것이라 하였다(Slate, 2013).

이에 대해 많은 사람들은 뇌과학 기술은 경제적 성장만을 위한 도구가 아닌 인간의 생명과 복지를 위해 인도적이고 평화적으로 사용되어야 함을 주장하고 있다.

(3) 뇌과학의 미래 전망과 역할

뇌과학 분야에서 세계 최고의 권위와 규모를 자랑하는 '세계신경과학회'(Society For Neuroscience: SFN)에서 창립 50주년(1969~2019년)을 맞이해 2020년 1월 발간한 'The Journal of Neuroscience'에서 과거 50년 동안 뇌과학의 자취와 더불어 향후 50년 동안 뇌과학이 우리 사회에 어떤 새로운 영향을 끼치며 발전할 것인지를 전망하였다.

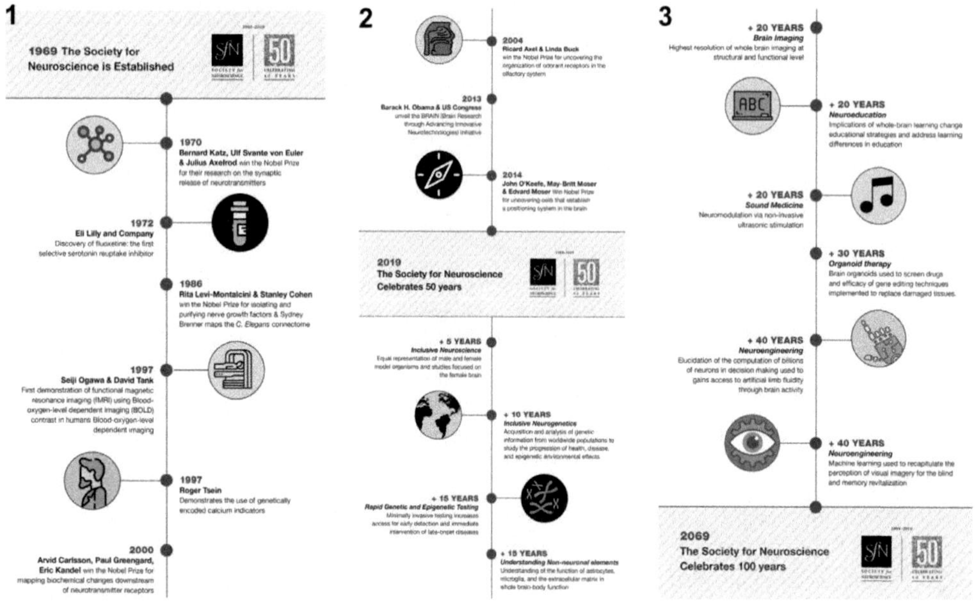

(Altimus 외, 2020)

[그림 1-1] 향후 50년간 뇌과학의 성장과 역할 전망

미래 10년 동안 뇌과학은 유전정보학, 후성유전학 등 타 바이오 융합기술과 연계로 인류의 건강과 질병을 명확하게 진단할 수 있게 되며, 15년이 지나면 인간 뇌와 신체에 대한 종합적 이해를 바탕으로, 뇌에 직접적 연결을 최소화하면서 뇌 건강을 유지하고, 뇌 기능을 개선할 수 있게 되며, 20년이 지나면 인간 뇌의 구조와 작동원리를 규명하여 컴퓨팅 시뮬레이션 작업을 완료, 뇌과학에 기반한 적기교육, 특성화 교육 등 개인별 맞춤형 교육시스템인 '뉴로에듀케이션'(Neuro-Education)과 소리(Sound) 등 청각 등의 단일 감각만으로도 뇌 치료를 보조하는 기술까지 등장할 것을 전망하고 있다. 그리고 30년 이후부터는 본격적인 뇌 오가노이드의 등장으로, 손상된 뇌의 일부를 오가노이드로 대체하여 정상적 생활을 지속적으로 수행할 수 있도록 뇌건강 시대를 본격적으로 열게 되며 인공지능, 기계와 인간의 본격적 연결로 뇌의 정보를 주고 받는 새로운 의사결정 시스템 도입, 기억의 복원기술 등 인간 인지의 개념이 인공지능과 네트워크의 접목으로 사회구조 변화와 사회관계망을 재편하는 시대를 전망하고 있다(Altimus 외, 2020).

Ⅲ. 뇌과학과 인문사회 분야 융합연구

1. 행동경제학과 뉴로 마케팅

뇌과학 기술의 응용은 마케팅 전략에도 적용되고 있다. 과거 단순 구매자의 상품구매행위 분석과 선호도 조사 등 심리 분석을 통한 뉴로 마케팅(Neuro Marketing)은 fMRI를 통해 뇌영상 측정, 뇌파 분석 등 구매자의 뇌를 직접 연구하여 제품의 선호도와 효용을 분석하기 시작했으며, 또한 인공지능과 빅데이터를 통한 자동적 알고리즘과 연계하여 전자제품, 인터넷 플랫폼 등 다양한 기업에서 이미 활용 중이다.

미국 프린스턴대 인지심리학 카네만(Daniel Kahneman) 교수는 "미래의 결과가 불확실할 때 논리적, 합리적 사고가 아니라 비합리적, 편향된 사고에 의해 판단하고 결정한다"는 행동경제학(Behavioral Economics)으로 2002년 노벨 경제학상을 수상하였다. 행동경제학은 기존의 합리적, 이성적 인간을 전제한 기존 학설을 뒤집고, 충동구매와 같은 비합리적 경제행위를 연구하는 학문으로 뇌과학을 기반으로 한 신경경제학과 그 맥락을 같이한다고 볼 수 있다. 뉴로 마케팅은 뉴런(Neuron)과 마케팅(Marketing)을 합친 용어로, 소비자의 두뇌 자극 활동을 분석해 마케팅에 접목하는 기술이다. 이는 신경경제학의 한 분야로 구매자가 감정 등 다양한 요소에 의해 경제행위를 한다는 행동경제학을 기반으로 구매자

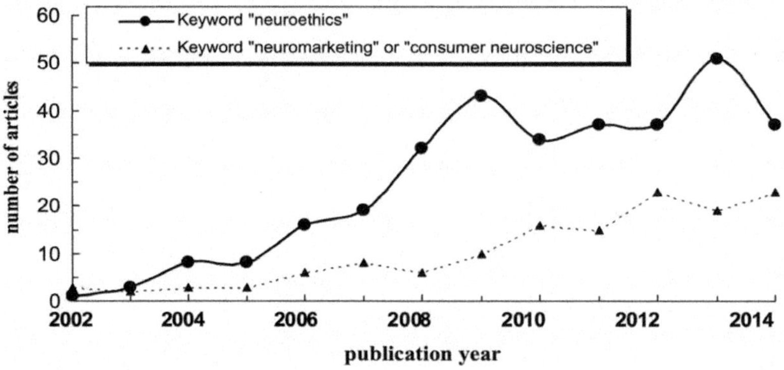

(Olteanu, 2015)

[그림 1-2] 신경윤리와 신경마케팅 관련 검색어 추이

의 심리를 파악하여 뇌과학을 활용한 광고와 마케팅 기법이다(김성진, 2007).

뉴로 마케팅은 뇌과학의 뇌영상 장비 고도화와 촬영기술 발전을 기반으로 경영학, 경제학, 심리학 등을 융합해 인간의 행동, 소비자 구매 형태를 연구하는 분야로 과거 인간의 조상이 동물을 만났을 때 맹수인지 여부를 판단해 생존을 위한 방법을 선택했던 것과 같이 소비자의 상품에 대한 관심과 구매 욕구도 유사한 과정을 거친다고 본다. 즉, 소비자들은 합리적 사고를 기반으로 한 이성적 판단에 의한 구매보다는 평소 선호도와 같은 감성과 순간적 감정, 직관에 따라 구매를 결정하게 된다는 것이다(최종현, 2010).

미국 포춘(Fortune)지에서는 2005년에 뇌과학 활용 마케팅을 10대 기술 트렌드로 선정하였으며, 비즈니스위크(Business Week), 포브스(Forbes), 뉴욕타임즈(Newyork Times) 등 유수의 언론에서도 뇌과학 활용 마케팅을 강조하였다. 그리고 세계 최대 마케팅 회사인 닐슨(Nielsen)은 뉴로 마케팅 전문 기업인 뉴로포커스(NeuroFocus)에 전략적으로 투자하여 화제가 되기도 하였다.

뉴로 마케팅의 이론적 근거는 광고 등을 접한 소비자의 뇌를 분석하여 심리나 향후 행동을 예측하는 기법으로 쾌락을 담당하는 영역인 대뇌 측좌핵과 고통을 담당하는 뇌섬엽, 판단을 담당하는 전전두엽피질을 중심으로 그 반응을 관찰하는 것이다. 미국 스탠포드대, MIT, 카네기멜론대 공동연구팀은 26명을 대상으로 조사한 결과, 소비자들은 구매하였을 때 쾌락과 돈 지출의 고통을 비교하여 구매 여부를 최종 판단한다고 하였으며, 이런 과정에서 상기 3가지 영역의 활발한 움직임을 관찰하였다. 또한 반복적 자극은 쾌락을 지속적으로 자극하게 되며, 같은 광고를 계속 보여주게 되면 구매자들의 충동구매를 자극하고 이는 실제 구매행위로 이어질 가능성이 있다고 설명하고 있다(한일영, 2010).

국내에서도 마케팅 분야에 뇌과학 도입이 활발해지고 있으며, 대표적으로 기아자동차가 승용차 'K7'의 이름을 결정할 때 이 기술을 사용한 바 있다. 국내외 200여명 소비자를 대상으로 설문조사를 진행하고, 추가로 시선 추적과 두뇌 fMRI 촬영기법을 활용해 소비자 선호를 분석하여 최종적으로 이름을 결정하여 주목을 받기도 하였다(국민일보, 2021).

마케팅과 같은 경영·경제학에서 심리학적, 생리학적 방법의 적용은 전혀 새로운 것은 아니지만, 뇌영상 이미징과 같이 시각적 근거로 쉽게 이해할 수 있는 방법의 등장으로 학계는 물론 대중의 엄청난 관심 속에 뉴로 마케팅은 하나의 독자적 영역으로 자리매김하고 있다. 뉴로 마케팅은 경영·경제학을 비롯해 심리학, 신경과·정신과 등 의학, fMRI를 해독하기 위한 방사선학 등 매우 다양한 학제간 영역을 아우르고 있으며, 일부 경제학자의 경우, 지나친 뇌과학적 증거 의존을 거부하는 경향도 보이고 있다. 학문의 수행 어려움, 학자들의 일부 거부감에도 불구하고 소비자의 행동과학적 분석 연구로 뉴로 마케팅은 성장하고 있으며, 현재 ① 보상기전에 따른 구매의사결정 시스템, ② 시장에서 신뢰감 형성의 생물학적 근거, ③ 뉴로 마케팅의 윤리적 문제 사전 고찰 등 다양한 영역으로 확장되고 있다. 뉴로 마케팅에서 연구되는 사항들은 실제 의료현장에서 치매환자 치료, 돌봄을 위한 다양한 수단으로 피드백되는 등 일상생활 여러 분야에서 뇌과학적 융합연구의 성과로 활용되고 있다(Javor 외, 2013).

특히 뇌과학에서 가장 중요한 의제 중 하나이며 철학, 정치학, 경제학을 비롯한 모든 학문에서 중요한 문제로 다루는 의사결정(decision-making) 과정은 자유의지와 마찬가지로 생물학적 뇌의 작용과 더불어 사회적 관계에서 이뤄진다. 타인의 태도를 인지하고 이해는 것은 인간 행동과 사회 작용의 원리를 이해하는 데 중요한 요소이다. 행동경제학에서 주로 다뤄지는 게임 이론(game theory), 특히 고전적 게임 이론에서는 특정 게임 참여자의 일방적 선택과 전략 변경으로 이익을 거두지 못할 경우, 모든 참여자가 동일한 선택과 혜택을 보는 전략적 균형점을 내쉬 균형(Nash equilibrium)이라고 하며, 이러한 이론의 설명 과정에서 인지능력은 등장하지 않는다. 그러나 실제 인간의 선택은 내쉬 균형점에서 벗어나는 경향이 있으나, 게임을 반복적으로 학습할 경우, 내쉬 균형점을 찾아간다는 연구결과도 있다. 이 연구는 의사결정 과정은 타인의 선택에 영향을 받으며, 타인의 결정에 대해 추론하는 것을 '마음 이론'(Mind Theory)이라고 한다. 게임 참여자와의 의사결정 과정에서 뇌영상 촬영 결과, 추론을 담당하는 영역인 배내측 전전두피질 및 상측두 고랑이 활성화되었으며, 인간의 고위(高位) 의사결정을 담당하는 피질 영역 전반이 작동하는 것으로 밝혀졌다(Lee, 2013).

그리고 정치학에서는 우리 뇌에서 감정 관련 영역의 활성화가 탄력적인 정치적 선호와 연결되어 있음을 발견했으며, 경제학에서는 내재적 보상 고려를 선호하거나 반대하는 사회적 선호에 대한 뇌 작용과 상관관계를 분석하였다. 이를 각각 신경정치학(neuro-Plilitics), 신경경제학이라고 하며, 이러한 연구는 사회적 인지와 연결된 타인에 대한 정치적 태도의 변화에 대한 전전두피질의 상관관계를 연구하고 있다(Kato 외, 2009).

2. 뇌과학 기반 조직·인사관리와 사회신경학

뇌과학은 경영 및 조직·인사관리 시스템에도 활용되고 있다. Neuroleadership Institute의 창립자이며, 『일하는 뇌』(Your Brain At Work) 저자 록(David Rock) 박사는 조직 구성원들의 동기부여를 위한 뇌 기반의 조직관리 5가지 모델을 제시하였는데, 이를 'SCARF 모델'이라고 하며 지위감(Status), 확실성(Certainty), 자율성(Autonomy), 관계성(Relatedness), 공정성(Fairness)의 영역에서 위협을 느끼지 않고 배려를 해야 한다고 주장하였다. 그리고 이 이론은 실제 공학기술용 소프트웨어 개발과 구조 분야 엔지니어링 컨설팅을 주로 하는 ㈜마이다스아이티(MIDAS Information Technology)[8]에서는 조직관리에서 'SCARF 모델'을 적용하여, 뇌과학 기반의 조직 구성원 간 신뢰와 그 결과 응축된 집단 시너지를 통해 비약적으로 성장할 수 있었다고 한다(이지훈, 2020).

뇌과학, 심리학, 경영학 관련 연구분야에서 우리 인간의 두뇌에는 특정 행동을 접할 때와 타인이 같은 행동을 할 때 유사한 반응을 유도하는 거울신경세포(Mirror Neuron) 체계[9]가 존재한다. 인간의 이타주의(利他主義)는 전쟁과 같은 자원의 소모를 통한 영역의 확장보다는 친화적 협업이 생존에 더 유리하다는 생물학적 관점에서 해석도 중요한 가치가 있다. 그러나 협업 과정에서 생산된 전리품의 공정한 배분과 공유는 생물학적 사실만으로는 설명할 수 없다.

8) 2000년 9월 1일 설립된 회사로, 응용 소프트웨어 개발·공급업을 업종으로 구조설계시스템 소프트웨어 개발·판매/건축구조분야설계 엔지니어링/자료처리/전자상거래/연구개발·학술연구용역을 주 사업으로 한다(http://www.http://midasit.com).

9) 거울신경세포(Mirror Neuron)는 특정 움직임을 수행할 때와 다른 개체의 특정한 움직임을 관찰할 때 모두 활성화되는 신경세포를 말하며, 이런 특성 때문에 거울이라는 용어를 사용한다.

뇌과학이 인간의 모든 도덕과 윤리를 규명할 수 있다면, 과연 뇌과학이 복잡한 사회 문제 해결의 유일한 수단이 될 수 있는가? 사회문제 해결은 다양한 요소와 이해 관계자 간 협의와 조정을 거쳐야 하며, 그리고 기본적으로 한계(限界)와 효용(效用)의 문제이기 때문에 뇌과학만이 근본적 해결책은 될 수가 없다. 인간은 기본적으로 혈연관계를 넘어 사회를 형성하고 확장과 발전을 하고 있다. 이런 과정과 결과는 뇌과학에 따른 행동을 넘어서 또 다른 행동에 기인한 바가 있으며 이를 '모방(模倣)'이라고 한다.

모방은 단순히 타인의 행동을 그대로 따라 하는 것이 아니라 사회를 형성하고 정상적 유대감을 가질 수 있는지를 확인하는 1차적 관문으로 여겨진다. 모방하기 위해선 서로가 관찰이 필요하며 이런 과정에서 본능적으로 최악을 피하는 생물학적 방어기제가 작동하며, 또한 학습과 교육으로 사회적 능력이 향상된다. 더불어, 생존경쟁에서 집단 형성을 통한 유리한 입장으로 진화한다고 본다. 모방은 중요한 사회적 능력, 즉 다른 사람들이 의도하고, 믿고, 기대하고, 느끼는 것을 아는 "마음을 읽는" 능력 존재를 나타내기 때문이다(Churchland, 2008).

우리 뇌는 자기의 행동과 타인의 행동을 거의 구분하지 않고, 집단역학을 구성하며, 우리만의 집단을 형성하거나, 타인과 구별되는 새로운 반대 집단을 형성하게 되는 것이다. 이런 원시적 반응으로 신뢰의 감정을 토대로 우리와 같은 무리 군(群)을 형성하는 접근행위로 협동과 신뢰를 강화하는 한편, 회사 전체의 목표를 동일시하며 긍정적 조직문화를 형성하는 것을 그 배경으로 하고 있다.

최근 경영학 등 조직 관리와 운영 분야의 다수 연구에서 조직의 금전적 보상만으로는 내재 동기[10]를 유도할 수 없으며, 오히려 내재 동기를 약화시킨다는 뇌과학적 근거를 제시하여 많은 주목을 받고 있다. 그동안 보상 및 동기 관련 연구들을 살펴보면 주로 보상이 동기, 창의성 등에 어떠한 영향을 주는지를 다루어 왔으며, 내재 동기와 보상에 관한 선행 연구들은 보상이 도리어 내재 동기를 감소시킨다는 연구들에 대한 반박과 재해석에 대한 논쟁을 지속해 왔다. 이런 상반된 연구 결과들이 혼재하는 이유는, 보상이 주어지는 상황과 조건 등에 따라 보상의 효과가 다르게 나타나는 것으로 설명할 수 있다. 처음부터 성취 기반 보상을 제공받았던 보상집단은 첫 번째 과제 수행이 지나고 두 번째

10) 내재 동기 또는 내재적 동기는 외적 보상이 아닌 업무 자체가 제공하는 본질적인 보상으로 생기는 동기를 말한다. 업무를 수행하면서 느끼게 되는 즐거움이나 성취감과 같이 업무 자체가 제공하는 본질적인 보상으로 인해 생기는 동기인 내재 동기는 외적인 보상으로 인해 발생하는 외재적 동기에 비해 강도가 강하며 능동적이다.

과제 수행에서 성취 기반 보상이 제거되자 두뇌의 양쪽 선조체, 중뇌, 우측의 외측전전두엽피질의 활성화가 대폭 감소하였음을 알 수 있다. 이 연구는 보상과 동기와 관련한 논쟁에 대한 새로운 관점을 제시하였다는 점에서 중요성을 가진다(김은주, 2012).

또한 마이다스아이티 회사는 뇌과학을 기반으로 인공지능 면접 채용 시스템을 도입한 것으로 유명하다. 기존 대면 방식을 통해서 지원자의 역량을 주관적, 감성적으로 판단하던 시대에서 '인공지능 면접 채용 시스템'은 인간 전전두엽의 기능을 분석한 기술을 적용한다. 이것은 뇌과학 연구논문, 방법론을 대규모로 빅데이터화하여 인공지능에 학습시켜 개발한 최신 기술이며, 진행방법은 게임 형식 TASK에서 지원자의 여러 전략적 행동 패턴, 의사결정 과정과 집행 등의 행동 데이터를 분석하여 지원자의 전전두엽 역할과 기능을 접목하여 지원자의 역량을 종합적으로 판단한다. 마이다스아이티는 동일한 TASK에 기존 내부 직원 중 고성과자의 TASK 수행과정에서 행동 패턴을 기준으로 지원자의 수준과 직무 역량, 적합도를 판단하고 우수 인재를 선발한다고 한다. 또한, 채용 과정은 사전 학습효과가 없는 방식으로 진행되어 속임수가 불가능하며 신뢰성이 높은 것으로 알려져 있다.[11]

현재 경제, 경영학을 비롯한 다양한 분야에서 구성원들의 다양한 고유 능력을 극대화하기 위해 연구하고 있으며, 심리적·인지적 보상과 긍정적 행동 촉진 등 현실에서 적용은 극히 일부 사례로 뇌과학 발전에 따라 보다 포괄적인 경제사회 운영시스템의 선진화에 기여할 것으로 전망하고 있다.[12] 그리고 인간의 사회적 본성을 뇌과학을 접목하여 연구하는 분야를 '사회신경학'이라고 한다. 사회신경학은 인간의 뇌 활동과 마이크로·매크로 수준 사회 현상과 형성에서 개인의 역할, 집단 간 상호 효과, 사회구조와 문화적 가치, 정치체제까지 아우르는 사회 내·외의 근본적인 원인을 신경생물학의 원리에 의한 것으로 보는 개념이다. 특히, 정치적 이데올로기까지 포함하여 뇌과학적 연구결과를 전통적 사회학의 개념에 접목하여 연구하는 방법을 사용하고 있으며, 현재 연구 관심사는 사회적 정체성과 상호작용, 도구 합리성, 사회적 연대, 사회학습 메커니즘 및 지속적 불평등과 차별 등에 대한 뇌과학적 상관관계, 인과관계에 포커스를 두고 있다. 사회신경학은 사회심리학까지 수용하여 지속적으로 확장하고 있다(Shkurko, 2019).

뇌과학은 우리 사회에서 경제, 경영, 리더십 등 다양한 조직운영, 인사관리 및 조직의 사회적 책임에 대한 연구와 이를 통한 윤리적 문제를 제기하고 있다. 이런 새로운 학

11) http://midasinair.com/interviewer.asp.

12) https://www.brainfacts.org/nroscience-in-society/law-economics-and-ethics/2018/neuroeconomics-making-big-and-small-decisions.

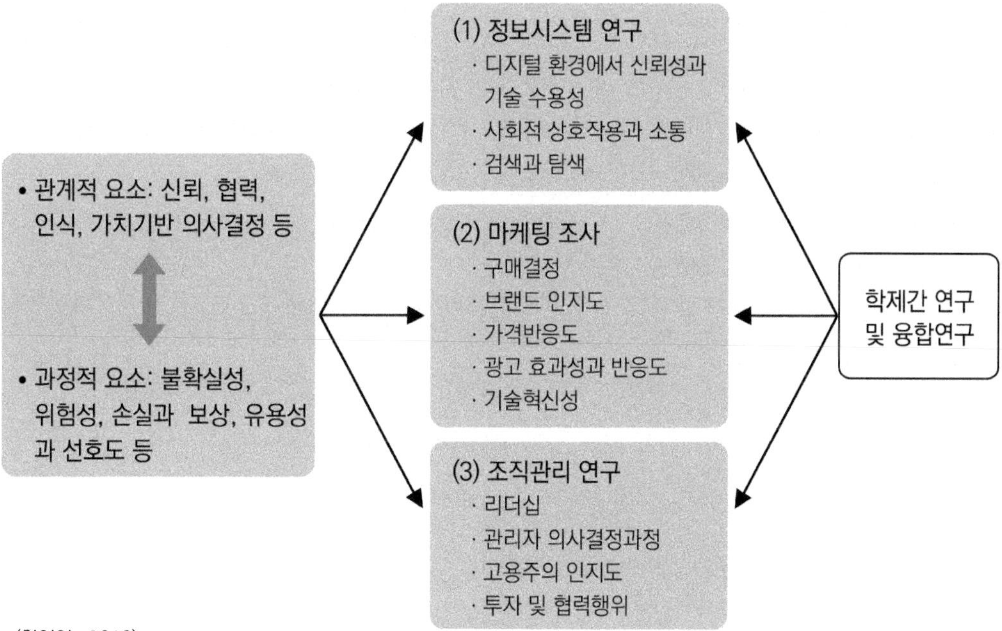

(한일영, 2010)

[그림 1-3] 인문사회 분야의 뇌과학 적용방안

제간 분야를 '조직 신경윤리학'(Organizational neuroethics)이라고 하며 신경마케팅, 신경리더십(Neuroleadership), 직장 내에서의 뇌기능 강화 등 여러 문제를 연구하고 있다.

▸ 제1장 참고문헌

국민권익위원회, “4차 산업혁명의 4대 윤리문제”, 『기업윤리 브리프스』, 2017. 6.

국민일보, “성숙기에 접어든 뇌과학, AI·마케팅·자율주행과 융합하다”, 2021. 9. 7.

김래현, “인간-기계 상호적응형 BMI 기술”, KIST 융합 위클리 팁. 2018.

김무웅·김은중·현병환, “특허, 논문, 산업정보 분석에 의한 국가연구개발사업의 생산성 제고방안에 관한 연구”, 한국기술혁신학회 학술대회, 2009.

김성진, “[브레인 트렌드] 경제도 뇌를 통해 보라, 인지경제학”, 『브레인』, 제7권, 한국뇌과학연구원, 2007.

김은주, “보상 및 동기에 대한 최신 뇌과학 연구 동향”, 한국 HCI학회 학술대회, 2012.

노성열, 『뇌 우주 탐험』, 이음, 2021.

이지훈, “마이다스아이티의 뇌과학 기반 인적자원 관리 사례 연구”, 『한국산학기술학회 논문지』, 21(5), 2020.

이천무, “과학연구 동향 및 시사점”, 『KISTEP 브리프』, 2011. 8.

박성원·박가열·최영순·진설아·황윤하·홍성민, 「인간기술융합 트랜스휴먼 시대에 따른 미래 직업 세계 연구」, 한국고용정보원 연구사업보고서, 2018.

사이언스 타임즈, “생각만으로 군용 드론을 조종한다”, 2019. 11. 4.

진설아, “뇌 임플란트 시대, 그 가능성의 한계는?”, 『Future Horizon』(31), 2017.

최종현, “신경과학에 대한 윤리적 고찰”, 동아대학교 석사학위 논문, 2010.

한국과학기술기획평가원, “「디지털 휴먼증강」 미래유망 기술·서비스”, KISTEP 미래예측 브리프 [2020-04], 2021.

한일영, “뇌과학과 경영의 만남 - 뇌과학 활용 마케팅”, 『SERI 경영노트』, 제39호, 2010.

BBC코리아, “20050년까지 인류가 직면할 10가지 도전”, 2017. 10. 27.

A Vincent, N. (2014). “Neurolaw and Direct Brain Interventions”. *Criminal Law and Philosophy*, 8(1).

Altimus, C. M., Marlin, B. J., Charalambakis, N. E., Colón-Rodríguez A., Glover, E. J., Izbicki P., … and Wells, M. F. (2020). “The next 50 years of neuroscience”. *Journal of Neuroscience*, 40(1).

Bennabi, D., Pedron, S., Haffen, E., Monnin, J., Peterschmitt, Y., and Van Waes, V. (2014). “Transcranial direct current stimulation for memory enhancement: from clinical research to animal models”. *Frontiers in Systems Neuroscience*, 8.

Brunoni, A. R., Moffa, A. H., Fregni, F., Palm, U., Padberg, F., Blumberger, D. M., … and Loo, C. K. (2016). “Transcranial direct current stimulation for acute major depressive episodes: meta-analysis of individual patient data”. *The British Journal of Psychiatry*, 208(6).

Chambers, S. M., Tchieu, J., and Studer, L. (2013). "Build–a–brain". *Cell Stem Cell*, 13(4).

Chiaradia, I., & Lancaster, M. A. (2020). "Brain organoids for the study of human neurobiology at the interface of in vitro and in vivo". *Nature Neuroscience*, 23(12).

Churchland, P. S. (2008). "The impact of neuroscience on philosophy". *Neuron*, 60(3).

Deco, G., Kringelbach, M. L., Arnatkeviciute, A., Oldham, S., Sabaroedin, K., Rogasch, N. C., … and Fornito, A. (2021). "Dynamical consequences of regional heterogeneity in the brain's transcriptional landscape". *Science Advances*, 7(29).

Elsner, B., Kugler, J., Pohl, M., and Mehrholz, J. (2020). "Transcranial direct current stimulation (tDCS) for improving activities of daily living, and physical and cognitive functioning, in people after stroke". *Cochrane Database of Systematic Reviews*, (11).

Fleck, J. S., Jansen, S. M. J., Wollny, D., Zenk, F., Seimiya, M., Jain, A., … and Treutlein, B. (2023). "Inferring and perturbing cell fate regulomes in human brain organoids". *Nature*, 621(7978).

Hamliton J. (2021). "Experimental Brain Implant Lets Man With Paralysis Turn His Thoughts Into Words. Heard on All Things Considered". NPR, 2021. 7. 14.

Gabriel, E., Albanna, W., Pasquini, G., Ramani, A., Josipovic, N., Mariappan, A., … and Gopalakrishnan, J. (2021). "Human brain organoids assemble functionally integrated bilateral optic vesicles". *Cell Stem Cell*, 28(10).

Hochberg, L. R., Bacher, D., Jarosiewicz, B., Masse, N. Y., Simeral, J. D., Vogel, J., … and Donoghue, J. P. (2012). "Reach and grasp by people with tetraplegia using a neurally controlled robotic arm". *Nature*, 485(7398).

Hochberg, L. R., Serruya, M. D., Friehs, G. M., Mukand, J. A., Saleh, M., Caplan, A. H., … and Donoghue, J. P. (2006). "Neuronal ensemble control of prosthetic devices by a human with tetraplegia". *Nature*, 442(7099).

Javor, A., Koller, M., Lee, N., Chamberlain, L., & Ransmayr, G. (2013). "Neuromarketing and consumer neuroscience: contributions to neurology". *BMC Neurology*, 13.

Kaimara, P., Plerou, A., and Deliyannis, I. (2020). "Cognitive enhancement and brain–computer interfaces: potential boundaries and risks". In *GeNeDis 2018: Computational Biology and Bioinformatics*. Springer International Publishing.

Kato, J., Ide, H., Kabashima, I., Kadota, H., Takano, K., and Kansaku, K. (2009). "Neural correlates of attitude change following positive and negative advertisements". *Frontiers in Behavioral Neuroscience*, 3.

Kelley, K. W., & Paşca, S. P. (2022). "Human brain organogenesis: Toward a cellular understanding of development and disease". *Cell*.

Kelava, I., & Lancaster, M. A. (2016). "Dishing out mini－brains: Current progress and future prospects in brain organoid research". *Developmental Biology*, 420(2).

Kringelbach, M. L., Jenkinson, N., Owen, S. L., and Aziz, T. Z. (2007). "Translational principles of deep brain stimulation". *Nature Reviews Neuroscience*, 8(8).

Krucoff, M. O., Rahimpour, S., Slutzky, M. W., Edgerton, V. R., and Turner, D. A. (2016). Enhancing nervous system recovery through neurobiologics, neural interface training, and neurorehabilitation. *Frontiers in Behavioral Neuroscience*, 10,.

Lancaster, M. A., Renner, M., Martin, C. A., Wenzel, D., Bicknell, L. S., Hurles, M. E., … and Knoblich, J. A. (2013). "Cerebral organoids model human brain development and microcephaly". *Nature*, 501(7467).

Lee, C. T., Bendriem, R. M., Wu, W. W., & Shen, R. F. (2017). "3D brain Organoids derived from pluripotent stem cells: promising experimental models for brain development and neurodegenerative disorders". *Journal of Biomedical Science*, 24(1).

Lee, D. (2013). "Decision making: from neuroscience to psychiatry". *Neuron*, 78(2).

Luedtke, K., Rushton, A., Wright, C., Geiss, B., Juergens, T. P., and May, A. (2012). "Transcranial direct current stimulation for the reduction of clinical and experimentally induced pain: a systematic review and meta－analysis". *The Clinical Journal of Pain*, 28(5).

Martini, M. L., Oermann, E. K., Opie, N. L., Panov, F., Oxley, T., and Yaeger, K. (2020). "Sensor modalities for brain－computer interface technology: a comprehensive literature review". *Neurosurgery*, 86(2).

Moses, D. A., Metzger, S. L., Liu, J. R., Anumanchipalli, G. K., Makin, J. G., Sun, P. F., … and Chang, E. F. (2021). "Neuroprosthesis for decoding speech in a paralyzed person with anarthria". *New England Journal of Medicine*, 385(3).

Olteanu, M. D. B. (2015). "Neuroethics and Responsibility in Conducting Neuromarkting Research". *Neuroethics*, 8(2).

Rissardo, J. P., Vora, N. M., Tariq, I., Mujtaba, A., and Caprara, A. L. F. (2023). "Deep brain stimulation for the management of refractory neurological disorders: A comprehensive review". *Medicina*, 59(11).

Rosa, M. A., & Lisanby, S. H. (2012). "Somatic treatments for mood disorders". *Neuropsychopharmacology*, 37(1).

The Economist. "Growing model brains: An embryonic idea". 2013.

The Guardian. "The Great Opportunity, "How Covid Transformed Global Crime"", 2020. 12. 27.

Shkurko Yulia (2019), "Biosociology." In *Encyclopedia of Evolutionary Psychological Science*, edited by Shackelford, T. K. & Weekes-Shackelford, V. A., Springer Nature Switzerland AG.

Savage, N. (2019). "How AI and neuroscience drive each other forwards". *Nature*, 571(7766).

Sharf, T., van der Molen, T., Glasauer, S. M., Guzman, E., Buccino, A. P., Luna, G., … and Kosik, K. S. (2022). "Functional neuronal circuitry and oscillatory dynamics in human brain organoids". *Nature Communications*, 13(1).

SLATE. "The Business of Living Forever", 2013. 11. 14.

Surianarayanan, C., Lawrence, J. J., Chelliah, P. R., Prakash, E., and Hewage, C. (2023). "Convergence of Artificial Intelligence and Neuroscience towards the Diagnosis of Neurological Disorders-A Scoping Review". *Sensors*, 23(6).

Zador, A., Escola, S., Richards, B., Ölveczky, B., Bengio, Y., Boahen, K., … and Tsao, D. (2023). "Catalyzing next-generation artificial intelligence through neuroai". *Nature Communications*, 14(1).

제2장

신경윤리의 대두와 지평

CHAPTER 2

신경윤리의 대두와 지평[1)]

Ⅰ. 신경윤리의 시대사적 의의

1. 신경윤리의 대두

신경윤리(Neuroethics)는 신경과학(Neuroscience)과 윤리학(Ethics)의 합성어로 1973년 미국 하버드 대학교 애닐리즈 폰티우스(Anneliese A. Pontius)가 "Neuro-ethics of "walking" in the newborn"이라는 논문에서 지나치게 이른 영아기 걸음마 연습의 부작용 가능성에 대해 기술하기 위해 처음으로 사용한 것으로 알려져 있다(Racine, 2010). 이후 1989년 신경과 의사 로널드 크랜포드가 신경의학적 문제에서 윤리적 자문을 제공하는 전문가로서 신경과 의사의 역할을 제안하면서 신경윤리학자(Neuroethicist)라는 용어를 사용하였다(Cranford, 1989). 현재의 신경윤리와 가장 관련성이 높은 논의는 1991년에 출판된 철학자 파트리샤 처칠랜드(Patricia Churchland)가 "Our Brains, Out Selves: Relections on Neuroethical Questions" 라는 저술에서 찾아볼 수 있다. 살아있는 인간의 뇌를 관찰하는 연구 방법들이 발전하기 시작하던 시점에 처칠랜드는 이미 인간 뇌 연구가 자아 정체성이나 도덕성과 같은 영역까지 영향을 미칠 것을 내다보고 과학적 지식과 기술의 잘못된 적용에 대한 우려와 인간에 대한 관점의 변화를 포함한 다양한 윤리적 쟁점들을 논의하였다(Churchland, 1991).

신경윤리의 정의는 학문 분야나 학자들에 따라 다양하지만, 일반적으로 마음과 뇌에 관련된 철학적, 윤리적, 법적, 사회적 문제들(Ethical, Legal, ans Social Implication: ELSI)을 다루는 학제적 분야라고 할 수 있다(설선혜 외 2008; 추병완, 2019; Gazzaniga, 2006; Farah, 2010).

---

1) 이 장의 일부 내용은 김효은과 설선혜(2018)의 "신경윤리의 독자성과 주요 쟁점들"(인지과학회 제29권 제1호)의 논문을 발췌하여 편집하였다. 출판을 허락해 주신 '인지과학' 편집위원회에 감사드린다.

칼럼니스트이자 작가인 윌리엄 사파이어(William Safire)는 신경윤리를 "인간 두뇌를 치료하거나 더 완벽하게 만드는 것, 그리고 반갑지 않은 침해와 걱정스러운 조작의 옳고 그름과 좋고 나쁨을 검토하는 것"(Safire, 2002)[2]으로 정의하였다. 인지신경과학자이자 신경윤리학자인 가자니가(Gazzaniga, 2006)는 신경윤리를 뇌의 기초를 이루는 메커니즘을 이해함으로써 알게 된 질병, 정상과 비정상의 구분, 삶과 죽음, 삶의 방식과 같은 우리가 살아가면서 부딪히는 사회적 문제들을 어떻게 다룰 것인지 검증하고, 뇌의 기전에 대한 정보를 충분히 공유하고 이해하며 살아가도록 하는 '뇌 기반 삶의 철학'으로 신경윤리학을 정의하였다(설선혜 외, 2008). 이러한 정의는 신경윤리를 뇌 질환의 치료와 관련된 문제를 넘어서 뇌과학에 기반하여 폭넓은 삶의 문제들을 검토하는 독자적 학문 분야임을 강조한다.

2. 신경윤리의 발전, 경과

신경윤리에 대한 논의는 자기공명영상(Magnetic Resonance Imaging: MRI)을 이용한 인간 뇌 연구 기법의 발달과 함께 인간의 고등인지기능에 대한 뇌과학적 연구가 폭발적으로 늘어나던 2000년대 초반부터 활발해지기 시작하여, 2002년 미국과 유럽에서 각각 개최된 두 개의 국제학술대회에서 공식화되었다. 미국에서는 2002년 5월 "Neuroethics: Mapping the Field"라는 제목으로 개최된 국제학술대회에 뇌과학, 생명윤리학, 철학, 법률, 유전학, 언론 등 다양한 분야의 전문가들이 참여하여 신경윤리 문제들을 논의하였고, 유럽에서는 2002년 3월 영국왕립과학연구소(Royal Institution) 후원으로 "Neuroscience Future"라는 주제로 학술대회가 열렸다. 뒤이어 뇌과학 주요 학술지인 Neuron(Roskies, 2002)과 Science(Kennedy, 2004)에서 신경윤리의 중요성을 강조하는 논문이 발표되면서 논의가 본격화되었다. 신경윤리 분야가 발전해감에 따라서 전문학술지에서도 신경윤리 쟁점을 본격적으로 다루기 시작하였다. 2006년부터 미국 생명윤리학회지(American Journal of Bioethics)에서는 신경윤리 관련 주제들을 심도 있게 다루기 시작하였고, 이후 별도의 신경과학 섹션을 마련하여 2008년에 '신경윤리'(Neuroethics) 전문학술지가 창간되었다.

비슷한 시기에 신경윤리학회도 설립되었다. 2006년 5월 미국 캘리포니아 아실로마에서 열린 소규모 학회에서 철학자, 뇌과학자, 심리학자, 법학자, 의학자 등이 모여 신경윤리학회 설립을 결정하고,[3] 2007년 '국제 신경윤리학회'(International Neuroethics Society)를

2) the examination of what is right and wrong, good and bad about the treatment of, perfection of, or unwelcome invation of and worrisome manipulation of the human brain.

3) 신경윤리학회 홈페이지(neuroethicssociety.org)에 따르면 터한 칸리(Turhan Canli), 아냔 채터지(Anjan

창설하여, 2008년부터 매년 미국 신경과학회(Soceity for Neuroscience) 연차학술대회 일정에 맞춰 정기적으로 학술대회를 개최하고 있다. 국제 신경윤리학회에서는 신경윤리의 특정 이슈를 집중적으로 연구하고 논의할 수 있는 신경윤리 그룹(Neuroethics Affinity Group)을 지원하고 있으며, 국제 신경윤리 네트워크(International Neuroethics Network)를 통해서 전 세계 신경윤리학자들의 협력을 지원하고 있다. 신경윤리의 태동기인 2000년대 초반부터 미국 자선단체 다나재단(Dana Foundation)은 신경과학자와 윤리학자들 간 원활하게 소통할 수 있도록 2002년 개최된 최초의 학술대회를 포함하여 다양한 활동을 지속적으로 지원하고 있으며 신경윤리 쟁점의 연구와 논의를 촉진하는 역할을 하고 있다.

지난 20년간 신경윤리 분야는 발전을 거듭하며 뇌과학과 관련된 다양한 쟁점들을 발굴하고 논의해 왔다. 이 과정에서 어떤 학자들은 신경윤리를 신경과학과 신경공학기술의 윤리적 문제를 다루는 생명윤리학의 하위 분야로 바라보기도 하였다(Rees 외, 2004). 실제로 신경윤리가 등장한 초기에는 기존 과학기술 윤리와 생명윤리에서와 유사하게 뇌과학과 관련된 ELSI를 발굴하는 것에 중점을 두었다. 가자니가(Gazzaniga, 2006)와 파라(Farah, 2005)는 뇌과학 적용의 문제를 다루는 '뇌과학의 윤리학'(Ethics of Neuroscience)과 인간 윤리에 대한 뇌과학적 이해를 다루는 '윤리의 뇌과학'(Neuroscience of Ethics)으로 구분하였는데, 특히 '뇌과학의 윤리학'에서 다루는 쟁점들 중에서 질병의 진단 및 치료와 관련된 문제는 고전적 생명윤리 문제와 유사하게 다루어졌다. 이후 더욱 세분화된 분류들이 제안되어 자기개념과 정체성 및 행위주체와 책임의 문제, 사회정책 문제, 적용의 문제, 소통과 교육 영역에서의 ELSI를 논의하였다(Illes 외, 2006). 과학기술과 관련된 윤리적 쟁점이라는 점에서 신경윤리와 생명윤리가 다루는 쟁점들이 중첩되는 부분들도 있지만, 뇌과학의 급격한 발전과 함께 기존 과학기술 윤리에 포함되기 어려운 새로운 문제들이 지속적으로 대두되었다. 예를 들어, 정상인의 정신 기능 향상 기술이나 자기개념과 정체성의 문제와 인간을 바라보는 관점의 근원적 변화처럼 '뇌과학의 윤리학'에서 밝혀진 새로운 사실들에서 파생되는 문제들은 기존 생명윤리의 틀에서 다루기 어려운 새로운 쟁점들을 제시한다. 파라 교수는 이러한 차이를 고려하여 신경윤리에서 다뤄온 쟁점들을 뇌과학과 관련된 고전적 생명윤리 쟁점과 신경윤리 고유의 쟁점으로 재분류하였다(Farah, 2010). 이

Chatterjee), 파트리샤 처칠랜드(Patricia Churchland), 마사 파라(Martha Farah), 마이클 가자니가(Michael Gazzaniga), 행크 그릴리(Hank Greely), 주디 일스(Judy Illes), 스티브 히만(Steve Hyman), 알리슨 맥케이(Allyson Mackey), 엘리자베스 펠프스(Elizabeth Phelps), 바바라 사하키안(Barbara Sahakian), 폴 울프(Paul Wolpe), 로리 졸로스(Laurie Zoloth)가 2006년 학회 설립을 결정한 창립 멤버이다,

후 뇌과학의 발전과 발맞추어 신경윤리 고유의 영역이 점차 확장되어감에 따라, 신경윤리학은 독자적 학문 영역으로 자리잡아가고 있다.

3. 신경윤리학회의 창설

2007년 스탠퍼드 대학의 신경윤리 프로그램 과장 주디 일스 교수(Judy Illes, PhD)와 케임브리지 대학의 신경약리학 교수인 바버라 새허키언(Barbara Sahakian) 교수, 그리고 펜실베이니아 대학 인지신경과학센터의 마사 패러(Martha J. Farah) 교수 등이 주축이 되어 '신경윤리학회'를 창설하여, 기존의 연구 성과와 장차 예상되는 연구 성과들을 국제적인 토론으로 발전시키는 방안을 추진하였다. 2008년에는 「Neuroethics」라는 전문지가 창간되었고, 스탠퍼드대가 주축이 되어 「National Core For Neuroethics」라는 연구 네트워크 체계를 구축하여 다양한 공공·민간학술단체를 중심으로 활발한 연구를 수행하고 있다. 이어 2009년에 개최된 신경윤리학회에서 "정신약리학적 향상으로 미국에서 이미 보편화된 정신 기능의 강화"에 대한 논의가 이어졌다.

미국과 영국의 신경윤리학자들 사이에서는 인간 정신 기능의 향상에 대한 논쟁이 가열된 반면, 유럽에서는 이 문제를 역사적·사회적, 실용적 맥락에서 조심스럽게 다루어야 한다는 입장을 보였다. 몇몇 학자들은 이미 인간의 정신 기능 향상이 암묵적으로 널리 이루어지고 있는 현실을 인정해서 보건정책에 반영해야 하며, 이 문제에 관해서 의료 분야의 세부적 지침도 마련해야 한다고 지적하였다. 2009년 9월에는 캐나다 헬리팩스(Halifax)에서 신경윤리학을 논의하는 컨퍼런스(Brainmatters－New Directionsinneuroethics)가 개최되어 주요 쟁점으로 인지적 향상(Cognitive Enhancement)과 자유의지 등을 설정하였으며, 당시 회의에 참석한 의사들을 대상으로 신경윤리를 환자의 복리(福利)에 어떻게 활용할 것인지에 대한 논의가 진행되기도 하였다(최종현, 2010).

신경과학 저널인 Neuron과 Nature는 "신경과학의 새로운 윤리적 문제"라는 기사를 발표했다. Nature Neuroscience, Brain and Cognition 등 굴지의 신경과학 학술 저널에도 신경윤리에 대한 논문이 게재될 정도로 뇌 상태의 개입이 곧바로 윤리적 문제로 직결된다는 상황에 대한 인식이 생겼다. 이러한 방향성은 신경윤리가 단순히 기존의 '윤리'적 관심사가 아니라는 점을 보여준다. 신경윤리는 단순히 뇌신경과학과 '관련된' 윤리의 차원이 아니라 뇌신경과학의 발전 자체에 내재해 있는 문제들로서 이러한 문제들을 함께 해결해야 하는 것이 또한 뇌신경과학의 과제가 되는 새로운 시대를 보여준다는 의미가 있다.

이후 신경윤리 컨퍼런스와 심포지엄 그리고 출판물의 종류와 수가 계속 증가했으며, 신경과학학회의 회원들을 중심으로 신경윤리 관련 프로젝트를 수행하기도 했다. 그 대표적 예가 신경윤리 그룹(Neuroethics Affinity Group)이다. 또한 국제 신경윤리 네트워크(International Neuroethics Network)가 생겨나 신경윤리의 국제 협력을 지원하였고, 스탠포드 대학은 대학 차원에서 <스탠포드 신경윤리 뉴스레터(Stanford Neuroethics Newsletter)>를 발행한다. 이러한 움직임과 더불어, 다나재단(Dana Foundation)은 신경과학자와 윤리학자들 간의 회의, 그리고 신경윤리적 주제를 둘러싼 논의에 재원을 제공하고 있다.

신경윤리는 근래 15년 동안에 걸쳐 국제회의와 학술저널, 그리고 이와 관련한 법적 조치와 연구 등으로 활발하게 진행되었으며, 미국 대학들에서는 이미 신경윤리 과목이 개설되어 학생들이 수강하고 있다. 이렇게 교육 강좌나 연구 프로그램을 계속 운영하고 있는 이유는 뇌신경과학이 만들어 내는 상황들이 직접적으로 사회에 큰 영향을 미치기 때문이다.

최근에는 국제뇌신경학회(International Neuroethics Society)를 중심으로 학술 활동이 이루어지고 있으며, 연 1회 SfN(Society for Neuroscience) 학회 일정에 맞춰 연차학술대회를 정기적으로 개최하고 있다. 2017년 10월에는 한국에서 Global Neuroethics Summit이 개최되었으며, 전 세계 신경윤리 전문가들이 모여 보편적인 신경윤리 질문들을 논의하고 공통 주제를 도출하였다. 특히 문화적 특수성을 고려한 이슈들을 발굴하기 위하여 아시아 국가 간의 협업 필요성도 제기되는 등 새로운 국면으로 발전하고 있다.

Ⅱ. 신경윤리, 신경윤리학의 특성

1. 뇌과학 관련 고전적 생명윤리 쟁점

뇌과학과 관련된 고전적 생명윤리 쟁점은 주로 뇌과학 발전으로부터 비롯된 기술의 적용과 관련되어 있다. 뇌영상 기술을 사용한 예측 검사(predictive test) 개발 관련 쟁점, 경두개자기자극(transcranical magnetic stimulation: TMS)이나 경두개직류자극(transcranial direct current stimulation: TDCS)[4]을 이용한 정신 질환의 치료와 같은 새로운 기술의 안전성 관련

4) 경두개자기자극(TMS)과 경두개직류자극(TDCS)은 외과적 조치 없이 신체에 아무런 손상을 가하지 않고 두피에서부터 자기장(TMS의 경우)이나 전류(TDCS)를 뇌의 특정 부위에 도달하게 하여 일시적으

쟁점, 연구나 진단 목적과는 무관한 결과의 우연한 발견(incidental finding)의 문제 등이 대표적 사례이다. 예를 들어, 아직 완전한 치료법이 개발되지 않은 치매나 조현병과 같은 퇴행성 신경 질환(neurodegenerative disease)을 조기에 진단하거나 일찍부터 발병 확률을 예측하는 것이 사람들의 삶의 질을 개선하는 데 도움이 될 것인지 여부는 불명확하다. 뇌영상 자료를 근거로 어떤 사람이 20년 이내에 치매에 걸릴 확률이 80%라는 판단을 내릴 수 있다고 할 때, 이 결과를 당사자나 가족들이 아는 것이 어떤 도움이 될 것인가? 조기에 예측하고 진단한다고 해서 치료가 가능한가? 보험회사에서 이러한 정보를 아는 것이 정당한가? 이러한 문제들은 신경윤리 고유의 문제라기보다는 유전자 검사를 통한 질병의 예측과 관련된 문제와 유사하다. 고전적 생명윤리에서는 질병의 조기 진단 및 예측 기술과 관련된 주요 쟁점으로 개인 식별 정보 관리, 자료 접근 통제, 피검사자의 충분한 이해와 동의와 같은 개인 정보 보호의 문제와 삶의 질 문제를 고려할 것을 제안한다.

새로운 뇌공학 기술의 안전성과 관련된 문제도 마찬가지이다. 예를 들어, 특정한 신경계에 작용하는 약물의 부작용이나, 외과적 시술이 필요한 심부뇌자극술의 부작용에 대한 논의는 다른 의료 기술의 안전한 적용 문제와 크게 다르지 않다. 최근에는 상대적으로 비침습적인 것으로 알려져 있는 경두개자기자극이나 경두개직류자극을 이용한 뇌 자극 기술의 임상적 활용 및 상용화가 시도되고 있는데, 외과적 조치가 없다는 것만으로 이러한 뇌자극 기술이 완전히 비침습적이라고 할 수 있는지, 적용 방식이나 빈도, 기간에 따라 장기적으로 어떠한 영향이 있는지에 대해서는 아직 명확하지 않다. 뇌자극 기술에 대해서는 아직 약물이나 외과적 개입과 같은 체계적인 임상 시험과 부작용 확인 과정에 대한 구체적 지침이 없으며, 특히 아직 뇌 발달이 완성되지 않은 아동과 청소년에게 미치는 영향에 대해서는 확인된 바가 거의 없다(Kadosh 외, 2012). 이처럼 새롭게 등장하는 뇌과학 기반 기술들에 적합한 임상 시험 기준과 안전성 기준에 대한 논의가 필요하다. 여기서 논의되어야 할 문제들은 인체에 작용하는 다른 약물이나 장치 개발에서 고려해야 하는 문제들과 큰 차이가 없다. 고전적 생명윤리에서 중요하게 검토되고 있는 문제라고 할 수 있는 안전과 효율성의 평가, 비용과 효과 분석, 규제 기준 마련 등이 고려되어야 한다.

고전적 생명윤리가 포괄할 수 있는 쟁점이라고 해서 신경윤리에서 덜 중요하게 다루어지는 것은 결코 아니다. 생명윤리에서 의약학이나 생명공학 분야의 새로운 연구 결과

로 해당 부위의 신경 활동에 영향을 주는 기법이다. TMS와 TDCS를 사용한 개입은 효과가 일시적이고 가역적으로 아직까지 명확한 부작용은 알려져 있지 않다.

및 기술과 관련된 쟁점들을 발굴하고 논의하고 변화에 대응해 온 역사로부터 배울 수 있는 부분이 상당 정도를 차지하고 있다. 고전적 생명윤리 쟁점과 신경윤리 고유의 쟁점이 명확하게 구분되지 않는 경우도 많으며, 양 분야의 쟁점이 연속선상에서 논의되고 있다.

2. 신경윤리의 독자적 이슈

(1) 뇌과학의 새로운 법적·윤리적·사회적 문제

신경윤리는 기존의 과학기술 윤리와는 다른 사회적, 법적, 정책적, 철학적 문제를 제기한다. 대표적 사례로, 2010년 5월 13일과 14일, 미국 테네시 주 연방 법정에서는 뇌 스캔이 법정 증거로 사용될 수 있는가의 문제에 대해 중대한 판례가 될 청문회가 열렸다. 청문회가 열리게 된 배경은 다음과 같다. 셈라우(Lorne Semrau)는 자신이 경영하고 있는 회사와 연루된 사기 혐의를 벗어나기 위해 자신이 고의로 속인 것이 아니라는 증거로 세포스(Cephos)라는 뇌영상 서비스 회사에서 스캔한 자료를 테네시 연방법원 청문회에 제출했다. 판사는 뇌영상 전문가, 법학자, 통계학자의 자문을 참고하여, 뇌 스캔을 법적 증거로 받아들이는 것은 허용 불가하다는 판결을 내렸다(뇌과학이 법정에서 사용된 사례에 대한 요약: Church, 2011; Gazzaniga, 2011). 국내에서는 2015년 동거녀를 살해하고 시신을 유기한 사건 피의자의 고의성을 파악하기 위해 뇌영상을 촬영한 일이 있었다. 어떤 사람이 거짓말을 하고 있는지, 타인을 고의로 속일 의도가 있었는지를, 당사자의 진술이나 외부의 증거에 의존하지 않고, 직접 뇌를 들여다보는 방식으로 알아 내겠다는 발상은 인간의 마음을 바라보는 관점과 법 체계에 중요한 질문을 던진다.

이처럼 뇌과학의 발전은 전통적으로 인문학의 고유 영역으로 여겨지던 자아, 감정, 의사결정, 도덕성, 책임에 대한 기존의 개념에 새로운 문제를 제기한다. 기존의 생명윤리가 인간의 신체의 문제와 주로 관련되었다면, 뇌과학으로부터 제기되는 문제들은 인간 인지와 마음, 정체성과 같은 정신의 영역과 관련되어 있다는 점에서 새롭다. 예를 들어, 신경윤리의 중요한 쟁점 중 하나는 행위책임의 문제이다. 자유의지라는 개념은 마음-몸의 전통적 이분법, 기계나 동물보다 우월한 마음을 가지는 인간이라는 전통적인 철학적 가정에 바탕을 둔다. 정신(마음)이 내리는 명령을 신체(몸)가 수행하며, 우리가 어떤 행위나 목표를 향해 움직일 때 자유의지가 발휘된다고 가정하는 것이다. 행위에 대한 법적 처벌이나 도덕 판단은 그 행위를 한 사람이 자유의지를 지녔다는 믿음 위에서 이루어진다.

심신미약이나 정신적 문제가 있는 사람의 범죄행위를 다른 기준으로 판단하는 이유도 여기에 있다. 그런데 뇌과학 연구들은 인간의 마음이 곧 뇌라는 신체기관의 작동과 다르지 않다는 점을 보여주면서 전통적인 자유의지 개념에 의문을 제기한다.

신경윤리는 뇌과학에서 밝혀진 인간의 뇌가 작동하는 방식에 대한 지식을 바탕으로 인간, 자아, 자유의지의 본성이 어떤 것인지, 그리고 우리가 사회적으로 어떻게 상호작용할 수 있는지를 검토한다. 신경윤리의 구체적 예들은 다음과 같다. 생명의 시작과 끝에 대한 새로운 정의, 뇌기능을 향상시키는 데 있어 환경이 중요한지, 유전적 요소가 중요한지의 문제, 뇌영상을 통한 거짓말 탐지기(뇌지문)의 한계와 인간 인지상태를 판단하는 것의 위험성, 인지 능력 향상 약물의 허용 문제, 뇌영상이 범죄자 판결의 기준이 될 수 있는지의 문제 등이다. 이러한 문제들은 기존 생명윤리의 가치판단이나 윤리, 법으로는 설명하거나 판단하지 못하는 문제들이다. 이러한 신경윤리의 문제를 다루기 위해서는 뇌과학, 심리학, 철학, 법학, 정책 등의 다양한 학분 분야들 간의 다학제적 협력이 필수적이다.

(2) 마음의 문제에 대한 새로운 접근

두뇌에서 일어나는 신경활동을 뇌영상 도구를 사용하여 관찰하고, 그 자료를 바탕으로 개인의 정신 과정을 추론하는 것이 가능해지면서 과학과 철학에 공통적인 난제였던 마음-뇌의 관계를 비교적 직접적으로 탐구하는 것이 가능해졌다. 이러한 방법론적 혁신은 신경윤리학자들로 하여금 정신현상에 대한 기존의 철학적 난제를 부분적으로 해결할 수 있도록 했다.

예를 들어, 신경윤리에서는 심리철학에서 오랫동안 미해결의 문제였던 '타인의 마음의 문제'(other minds' problem)에 대한 새로운 관점을 제시한다. 타인의 마음의 문제란 타인이 나와 마찬가지로 사고하고 느끼는 등 마음을 가진다는 것을 알 수 있는가의 문제이다. 뇌영상 기술이 발전하기 전에는 타인의 행동을 관찰하여 간접적으로 추론하는 것만이 유일한 방법이며, 자신의 마음 상태에만 내적 성찰을 통한 직접 접근이 가능하다고 믿었다. 얼굴 표정이나 생리학적 측정치와 같은 비언어적 정보나 인터넷 검색 기록이나 스마트폰 이용 기록과 같이 마음 바깥에 존재하는 다양한 비언어적 정보들에 대한 접근이 가능하다고 하더라도, 이는 모두 타인의 마음에 접근하는 간접적 경로에 지나지 않기 때문에, 나의 마음은 내 자신만이 접근할 수 있다는 '일인칭적 접근이 가지는 특권적 지위'가 받아들여졌고, 타인이 직접 접근할 수 없는 영역으로 남아 있었다. 그러나 뇌과학의 발전은 뇌의 활동을 관찰하여 타인의 마음 상태에 보다 직접적으로 접근하는 것을 가능하게 함으로써 마음이 지니는 이러한 데카르트적 접근 특권에 의문을 제기한다.

신경윤리 고유의 쟁점들은 이처럼 인간 본성에 대한 직접적이고 근원적인 문제들과 관련되어 있다는 점에서도 중요하지만, 뇌과학과 뇌공학의 빠른 발전 속도와 사회적 수용 양상을 살펴볼 때, 그 파급 효과를 심각하게 바라볼 필요가 있다. 예를 들어, 정신기능을 향상시키는 뇌공학 기술들은 비교적 비침습적으로 보이는 동시에 즉각적인 효용이 동반되기 때문에 충분한 윤리적 숙고의 기회 없이 받아들여지기 쉽다. 선제적인 쟁점 발굴과 논의, 윤리적 방향 설정이 없다면 심각한 사회적 문제들이 발생할 수 있다.

3. 신경윤리의 인지과학적 패러다임과 독자성

(1) 과학기술윤리 패러다임의 차이: 인지 패러다임 안의 신경윤리

미국 과학재단(National Science Foundation)에서 2002년에 발표한 "미래 융합과학기술 예측보고서"에서는 미래 과학기술의 영역을 인지과학, 생명과학, 정보과학, 나노과학으로 구분하고 이 네 영역들이 서로 독립적인 동시에 융합하여 발전해 나갈 것이라고 예측하였다. 뇌과학은 인지(Cognition) 패러다임, 즉 인간 정신에의 개입과 변형에 관련된 영역에 포함되며, 나머지 물질 관련 패러다임과 확연히 구분된다. 뇌과학 연구와 뇌공학 기술의 개발이 생명과학, 정보과학, 나노과학과의 주제들과도 중첩되고 융합 가능하지만, 인지 패러다임의 핵심적 특징들을 지니고 있으며 인지과학의 영역 안에서 이해되어야 하는 이유는 다음과 같다.

첫째, 뇌과학과 인간 정신의 관계는 다른 생명과학 분야에 비하여 직접적이다. 예를 들어, 유전자에 대한 이해도 궁극적으로는 인간의 정신에 대한 이해를 돕지만, 유전자를 통해 인간의 정신 과정을 추론하는 것은 불가능하다. 유전자 변형이 인간의 신체뿐만 아니라 정신의 변형을 야기하지만, 특정 유전자 조작이 특정 정신상태의 변화와 대응될 수 없다. 반면, 뇌과학은 두뇌 활동을 통해 정신 과정의 추론을 가능하게 하며, 두뇌를 직접 자극하거나 신경약물을 사용하여 인간 정신에 대한 즉각적이고 직접적인 개입과 변형을 시도한다.

둘째, 뇌공학 기술은 기계와 인간, 물질과 정신의 경계를 약화시킨다. 신경약물이나 뇌자극과 같은 물리적 개입을 통해 직접적으로 마음 상태를 변화시키는 기술은 인간의 자유의지나 인격동일성과 같은 인간 본성에 대한 문제와 관련 있다. 따라서 마음-뇌 관계에 대한 인지과학적, 뇌과학적, 심리철학적 접근을 필요로 한다.

신경윤리의 고유 쟁점들은 이러한 뇌과학과 관련된 문제들과 밀접하게 관련되어 있다. 따라서 기존 생명윤리와 과학기술윤리가 다루어 왔던 물질 패러다임의 문제들과는 구별되는 인지 패러다임을 다룬다는 점에서 독자성을 지닌다. 신경윤리는 인간 정신과 관련된 여러 학문 분야들 간의 학제적 노력을 통해 뇌과학과 뇌공학의 발전으로 인해 발생되는 여러 쟁점들을 발굴하고 검토하고 논의하여 통합적인 대처 방안을 제안하는 역할을 한다.

(2) 뇌과학과 정신 간의 관계 양상의 차이: 직접적 관계

뇌 상태의 변형과 조작을 통해서 인간의 마음과 행동을 변화시키는 기술은 기존 생명공학 기술과 비교할 때 그 영향이 더 직접적이고 빠르다. 생명윤리의 문제들은 주로 물질 차원에서 다루어지거나 간접적으로만 인지상태와 관련되는 반면, 신경윤리의 문제는 뇌과학의 발달이 직접적으로 우리 마음, 인지상태에 개입한다. 이러한 직접적 개입은 결과가 신속하고 인지 향상을 보장하기 때문에 윤리적 문제들에 대해 무감각해질 가능성이 현저히 높다. 예를 들어, 신경약물이나 뇌과학적 개입 기술은 단순히 좋은 인지상태가 발현될 확률을 높인다는 추정치가 아니라, 기억력과 의사결정능력의 직접적 향상을 약속한다. 이러한 기술은 인간이 지닌 인지적 한계를 극복할 수 있다는 긍정적인 측면도 지니지만, 개입은 인간의 자율성과 의지, 노력의 가치를 전제로 하는 사회적, 법적 시스템에 대한 도전이 될 수 있다.

인지에의 개입은 그 직접성으로 인한 파급 효과 또한 기존 과학기술과는 구별된다. 정상인의 인지 능력을 향상시키는 기술이 비침습적이고 즉각적 효과를 가져올 수 있다면 많은 사람들이 충분한 성찰 없이 이용할 가능성이 높다. 개입 기술의 적용이 단기적, 장기적으로 우리에게 도움을 주는 것인지 아닌지는 숙고해야 할 문제이다. 자유의지와 노력이 아닌 인위적 방법으로 인지능력을 향상시키고 그 결과 대학 입시나 취업, 일상생활의 다양한 분야에서의 성과를 이루어 낼 수 있게 된다면, 경제적 효율성을 제외한 어떤 가치가 남을 수 있을지, 그로 인한 사회적 문제가 발생할지 논의할 필요가 있다. 뇌과학의 발전으로 인한 이러한 논란은 빠른 속도로 늘어날 것이며, 이에 따른 법적, 윤리적 재정비 없이는 건강한 사회 시스템의 운영이 어렵다. 따라서 신경윤리의 쟁점들은 과학기술 발전에 따른 추상적인 철학적, 윤리적, 학문적 성찰을 넘어서 우리의 사회시스템을 떠받치는 법 체제와 윤리적 공감대를 어떻게 재구성해야 하는가에 대한 매우 현실적이고 시급한 문제이다.

(3) 적용범위의 독자성

신경윤리의 적용범위는 크게 [그림 2-1]과 같이 나누어 볼 수 있다. 앞서 소개하였듯이, 뇌과학을 어떻게 적용할 것인가와 관련된 문제를 다루는 '뇌과학의 윤리' 중에서도 치료와 진단과 관련된 부분은 많은 부분이 고전적 생명윤리 문제와 중복된다. 그렇다고 해서 치료와 진단과 관련된 문제에 신경윤리의 독자적 영역이 없다는 이야기는 아니며, 현 시점에서 다른 신경윤리 적용범위와 비교한 상대적 중첩의 정도를 고려할 때 치료와 진단 관련 영역에서 생명윤리와의 중첩이 크다는 의미다. 신경윤리와 생명윤리가 중복되는 지점이 있음은 과학기술 영역들 간의 연속성과 비연속성, 기술 발전 단계의 연속성과 비연속성을 고려하면 자연스럽다.

'뇌과학의 윤리' 중에서도 정상인의 인지 기능 향상의 문제와 사회적 평가와 관련된 문제는 신경윤리 고유의 적용범위가 넓다. 뇌가 자기개념, 정체성, 정신과 구별되기 어려운 기관이라는 특수성은 두뇌에 대한 개입을 다른 신체기관에 대한 개입과 구별되는 특수한 것으로 만든다. 뇌의 작용을 조절하는 것은 곧 자기개념, 정체성, 정신에 대한 직접적인 조절을 의미하기 때문에 신경윤리 고유의 쟁점을 야기한다. 그렇다고 해서 모든 쟁점에 대하여 명확한 경계가 있다고 볼 수는 없으며, 어떤 쟁점들은 고전적 생명윤리 쟁점과 신경윤리 고유의 쟁점의 연속선상에서 중간지점에 위치한다는 점을 고려할 필요가 있다.

인간 정신에 대한 뇌과학적 이해를 제공하는 '윤리의 뇌과학'은 신경윤리의 독자성

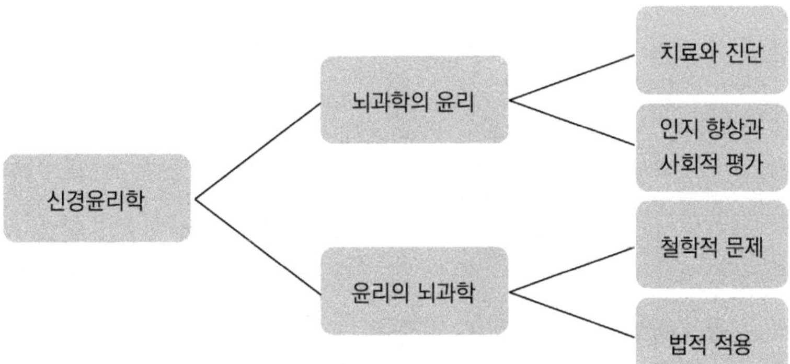

[그림 2-1] 신경윤리의 적용범위[5)]

---

5) 뇌과학의 윤리는 주로 ELSI와 관련되어 있으며, 윤리의 뇌과학은 인간 정신에 대한 이해와 관련되어 있다.

을 가장 잘 보여주는 영역에 해당한다고 할 수 있다. '윤리의 뇌과학'은 인간 정신에 대한 기존의 철학적, 심리학적 이해와 인간의 고등인지기능을 연구 주제로 포괄하게 된 뇌과학이 서로 만나면서 가능해진 영역이다. 자아의 문제나 윤리적 주체로서의 인간이라는 문제는 그동안 이론적으로만 접근 가능했던 주제였으나, 이제 뇌과학의 발전으로 인문-사회-자연과학의 통합적이고 학제적 연구로 접근할 수 있는 주제가 되었다. 존재론적 질문, 인간 본성에 대한 근원적 질문, 사고와 행동 주체에 대한 질문 등의 근본적 문제들이 학제적 연구를 통해 검토해 볼 수 있는 신경윤리의 주제들로 자리잡게 되었다. 윤리에 대한 뇌과학적 이해의 영역은 뇌과학의 발전이 가져올 인간 본성에 대한 관점의 변화와 그 영향에 대한 논의를 포함한다는 점에서 신경윤리에 독자적 지위를 부여하는 데 크게 기여하고 있다.

4. 신경윤리 쟁점의 특수성

신경윤리의 특수성은 인간의 뇌가 지니는 특수한 지위에 바탕을 둔다. 인간의 뇌는 다른 신체 기관과는 달리 인간의 정체성, 자아개념, 정신과 동격이라고 할 수 있는 기관이다. 뇌신경 신호를 해독하려는 시도는 생각, 감정, 의도와 같은 심적 내용을 해독하려는 시도라고 할 수 있으며, 뇌의 작용을 직접적으로 조작하려는 시도는 정신 과정 자체에 직접적으로 개입하려는 시도라고 할 수 있다. 이러한 시도는 인간 경험의 근간이 되는 중요한 요소들에 변화를 가져올 수 있다. 이러한 변화는 정신 활동에 대한 사적 자유(private mental life), 행위자 자신이 행위 주체라는 믿음(agential action on the world), 신체를 경계로 하는 개인이라는 개념에 대한 변화로 나누어서 살펴볼 수 있다(Goering 외, 2016).

(1) 정신 활동에 대한 사적 자유의 침해

우리는 우리의 생각과 감정이 전적으로 사적인 것이며 그것을 언제 어떤 방식으로 타인에게 보일 것인가에 대한 선택권을 가지고 있다고 믿는다. 이러한 믿음은 사상의 자유, 믿음의 자유, 표현의 자유와 같은 개념으로 헌법에서도 보장하는 인간의 기본권이다. 개인의 생각과 감정, 믿음을 간접적으로 반영하는 다양한 표현이나 어떤 매체를 소비하는지에 대한 검열이 허용되지 않는 이유도 정신 활동에 대한 사적 자유를 지키기 위한 것이다. 그러나 뇌영상 자료를 이용하여 개인의 생각과 감정과 행위 의도를 읽는 기술의 발전은 뇌파 거짓말 탐지기나 fMRI 기반 거짓말 탐지기, 뉴로 마케팅, 다양한 뇌 유형 분류 모형의 개발로 이어지고 있으며, 이러한 기술들은 매체에 대한 검열과 통제보다도 더 직접적으로 개인의 정신 활동을 들여다볼 수 있게 한다는 점에서 사적 자유 침해의 우려가 매우 높다고 할 수 있다. 뇌영상 분석 기술이 개인의 생각과 감정과 행위 의도와 같은 숨겨진 심적 과정을 구체적으로 읽어내는 단계에 이른다면, 단순한 개인 정보 보호의 문제를 뛰어 넘는 심각한 사적 자유의 침해가 발생할 수 있다. 자신의 생각과 감정은 전적으로 사적인 것이며, 그것을 언제 어떤 방식으로 타인에게 보일 것인가에 대한 선택권을 가지고 있다는 일반적인 믿음에 큰 변화가 일어날 것이다.

(2) 행위 주체의 문제

1992년 기능적 자기공명 영상 기술의 개발은 감각 경험, 지각, 주의, 기억, 기본 정서와 같은 비교적 초기 단계의 정신 과정에 국한되었던 뇌과학 연구의 범위를 의사결정, 도덕성, 다양한 사회적 행동과 같은 보다 복잡한 수준의 정신 과정으로 확장시켰다. 인간과 동물의 정신 과정을 신경세포의 물리화학적 작용으로 설명하려는 접근은 새롭지 않지만, 뇌영상 기법이 지금과 같이 발전하기 전에는 신경세포들의 물리화학적 작용과 고등 정신 과정 사이의 관련성이 비교적 간접적이었으며, 가시적인 뇌 손상이나 명확하게 진단 가능한 정신질환과 같은 예외적인 사례의 경우를 제외하면, 판단과 의사결정, 도덕적·법적·윤리적 행동을 뇌의 물리적 작용과 직접적으로 연결짓는 경우는 드물었다. 그러나 최근의 뇌영상 기법의 발전은 시각 경험과 같은 비교적 가치중립적인 정신 과정을 넘어서 고도로 추상적이고 복잡한 인지 과정과 주관적인 판단에 의존하는 것으로 알려진 정신 과정까지도 뇌신경 활동으로 설명하는 연구들을 폭발적으로 증가시켰다.

인간의 시각 경험이 시각 피질의 활동으로 설명될 수 있다는 사실과 인간의 도덕적 판단과 행동이 전전두피질의 활동으로 설명될 수 있다는 사실은 과학자들에게는 동일한 과학적 사실일 수 있다. 그러나 과거에 철학과 심리학의 개념으로 설명되던 인간의 정신 과정이 점진적으로 뇌과학의 개념들로 대체되어 간다면, 과학자 집단뿐만 아니라 일반 대중들의 환원론적 관점을 더욱 촉진시키는 결과를 가져올 수 있다. 환원론적 관점이 불러올 수 있는 가장 대표적인 쟁점은 행위 주체에 대한 인식이다. 사람들은 기본적으로 의식적인 행동을 할 때, 그 행동이 발생하도록 만든 주체가 자기 자신이라고 믿으며, 이 때 자기(the self)는 신경세포의 물리화학적 작용을 넘어서는 정신적 존재라고 가정한다. 그러나 자기 인식과 사회적 상호작용을 포함한 광범위한 고등인지기능이 뇌의 작용과 다르지 않다는 설명은 이러한 믿음에 혼란을 초래할 수 있다.

(3) 인간 경계와 정체성의 문제

뇌과학의 발전은 단순히 뇌의 기능을 이해하는 것을 넘어서 인간의 신체적, 정신적 능력을 생물학적 한계를 벗어나는 범위로 확장할 수 있는 새로운 기술의 개발을 가능하게 한다. 뇌와 기계를 연결시키거나 뇌와 뇌를 연결시키는 뇌－기계 인터페이스, 뇌－뇌 인터페이스[6] 기술이 그것이다. 이러한 기술은 생각－행동－기계의 작동이라는 단계로 이루어지던 인간과 기계의 상호작용 방식을 생각－기계작동으로 바꾸어서, 생각의 주체와 행위자를 분리시키는 동시에, 뇌와 상호작용하는 기계를 확장된 자아로 인식하게 만들 수 있다. 신체라는 물리적 실체로 경계 지워졌던 개인이라는 개념이 더 이상 유효하지 않게 되는 것이다. 언어를 매개로 이루어지던 대인 간 상호작용이 뇌와 뇌를 직접 연결시키는 방식으로 대체된다면 개인과 개인 간의 경계가 허물어질 수 있다. 여기서 자아 또는 개인의 경계에 대한 혼란은 단순히 철학적인 개념의 혼란만을 이야기하는 것이 아니다. 실제 뇌－기계 인터페이스나 뇌－뇌 인터페이스를 사용하는 사용자가 심리적으로 자아 경계의 혼란을 경험한다면 문제는 더욱 심각할 수 있다.

Ⅲ. 신경윤리 고유 쟁점

1. 뇌신경활동의 관찰과 마음 읽기

(1) 뇌영상 기법의 발전

양전자방출단층촬영(PET), 기능적 자기공명 영상(fMRI), 뇌전도(EEG), 뇌자도(MEG), 근적외선분광법(NIRS)과 같이 살아 있고, 의식이 깨어 있고, 생각하고 있는 인간의 뇌신경활동을 관찰할 수 있는 기능적 뇌영상 기술의 발전은 인간 뇌기능에 대한 이해를 급속도로 증진시켰다. 특히 두뇌 전체의 신경활동을 수 초 단위의 시간 해상도와 수 mm 단위의 공간 해상도로 관찰할 수 있는 fMRI 기법의 개발과 정교한 통계적 분석 기법, 심리학 실험의 결합은 과거의 뇌과학에서는 접근할 수 없는 영역으로 여겨졌던 사고와 감정, 동기, 의사결정, 사회성, 도덕성과 같이 복잡하고 추상적인 정신 활동을 물리적인 수준에서 관찰하는 인지신경과학(Cognitive Neuroscience)과 정서신경과학(Affective Neuroscience), 사회신

6) BBI(Brain-to-Brain Interface)는 B2B(Brain-to-Brain) 커뮤니케이션이라고도 하는데 두 사람 혹은 여러 사람의 뇌와 뇌가 인터페이스를 가짐으로써 커뮤니케이션이 가능하게 되는 것을 의미한다. 뇌파를 커뮤니케이션에 이용하는 방식으로서 BCI와 CBI의 프로세스가 융합되면서 뇌－뇌 인터페이스(BBI)가 만들어진다.

경과학(Social Neuroscience) 연구를 폭발적으로 증가시켰다.

그렇다면 뇌 활동을 정교하게 측정할 수 있다는 것이 곧 마음을 읽을 수 있다는 의미일까? 기능적 뇌영상 기법이 발전하면서 신경윤리학자들은 '마음 읽기'(mind reading) 기술의 등장을 우려해 왔다. 초기의 논의에서는 실제로 사람의 마음을 투명하게 들여다보는 것은 불가능하며 뇌영상 기술의 효용이 과대평가된 측면이 있다는 점이 부각되었다(설선혜 외, 2008; Farah, 2005; Gazzaniga, 2006; Glannon, 2007; Rees 외, 2004). 그 근거로는 흔히 뇌영상 연구의 발견들은 특정한 심적 상태일 때 활성화되는 뇌 영역에 관한 것이므로 특정 뇌 영역이 활성화된 상태를 기반으로 심적 상태를 추론하는 역방향 추론(reverse inference)에는 한계가 있다는 점과, 뇌영상 연구 결과는 상관분석에 기반하기 때문에 인과의 방향을 알 수 없고 따라서 뇌영상 자료를 단일한 근거로 심적 상태를 추론하는 것이 정확하지 않다는 점이 제시되었다.

그러나 최근 10여 년 사이 이러한 뇌영상 기반 추론의 한계점들을 극복하기 위한 많은 노력이 있어 왔다. 뇌의 어느 영역이 어느 기능을 담당하고 있는지 알아보는 뇌기능 매핑에 초점을 두었던 초기 연구들과는 달리 근래의 뇌영상 연구들에서는 뇌영상 자료와 기계학습(machine learning)을 결합한 해부호화(decoding)[7] 기법의 발전으로 실제로 두뇌 활동의 내용을 읽어내고 행동을 예측하려는 노력이 이루어지고 있다(Poldrack, 2011). 지금까지 축적되어 온 대규모 뇌영상 연구 데이터 베이스와 문헌 분석 알고리즘, 베이지안 통계가 결합되어 역방향 추론의 정확도가 향상되었으며, 뇌영상 신호 패턴을 기계학습 알고리즘을 이용하여 학습시킨 뒤 지각 경험이나 수면 중의 시각 경험, 개인의 동기 등을 예측하는 분석 기법은 뇌영상 정보의 해부호화를 통한 마음 읽기를 가능하게 한다(Haxby 외, 2014; Hein 외, 2016; Horikawa 외, 2017).

개인의 주관적 경험의 내용을 구체적으로 알아내는 수준의 마음 읽기는 여전히 불가능하지만, 뇌영상 자료 분석 기법의 발전으로 인해 마음 읽기의 범위가 단순한 지각 경험에서부터 자각하지 못하는 행동의 동기에 이르기까지 확장되었으며, 제한적으로 특정 경험이나 행동의 범주를 추론하고 예측하는 것이 가능하게 되었다. 주어진 자료를 학습하여 결과 예측의 정확도를 높이는 데 뛰어난 수행을 보이는 인공지능 알고리즘이 지속적으로 개발됨에 따라서 뇌영상 자료의 해부호화는 기존에 상상하기 어려웠던 수준으로 정

7) 정보가 두뇌로 입력되어 신경신호로 변환되는 과정을 부호화(encoding)라고 하며, 신경신호를 해독하여 어떤 정보를 담고 있는지 읽어 내는 것을 해부호화(decodoing)라고 한다.

교해질 가능성이 있다.

마음 읽기 기술은 뇌의 기능을 이해하기 위한 기초 연구에도 유용하게 사용되지만, 타인의 속임 의도를 파악하려는 목적으로 하는 거짓말 탐지나 상품 광고나 브랜딩 전략과 같은 마케팅 목적으로 소비자의 숨겨진 선호와 의도를 파악하고자 하는 뉴로 마케팅의 형태로 이용되기도 한다. 뇌파를 이용한 거짓말 탐지 기술의 경우, 실험실 상황에서 긍정오류율(false-positive rate)이 5% 미만으로 보고되고 있으며 국내외에서 모두 범죄 수사에 보조적인 수단으로 광범위하게 활용되고 있다. fMRI 기반 거짓말 탐지는 실험실 상황에서 수행된 거짓말 과제에서 거짓말을 할 때 활성화되는 것으로 밝혀진 영역들(예를 들어, 배외측전전두피질)의 활성화 양상을 기반으로 거짓말 여부를 판단하는 기술로, 뇌파 기반 기술보다 타당도와 정확도 측면에서 더 많은 논란이 있다. 미국 법원에서 세 차례 증거 채택을 요구받은 적이 있으나 과학적 근거가 충분하지 않다는 전문가들의 의견으로 인하여 아직 증거로 채택된 사례는 없다(Buckholtz 외, 2014; Farah 외, 2014). 뉴로 마케팅의 경우 고전적인 소비자 조사 기법 대신 뇌영상 자료를 비롯한 다양한 생리적 측정치를 사용하여 소비자 선호를 파악하는 서비스를 제공하는 사례들이 있다. 해외 사례로는 Imotions (http://imotions.com), 국내 사례로는 Brain and Research(http://bnr.co.kr)가 있다.

(2) 관련 신경윤리 쟁점들

1) 타당도와 정확도의 문제

기계학습을 이용한 뇌신경계 질환의 바이오마커 연구들에서는 정확도가 약 60%에서 90% 사이로 다양하다(Woo 외, 2017). 뇌파 거짓말 탐지의 경우 긍정 오류율이 매우 낮다고 보고되고 있으나 대체로 실험실 상황에서 측정된 것이며, 부정 오류율(false negative rates)은 잘 알려져 있지 않다. 또한 대부분의 연구들이 집단의 평균으로부터 추론된 모형을 기준으로 개인의 특성을 추론하는데, 모든 개인이 통계적인 평균에 가까운 반응을 나타내는 것은 아니다. 이것을 G2i(Group−to−individual) 문제라고 한다. 범죄자의 거짓말 여부와 같이 실생활의 문제들을 해결하려는 목적으로 마음 읽기 기술을 적용할 때는 뇌영상 자료 이외의 다른 변인들이 작용하여 발생할 수 있는 개인차 문제를 고려하지 않을 수 없다.

마음 읽기 기술의 타당도와 정확도가 심리 검사를 비롯한 다른 검사 도구들의 타당도와 정확도 문제보다 더 중요한 이유는, 피검사자가 검사 내용을 특정하고 해당 검사에만 동의하는 일이 불가능하고, 자신도 알지 못했던 생각이나 감정, 행동을 예측하는 결과가 발생할 수 있기 때문이다. 무의식적 사고와 감정을 읽거나 피검사자 자신의 믿음과 배치되는 결론이 도출되었을 때, 뇌신경신호의 해독 결과를 믿어야 하는가, 피검사자의 자기보고를 믿어야 하는가? 뇌신경신호의 해독 결과가 정확하다는 것을 어떻게 알 수 있는가? 이러한 문제는 아래에서 논의할 사적 자유의 침해 문제와도 밀접하게 관련되어 있다.

2) 사적 자유의 문제

두뇌활동을 모니터링하는 것은 심장활동의 모니터링이나 유전자 검사와는 차이가 있다. 마음 읽기 기술이 지금보다 더 발전하여 구체적인 사고 내용이나 감정을 읽어 낼 수 있게 된다면, 언어 또는 비언어적으로 표현하지 않으면 사적인 영역으로 남겨둘 수 있었던 부분까지도 침해 받을 수 있다. 다른 생리적 측정치나 유전자 정보는 정보 제공자가 어떤 정보를 제공할 것인지 선택할 수 있는 데 반해, 뇌영상 자료는 어떤 정보를 해석 '당하게' 될지 미리 알 수 없다는 문제가 있다. 내적 상태에 대한 정보를 제공한다는 점에서 심리학 연구에서 사용하는 자기보고식 설문지와 유사한 점이 있지만, 설문의 경우 정보 제공자가 자신이 제공하는 정보에 대하여 충분히 숙지하고 있으며 자신이 원하는 정보만을 선택적으로 제공할 수도 있는 반면에, 뇌영상 자료는 속이거나 특정 정보만을 선택적으로 제공하는 것이 불가능하다.

이러한 점을 고려할 때, 지문이나 유전자 정보, 기타 생리적 측정치나 행동 측정치에 요구되는 것과 동일한 개인 정보 보호 기준을 적용할 수 있는가 하는 문제가 발생할 수 있다. 예를 들어, 뇌영상 패턴으로 개인 식별이 가능한 수준의 복호화 기술 단계에 도달했을 때, 연구 투명성 확보와 연구 협력, 대규모 신경유전학 프로젝트 등을 위해 공유된 뇌영상 자료를 어떻게 보호할 수 있는가(Sobrido 외, 2012), 이 자료에서 전통적인 방법을 사용한 개인 식별 정보의 제거가 의미가 있는가, 일반적인 인간 대상 연구 자료, 인체 유래물 연구 자료 공유의 문제와 유사한 수준의 규제로 충분한가, 아니면 뇌과학에 특수한 기준이 필요한가? 또는, 국가나 회사에서 채용이나 평가를 위한 참고자료로 조직 구성원들의 뇌영상 자료를 제출하라고 한다면 개인에게 선택권이 얼마나 주어질 것인가, 현 시점에서 뇌영상 자료로부터 얻을 수 있는 정보가 제한적이라고 하더라도 가까운 미래에 새로운 분석 기술의 등장으로 예상하지 못했고 스스로도 알지 못했던 내밀한 개인의 심리적 특성이 드러날 가능성을 배제할 수 있을까? 이러한 질문에 대한 답을 찾는 일은 신경윤리 고유의 영역이라고 볼 수 있다.

3) 행위책임의 문제

행위의 책임을 묻기 위해서는 행위 의도의 파악이 우선되어야 한다. 특히 행위자에게 법적 책임을 부여하기 위해서는 행위 의도의 유무가 중요한 기준이 되기 때문에 행위자의 고의성을 여부를 입증하는 데 많은 노력을 기울인다. 그렇다면 뇌영상을 활용한 마음 읽기 기술의 발전은 행위 의도 추론의 정확도를 향상시키고 행위책임 판단을 수월하게 해줄 것인가? 추론의 정확도는 앞서 논의한 바와 같이 점진적으로 향상될 것으로 보이지만 얼마나 정확해야 충분한가의 문제는 여전히 남아 있다. 마음 읽기 기술이 행위책임의 판단에 활용할 수 있는 실증적 근거를 제공해 준다는 점은 긍정적이지만, 마음 읽기 기술의 발전에서 파생되는 철학적 문제들은 오히려 행위책임의 판단을 어렵게 만들 가능성도 있다. 행위책임과 관련된 신경윤리의 주요 질문은 다음과 같다. 뇌의 이상으로 범죄행동을 하였다면 행위자에게 책임을 물을 수 있는가? 뇌 발달이 완성되지 않은 청소년의 행동을 성인과 동일한 기준으로 판단할 수 있는가?

뇌과학의 발견들은 의사결정, 도덕성과 같은 인간의 고등인지기능을 신경세포들 간의 물리－화학적 작용으로 환원하여 설명한다. 뇌과학자의 입장에서는 정신 과정에 대한 물리－화학적 설명이 전혀 새로운 것이 아닐 수 있다. 예를 들어, 도덕적 의사결정의 신경메커니즘을 밝힌 논문이 발표된다고 하여서 도덕적 행위의 책임을 뇌에 지워야 한다는 생각을 하는 과학자는 없을 것이다. 파라(Farah, 2005)는 과학적 이해와 탐구를 위하여 취하는 환원론적 입장을 방법론적 환원주의라고 부르면서 '인간의 정신이 물질에 지나지 않는가?', '행위책임을 어디에 지워야 하는가?'와 같은 존재론적 질문과는 구별해야 한다고 하였다. 뇌과학자 러셀 폴드락(Russel Poldrack)은 뇌의 작용과 마음이 결국 동일하다는 점을 강조하면서 사람들의 행위를 이해하는 데 있어서 뇌가 원인이라는 설명과 마음이 원인이라는 설명에 차이가 있다는 믿음, 즉 상식적 이원론(Folk Dualism)은 잘못된 것이라고 지적한다(Poldrack, 2017). 폴드락의 비유를 빌리자면, '뇌가 나한테 그런 일을 하라고 시켰다'는 말은 곧 'J. K. Rowling(해리포터 작가 이름)이 해리포터 작가에게 일곱 편의 책을 쓰라고 시켰다'고 말하는 것과 마찬가지라는 것이다. 즉 행위책임을 뇌에 묻는 것은 자기 자신에게 묻는 것과 다르지 않다. 뇌과학자 마이클 가자니가는 뇌과학 연구 결과들을 종합해볼 때 자유의지는 인간의 착각이라는 것이 과학적인 결론일 수 있지만, 이러한 결론과 행위책임 문제는 무관하며 사회적 수준에서 다루어야 하는 문제라고 주장한다(Gazzaniga, 2012).

그러나 뇌과학 전문가가 아닌 사람들이 시각적으로 명확해 보이는 뇌영상 연구 결과를 비롯한 새로운 뇌과학 연구 결과들을 받아들일 때는 방법론적 환원론과 존재론적 환원론의 구분이 잘 이루어지지 않으며, 상식적 이원론이 쉽게 개입한다. 많은 사람들이 뇌과학 연구 결과는 사실을 있는 그대로 반영하는 동시에 인간에 대한 본질적 설명을 제공한다고 믿는데, 이러한 현상을 각각 신경사실주의(neurorealism)와 뇌본질주의(brain essentialism)라고 한다(Racine 외, 2005). 한 법심리학 연구에서는 가상의 재판 상황을 판사들에게 제시하면서 사이코패스로 진단받은 피고인의 범죄 행위에 대하여 판단하도록 하였는데, 사이코패스 진단을 뒷받침하는 근거로 fMRI 영상과 유전자 자료를 함께 제시하면 그렇지 않은 경우보다 형량이 줄어들었다(Aspinwall 외, 2012). 미국과 한국의 법정에서 뇌영상 자료를 형량을 줄이려는 목적으로 사용하려는 시도들도 있었다. 예를 들어, 2015년 국내의 한 살인 사건 피고인은 자신이 어렸을 때 눈을 다쳐 의안을 하는 과정에서 안와전두엽에 손상이 일어나 정상적인 판단을 할 수 없게 되었고, 자신의 범죄 성향도 그로 인한 것이라고 주장하여 뇌영상 자료를 재판 참고 자료로 제출한 사례가 있다. 미국에서도 자신의 폭력적 성향을 전두엽 기능 저하로 인한 자제력 부족 때문이라고 주장한 사례가 있다(Buckholtz & Faigman, 2014).

뇌과학의 연구 결과들은 실제로 행위책임의 판단 문제에 중요한 영향을 미친다. 예를 들어, 미국 법원에서는 20대 초반까지 대뇌피질 전반의 구조적 변화가 일어나며 특히 도덕적 판단, 사회적 의사결정과 관련 있는 전두엽은 성인 초기까지도 지속적으로 발달한다는 발달신경과학 연구 결과들을 바탕으로 아직 뇌 발달이 완성 단계에 이르지 못한 청소년들에게 성인과 동일한 책임을 물을 수 없다는 판단 하에 2005년 미성년 범죄자에 대한 사형 금지를, 2012년에는 가석방 없는 종신형 금지를 결정하였다(Buckholtz & Faigman, 2014). 이러한 주체성, 자율성, 자유의지와 행위책임의 문제와 같은 철학적 논의는 기존 생명윤리나 과학기술윤리에서 다루기 힘든 신경윤리 고유의 쟁점이라고 할 수 있다.

2. 뇌신경활동의 조작과 정신 향상

(1) 인지기능 증강기술의 발전

뇌과학 연구와 뇌공학의 주요 목표 중 하나는 뇌의 이상을 치료하고 인간의 정신 기능을 향상시키는 것이다. 신경계에 작용하는 약물을 사용하거나, 뇌에 전기 또는 자기 자극을 가하거나, 뇌와 기계를 연결시키는 장치를 사용하여 뇌의 작용에 개입한다. 뇌가 자기개념, 정체성, 정신과 구별되기 어려운 기관이라는 특수성은 두뇌에 대한 개입을 다른 신체기관에 대한 개입과 구별되는 특수한 것으로 만든다. 뇌의 작용을 조작하는 것은 곧 자기개념, 정체성, 정신에 대한 직접적인 조작을 의미한다. 개입 기술의 적용은 개입의 목표가 치료인지 향상인지에 따라 다른 종류의 윤리적 문제를 야기한다. 치료 목적의 개입은 주로 효과와 부작용의 문제와 관련되므로 일반적인 의료 개입 문제와 유사하다. 신경윤리 고유의 문제는 뇌신경활동의 조작을 통해 정신 기능을 향상시키고자 하는 목적에서 개입 기술을 사용할 때 주로 발생한다. 현재 뇌과학 기술은 손상된 기능의 회복이나 보완을 넘어서 정상인의 기능을 증강시키는 범위까지 확장되고 있으며, 국내에서도 정상인의 인지 기능 증강을 목적으로 하는 연구들이 제안되고 있다.

뇌신경활동의 조작과 정신 향상과 관련된 기술에는 약물, 뇌 자극, 뇌-기계 인터페이스가 있다. 신경계에 작용하는 약물을 향상 목적으로 사용하는 주요 목적은 인지 기능 향상, 정서 상태 개선, 부정적 기억 조절이다(Racine & Forlini, 2010). 인지 기능 향상에 약물을 사용하는 사례로는 주의력 결핍 및 과잉행동 장애(ADHD)의 치료제인 메틸페니데이트를 집중력 향상 용도로 사용하거나, 기면증 치료제 모다피닐을 각성 상태 유지와 집중력 향상 목적으로 사용하는 경우가 있다. 정서 상태 개선을 위한 약물 사용 사례로는 우울증 치료제인 선택적 세로토닌 재수용 억제제(SSRI)를 정상인이 기분 향상 목적으로 복용하거나 불안장애 치료제인 프로프라놀롤을 긴장 완화 목적으로 복용하는 경우가 있다. 기억 조절 목적의 사용 사례로는 외상후 스트레스장애와 공포증 치료를 위하여 특정 기억 연합의 재형성(reconsolidation)을 방해하는 목적으로 사용되는 프로프라놀롤을 정상인이 가벼운 부정적 기억을 조절하려는 용도로 사용하는 경우를 들 수 있다.

뇌에 자극을 가하여 신경활동을 조절하는 방법에는 외과적 처치가 필요한 뇌심부자극술(deep brain stimulation: DBS), 외과적 처치가 필요 없어 상대적으로 비침습적인 경두개자기자극(transcranical magnetic stimulation: TMS)과 경두개직류자극(transcranial direct current stimulation: TDCS)이 있다. DBS의 경우 파킨슨병의 말기 증상인 운동 조절의 어려움을 도와주거나 중증 만성 우울증의 완화를 목적으로 사용되는데 부작용 대비 환자가 누릴 수 있는 이익에 관한 논의가 주로 이루어져 왔으며, 일반적인 의료 개입의 문제와 유사한 쟁점을 지닌다. 그러나 TMS와 TDCS는 침습적인 처치가 필요하지 않아 향상 목적의 사용 가능성이 높기 때문에 신경윤리 고유의 쟁점과 더 깊이 관련되어 있다. TMS와 TDCS는 두피에서 두개골을 통과하는 자기 자극이나 전류 자극을 주입하여 일시적으로 특정 부위의 신경활동을 교란시키거나(TMS), 증가 또는 억제시키는(TDCS) 기술로, 뇌와 행동의 인과관계를 확인하는 유용한 연구 도구로 사용된다(Kadosh 외, 2012). 현재까지 알려진 효과로는 적절한 영역에 적용하였을 때 우울증 개선 효과, 시각, 운동, 감각운동 능력 향상 효과 및 의사결정, 문제 해결, 수 인지, 언어, 기억, 주의력 향상과 같은 인지 향상 효과도 있는 것으로 알려져 있다. 관련 영역의 자극을 통해 사회적 의사결정이나 도덕적 판단도

조절할 수 있다는 연구 결과들도 있다.

비침습적 뇌 자극 기술의 상용화와 대중화 가능성, 그에 따른 윤리적 문제의 심각성을 높게 예상하는 이유로는 특별한 제약 없이 누구나 사용 가능한 기술이라는 점, 일반적으로 신체 내부에 작용하는 약물이나 수술보다는 외부에 작용하는 방식의 개입에 대한 거부감이 덜하다는 점, 신체 외부에서 적용하는 기술의 부작용이 더 적고 변화를 다시 되돌릴 수 있을 것이라고 기대한다는 점을 들 수 있다(Kadosh 외, 2012). 특히 TDCS는 비용과 사용 편의 면에서 접근성이 높은 기기이고 사용 범위에 제약이 거의 없는 편으로, 이미 실용화된 기기들이 시장에 나와 있다.

또 다른 주요 개입 기술은 뇌-기계 인터페이스이다. 전형적인 뇌-기계 인터페이스는 두뇌로부터 신경활동을 입력 받아 해독한 뒤 소프트웨어나 하드웨어를 조작하도록 해주는 장치로, 생각만으로 인공팔, 휠체어, 로봇 등을 움직이고 컴퓨터를 조작할 수 있다. 기존의 뇌-기계 인터페이스는 감각이나 운동 기능의 심각한 손상이 있는 환자들의 감각피질이나 운동 피질에 수술을 통해 전극을 삽입하여 신경신호를 읽어 들인 뒤 인공 팔이나 로봇, 컴퓨터에 신호를 보내서 운동 기능을 대체하도록 하는 것이었다. 그러나 최근에는 뇌파나 NIRS와 같이 비침습적인 뇌영상 장치를 사용하여 정상 기능을 가진 사람들에게도 적용할 수 있는 기술이 개발되고 있다. 개입의 범위도 감각운동 기능을 넘어서, 인공지능과의 연결을 통해 인지 기능을 보완, 향상시키는 기술로 확장되고 있다.

그 밖에도 아직 초기 연구 단계이기는 하지만 손상된 뇌 부위를 인공물로 대체하는 뇌보철(brain prosthetics) 기술의 향상 목적 사용이나, 대뇌피질 바깥에 새로운 인공층을 형성하여 신경세포들의 전기신호를 직접 입력 받고 특정한 신경활동 패턴을 직접 주입하는 기술을 제안하는 뉴럴링크(Neural Link), 사람과 사람이 뇌 신호를 통해 직접 소통할 수 있도록 하는 뇌-뇌 인터페이스 기술은 가까운 미래에 새로운 윤리적 문제들을 가져올 것으로 예상된다.

(2) 관련 신경윤리적 쟁점

1) 향상 목적의 개입

개입과 관련된 첫 번째 쟁점은 치료와 향상의 구분 문제이다. 개입의 목적이 치료인지 향상인지에 따라서 부작용 대비 효과 분석 결과와 개입의 윤리적 적절성에 대한 판단이 달라질 수 있다. 예를 들어, 심각하게 손상된 운동 기능의 회복을 위한 뇌 자극 장치 삽입 수술은 허용할 수 있으나 정상인의 운동 기능 향상을 위하여 뇌 자극 장치를 삽입하는 수술에는 많은 논란이 따른다. 문제는 정상과 이상의 구분이 명확하지 않다는 데 있다(Farah, 2010). 뇌의 기능적 저하가 관찰된다면 어느 정도를 이상으로 볼 수 있고 어느 정도를 정상으로 볼 수 있는가? 평소에는 정상적이지만 무대에만 서면 긴장하는 음악가가 경연대회를 앞두고 불안장애 치료 약물을 복용하는 것은 불안 증상의 치료를 위한 것인가, 정서 조절 능력의 향상을 위한 것인가?

향상 목적의 개입 안에서도 적용 범위를 규정하는 문제가 있다. 향상의 한계를 어떻게 규정할 것인가? 정상 범위를 넘어서는 기능 증강을 허용해도 되는가? 무제한 증강을 허용할 수 있는 기능과 제한할 필요가 있는 기능이 있는가? 있다면 그 구분 기준은 무엇인가? 향상 목적의 개입을 노력의 보완책으로만 허용할 것인가, 노력의 대체재로 허용할 것인가의 문제도 중요하다. 현재까지 알려진 TDCS의 운동이나 인지 기능 향상 효과는 노력과 결합될 때에만 효과적이다. 실제로 근육을 움직이면서 운동피질에 자극을 가하거나, 인지적 노력을 기울이면서 인지 기능 관련 영역에 자극을 가할 때 연습과 노력의 효과를 증폭시키는 방식으로 기능의 향상이 일어난다. 노력이 반드시 수반되어야만 기능 향상이 가능한 경우와, 노력 없이 물리적인 개입만으로 향상이 가능한 경우 예상되는 윤리적 문제에는 차이가 있을 것이다.

약물을 이용한 기억 조절과 관련하여 제기되었던 문제는 기억과 연합된 부정적 감정이 항상 부정적인 결과만을 초래한다고 볼 수 있는가 하는 것이다(Elsey & Kindt, 2016). 외상 후 스트레스 장애나 공포증은 환자에게 극심한 고통을 주고 일상생활 적응을 어렵게 하기 때문에 특정 기억과 연합된 부정적 정서를 완화시켜 주는 개입이 필요하다. 그러나 때로는 일시적인 부진이나 부정적 정서 경험이 경험하는 당시에는 견디기 힘든 것으로 여겨지더라도 장기적으로는 개인의 성장에 도움이 될 수 있다. 손쉽게 부정적 경험을 제거하는 기술이 개인의 심리적 성장과 삶의 질 향상에 진정으로 도움이 되는가에 대한 논의도 필요하다.

2) 사회정의와 공평성의 문제

두 번째 쟁점은 사회정의와 공평성의 문제이다. 약물 사용을 통한 정신 기능 향상의 사례는 남용, 향상, 생활양식으로 구분하여 분석해볼 수 있다(Racine 외, 2010). 이러한 구분은 약물뿐만 아니라 뇌신경활동을 조작하는 기술 전반에 적용할 수 있다. 뇌과학 기술을 이용한 정신 향상은 운동 선수의 스테로이드제 복용과 같은 부당한 남용인가, 시험 기간 카페인 섭취와 같이 노력을 보조하는 수단인가, 성형수술과 같은 생활양식의 일부인가? 일시적으로 인지 기능을 향상시켜 주는 약물이나 뇌 자극 장치가 있어서, 시험 전에 약을 복용하거나 뇌 자극을 받은 뒤 시험에 응시하는 학생들과 그렇지 않은 학생들이 공정한 경쟁을 한다고 볼 수 있을까? 어느 육상 선수가 TDCS를 사용하여 운동 능력을 향상시켜서 경기에서 좋은 성적을 거둔다면, 이는 공정한 결과로 볼 수 있는가, 아니면 브레인 도핑으로 보아야 하는가? 만약 도핑과 같다고 본다면 어떻게 사용 여부를 검사할 것인가(Holgado 외, 2019; Reardon, 2016)?

부작용 없는 기술의 도움을 받아서 인간이 가진 물리적 한계를 넘어서는 능력을 가지게 되는 것이 반드시 나쁜 것은 아니라는 시각도 있다. 그러나 운동선수들의 약물 사용을 엄격하게 규제하는 이유는 생리적인 부작용 때문만은 아니다. 정직한 노력의 대가로서 바람직한 결과를 성취하는 것이 도덕적으로 옳은 일이라는 암묵적인 사회적 합의가 있기 때문이다. 뇌과학 기술을 이용한 정상적인 두뇌 기능의 향상은 이러한 도덕적 가치에 위배되며, 노력의 의미, 힘들게 일한 뒤 얻게 되는 자기 성장이라는 결과의 가치와 존엄을 퇴색시킨다. 또한, 정신 향상 기술이 대중화된다면 개입 기술의 도움을 받지 않은 정상적인 수준의 기능이 열등한 기능으로 여겨질 수 있다. 정신 향상 기술의 사용이 당연한 것으로 자리 잡고, 향상 기술을 이용하는 것이 정상이라는 새로운 기준이 만들어질 가능성도 있다. 정신 향상 기술이 대중화되고 새로운 정상의 기준으로 자리 잡게 되면 기술 접근성의 불평등이 심각한 사회문제를 가져올 수 있다. 뇌기능 향상 기술을 사용할 수 있는 사람들은 노력에 대비 더 뛰어난 능력을 발휘하게 될 것이고, 기회의 불평등을 더욱 심화시킬 것이다.

물론 개입 기술은 인간의 생물학적 한계를 넘어서는 능력의 확장을 가능하게 할 것이며, 적용 영역에 따라서는 컴퓨터와 인터넷, 스마트폰이 인간의 삶에 가져온 것보다 더 큰 긍정적인 변화를 가져다줄 수도 있다. 새로운 기술의 부정적인 측면만을 고려하는 것이 아니라, 효용과 부작용을 모두 고려하여 부정적 영향을 최소화하고 온전한 혜택을 누릴 수 있는 방법에 대해 숙고하는 것도 신경윤리의 역할이 될 것이다.

3) 정체성과 인간 경계의 문제

세 번째 쟁점은 정체성과 인간 경계의 문제이다. 우리가 자신과 타인의 정체성에 대하여 가지는 기본적인 가정은 개인이란 신체로 경계 지워지고 지속적 속성을 지니는 독립적이고 사적인 인격체라는 것이다. 그런데 뇌신경활동에 조작을 가하고 뇌와 기계, 뇌와 뇌를 연결하는 기술들은 이러한 가정에 위배되는 경험을 허용한다. 인격의 지속성에 대한 의문을 제기할 뿐만 아니라 정신과 물질, 개인과 개인 간의 경계를 허물어서 주체성(agency) 개념의 혼란을 초래할 수 있다.

예를 들어, 평소에 집단의 행동에 동조하지 않고 개인의 의견을 고수하는 성향을 지닌 어떤 사람이 TDCS 연구에 참가해서 전두엽의 특정 부위의 활동이 일시적으로 억제되었고, 집단에 동조하는 행동을 했다면, 이 사람은 TDCS 처치를 받기 전의 사람과 동일한 사람인가? 뇌파로 움직이는 휠체어를 지속적으로 사용하였을 때 휠체어는 신체의 일부로 지각될 것인가, 신체와 구분되는 것이라는 지각이 유지될 것인가? 뇌－뇌 인터페이스를 사용할 때 자신과 타인의 연결이 어떤 방식으로 경험될 것인가? 뇌－기계 인터페이스에서 신경활동 해석 알고리즘의 오류가 발생하여 사용자의 의도와 다르게 어떤 기계 장치가 움직여서 부정적인 결과를 초래하였다면 그 책임은 어디에 있는가? 뇌와 연결된 기계나 뇌와 연결된 다른 뇌는 확장된 자아로 볼 수 있는가, 아니면 스마트폰과 사용자의 관계처럼 상호 의존적이면서도 명확한 경계를 가질 수 있는가?

정체성과 인간 경계의 문제와 관련하여 뇌 해킹의 우려도 제기되었다(Yuste 외, 2017). 최근에는 많은 정보들이 인터넷을 통해 공유되고, IoT와 같이 다양한 하드웨어와 인터넷을 연결하는 기술이 보편화되고 있다. 뇌－기계 인터페이스 기술도 궁극적으로는 인터넷과 연결되는 형태로 확장될 가능성이 있다. 뇌와 인터넷의 직접적 연결은 기존의 인터넷 상에서의 개인정보 보호의 차원을 넘어서는 문제를 발생시킬 수 있다.

Ⅳ. 신경윤리 연구의 국내외 동향

1. 신경윤리의 해외 연구 동향

(1) 개 요

기술사회학에서 언급되는 ‘기술결정론’은 마르크스(Karl Heinrich Marx)의 저서『철학의 빈곤』에서 “손방아는 우리에게 중세 영주의 사회를, 증기방아는 우리에게 산업자본가의 사회를 준다” 라는 말에서 유래되었다고 하나 명확하지는 않다. 다만 기술결정론(技術決定論)이라는 말 자체에서 알 수 있듯이, 기술은 우리 사회와 무관하게 자체 논리에 따라 발전하며, 기술과 사회의 관계에서 기술이 원인으로 작용하여 미래 사회작용을 결정한다는 논리이다. 이에 반대개념으로 사회적 형성론은 사회가 기술을 형성하고 이런 기술의 영향력이 다시 사회로 확산되는, 즉 기술을 사회의 한 구성요소로 이해한다. 기술 발전은 기술 자체 고유 성질에 의한 것이 아니라, 해당 기술을 사용하는 사회에 의해 결정된다는 이론이다. 사회변화는 사회변화 자체로 이뤄진다는 극단적 결정론으로 확대 해석할 수도 있으나, 이런 배경에는 기술 개발 과정에서 의도치 않은 결과로 인한 사회적 영향과 변화를 유도할 수 있기 때문이다(홍성욱, 2013).

뇌과학의 발전으로 인한 예측 불가능한 문제에 대해 세계 뇌 연구를 주도하고 있는 미국과 유럽, 일본은 뇌과학이 가져올 새로운 윤리적 함의에 관해 뇌과학 프로젝트 초기 단계부터 고려하고 있다(최은경·박혜윤, 2018).

미국, 일본, EU와 같이 국가 차원의 거대규모 뇌과학 프로젝트와 이를 기반으로 신경윤리 연구와 연구 기획 단계부터 연계로 윤리적 기반 마련을 위한 연구를 활발히 수행하고 있다. 또한 세계 주요 각국은 국책연구기관, 대학 내 연구센터 등을 거점 연구기관

〈표 2-1〉 세계 주요국의 뇌과학 사업 및 신경윤리 활동 비교

구 분	미 국	EU	일 본	중 국	한 국
사업명	Brain Initiative	Human Brain Project	Brain Minds	China Brain Project	Korea Brain Project[8)]
연구 기관	NIH, DARPA, NSF 등 공공기관 및 민간기관	총 116개 파트너, 9개의 연합멤버 등 다수 이해당사자 참여 중	RIKEN 뇌과학연구소, 교토대, 게이오대 등 다수 연구기관	중국과학 아카데미	뇌연구원, KIST뇌과학연구소, IBS 연구단
투자 규모	총 12년, 총 450억 달러	총 10년, 총 10억 유로	총 10년, 총 4백억엔	총 15년	1조 3천억원
신경윤리 연구활동 거버넌스	**NIH Brain Initiative 다중위원회 실무그룹**	**이해당사자 위원회(Stakeholder Board)를 위시한 법적 단위**	**의학연구개발 기구에서 전체적으로 발주, 수주**	-	-

(최은경·박혜윤, 2018)

8) 다른 국가 경우, 우리나라의 예비타당성 조사대상 사업과 같은 대규모 개별 국책연구사업을 수행 중이나, 우리나라의 경우 개별 과제 및 출연연 등 정부지원사업을 통칭하는 말로 타 국가와 비교를 위해 인위적으로 사용하는 프로그램명이다. 과기정통부에서는 뇌과학계와 함께 과거 정부 때부터 국가 차원의 거대 뇌과학 대규모 사업을 기획하고 있으나, 비용-편익 분석 심사에서 계속 탈락하고 있으며, 국책연구기관의 목적사업 중심으로 기초연구 중심의 뇌과학 연구를 계속 수행하고 있다.

〈표 2-2〉 주요 국가별 신경윤리 연구기관 및 프로그램 현황

국 가	기관명	주요 활동
영 국	National Core Of Neuroethics	뇌과학 관련 ELSI 이슈 연구
	Oxford Centre For Neuroethics	뇌과학과 기술이 인간 삶에 미치는 영향 연구
캐나다	Neuroehtics Research Unit At The Montreal Clinical Research Institute	신경정신과 진료와 관련된 윤리적 이슈 연구
미 국	Penn Center For Neuroscience & Society	신경윤리 ELSI를 연구하고 교육하는 연구센터
	John Hopkins Program In Ethics & Brain Sciences	윤리적, 사회적 문제를 고려하여 뇌과학 연구가 수행되도록 지원하는 프로그램
	Emory Neuroethics Program	신경윤리 연구, 교육하는 학제적 프로그램
	Macarthur Foundation Research Network On Law & Neuroscience	법과 뇌과학 관련 연구와 교육을 수행, 세계 최초 법과 신경과학 학위과정 프로그램 운영
	Wisconsin Neuroscience & Public Policy Program	뇌과학과 사회정책 관련성을 연구하고 교육하는 기관, 뇌과학 전문지식을 가진 법학·정책전문가 양성기관

(한국뇌연구원, 2017)

으로 신규 설치·지정하여, 뇌과학과 ELSI에 대해 보다 체계적이고 심도 깊은 연구를 별도로 수행하고 있다.

그러나 국가별로 이런 노력에도 불구하고 2016년 「Neuron」에 게재된 논문에서는 각 국가별로 큰 뇌과학 프로젝트들은 신경윤리 의제를 반영하고 있으나, 연구의 윤리 부문과 단기 결과에 집중하고 있음을 비판하고 있다. 뇌과학의 연구윤리 또한 신경윤리의 중요한 분야이나 '윤리의 뇌과학' 측면을 장기적 관점에서 중요하게 다루고 있지 않음을 지적하고 있다.

예를 들어 법조계에서는 신경법학[9]의 의의와 중요성을 강조하며 지난 10년 동안 이 주제에 대해 천 개가 넘는 기사와 책 챕터가 출판되어 여러 예상 쟁점을 다루고 있으며, 뇌과학의 인지기능 향상, 기억 조작, 마음 읽기, 뉴로 마케팅 등에 대한 윤리적·법적·사

9) 신경법(neurolaw)이라는 용어는 1991년 Sherrod Taylor에 의해 형사심리절차에서 Neuropsychologists와 Neurolawyers의 역할을 분석하는 논문에서 사용되었다. 이 논문 이후 심리학자와 법률가 간의 대화와 협력의 네트워크가 형성되고 두 학문분야의 교차점에 관한 논문과 책, 기사들이 출판되기 시작하면서 점차 신경법학 분야의 확장이 이루어졌다. 신경법학은 인간의 뇌신경계에 대한 증가하는 이해를 통해서 인간의 행동에 대한 더 자세한 설명을 얻을 수 있으며, 이것은 법률이나 입법과 정책에 정보를 가져다 줄 수 있다고 기대하는 다학제간의 연구 분야이다.

회적 파급효과에 대해 우선 신경윤리 관련 관계자들 간의 보다 면밀한 교류와 협력, 공동연구를 강조하며, 학회·언론·정책관계자 및 일반 대중과 함께 통합적인 국가 차원의 노력을 촉구하고 있다(Greely 외, 2016).

대표적 사례를 들면, 광유전학은 광학과 유전학의 결합으로 빛을 사용해 살아있는 신경세포의 활동을 조작할 수 있게 하는 것으로 이는 나노기술의 비약적 발전에 힘입은 바가 크다. 광유전학의 발달로 인간의 기억을 담당하는 해마(hippocampus)에 영향을 끼쳐 기존의 기억을 복원하는 것은 물론, 기억의 이식과 심지어 기억을 조작하는 기술까지 제시될 수 있음을 보고하고 있다. 이런 윤리적 문제에 대해 기존 '나노윤리'만으로 근본적인 해결책을 제시할 수 없으나, 기술의 융합과 발전에 따른 연구분야에 국한된 것이 아닌 사회적, 경제적, 법률적 문제에 대한 논의는 필요성이 제기되고 있다. 이는 도덕적 문제 담론 수준을 넘어 착취와 처분에 관한 문제로 확대될 가능성이 크며, 잠재적이고 예상되는 문제에 대한 새로운 신경윤리적 성찰을 요구하고 있다(Adamczyk & Zawadzki, 2020).

(2) 미국의 경우[10)]

앞의 표에서 볼 수 있듯이 NIH의 'BRAIN Initiative 다중위원회 실무그룹'은 미국 내 연방기관인 DARPA, FDA, IARPA, NSF를 중심으로 다양한 민간 연구자들도 참여하고 있으며, 뇌과학의 중·장기적 발전을 위한 전략을 마련하고 있다. 이 중에서 신경윤리는 주요 핵심의제로 뇌신경과학 연구의 윤리적 함의를 고려할 것을 제안하였다.

NIH에서는 생명윤리의 가치, 즉 인간 연구 참가자의 보호를 포함한 생명의학 연구윤리에 중점을 두고 있으며, 벨몬트 보고서(Belmont Report)와 같은 기존 윤리원칙에 따라 발전된 잘 정비된 학문임을 인정하나 인간 존엄성, 도덕성과 판단과 같은 인간 뇌 고유기능에서 파생되는 문제에 대해서는 새로운 관점과 인식으로 인간과 마음에 대한 이해를 바탕으로 고유한 윤리체계를 정립할 필요성을 제기하였다. 뇌과학에 기반한 인지 또는 행동 예측과 같은 기존 생명윤리의 범주를 넘어서는 뇌 데이터를 통한 개인 정체성 문제, 의사결정 과정에서 개입과 뇌기능 향상의 미래 문제 등을 연구하기 위해 신경윤리의 독자성을 인정하고 새로운 학술분야로 토대를 구축하고 있다(Ramos 외, 2019). NIH 산하 실무그룹은 다른 의생명과학 윤리적 이슈와 중복되는 부분이 많으나, 뇌가 인간의 의식, 내면 속의 기본적 욕구와 관련이 있으며, 뇌과학은 이미 새로운 사회에 대한 새로운 윤리적

---

10) 신경윤리 활동과 국제 교류 현황에 대하여 국가생명윤리정책원 최은경 박사와 서울대 의대 박혜윤 교수는 2018년 발표한 연구논문에서 '국제 뇌과학 협력연구와 신경윤리 연구동향'을 분석하였으며, 이 논문을 토대로 신경윤리에 대한 해외 동향을 살펴보았다.

질문을 제시하고 있다.

① 신경과학/윤리 연합 훈련 프로그램 및 회합
② 최선의 실천(Good Practice) 등 윤리적 과학 연구를 확산시킬 수 있는 자원 구축
③ 각종 양적, 질적 데이터에 기반한 윤리적 이슈 연구
④ 다양한 이해당사자들이 참여하는 사회·윤리적 함의 토론 프로그램

상기 4가지 질문을 주요 골자로 미국의 신경윤리에 대한 연구는 장기적 전망을 바탕으로 다양한 이해당사자들이 참여하여 다양한 사회적·윤리적 함의를 토론하고 이해를 확산시킬 수 있는 절차 및 플랫폼을 제시하고 있는 것이 특징이다. 기존 생명윤리위원회가 신경윤리 이슈를 책임질 수 없으며, 의과학자와 일반사회 공동 의제가 되어야 하고, 신경윤리는 학제별 접근이 필수적으로 다양한 분야의 전문가들이 공동으로 참여하여 신중하게 다루어야 함을 제시하고 있다.

그리고 NIH의 'BRAIN Initiative'의 신경윤리 활동 외에 또 하나 미국에서 두드러진 신경윤리 활동은 대통령 직속 윤리자문위원회 차원에서 뇌신경과학의 윤리적 함의를 논한 『Gray Matter』를 발행하며 신경윤리에 관한 권고안을 별도로 도출했다는 점이다.

신경윤리의 요소와 원칙을 국가 차원에서 정리하고 통합하기 위한 것으로 특히 연구와 윤리를 통합시킬 수 있는 통합적 방안을 마련코자 하였다. 대통령 직속 윤리위원회가 2015년 발간한 『Gray Matter』에 의하면 신경윤리가 기존 생명윤리 이슈의 주제를 포괄하되, 신경윤리 이슈는 좀 더 복합적이고 장기적인 결과를 가져올 수 있을 것으로 전제하고 초기단계부터 통합된 윤리 정립이 필요함을 주장하고 있으며, 신경윤리학자들은 생명윤리 교육의 경험에서 습득한 다양한 도구들을 활용하여 뇌신경과학자들과 뇌신경과학 이해당사자들이 윤리적 이슈를 공유해야 함을 강조하고 있다. 미국의 신경윤리 거버넌스 모델은 과거 클린턴 대통령 하에서 시작되어 현재까지 연방 정부에 의해 유지되고 있는 '국가 나노기술 이니셔티브'(National Nanotechnology Initiative: NNI) 사례를 도입하여 적용한 것으로 NNI는 정책 및 거버넌스 개발에 도움이 되는 연구 프레임을 도입, 보다 다수가 참여하는 '예기적 거버넌스'(anticipatory governance) 구축을 지원하고 있으며, 또한 NNI는 애리조나주립대 '나노기술 센터'(Center for Nanotechnology in Society) 등 다수의 대학과 연구센터에 재정지원으로 나노기술에 관한 각 권역별 사회문제 해결 허브(Hub) 역할을 수행하고 있다(Ramos 외, 2018). 2018년 NIH에서는 "신경 기술 및 뇌과학 발전의 윤리적 의미에 대한 연구" 과제 공고를 내면서 아래와 같은 연구목표를 제시하였으며, 신경윤리에

대한 미국의 엄청난 관심과 투자를 파악할 수 있다.

그리고 NIH 내부의 NIH 과학 프로그램 직원으로 구성된 '신경윤리 프로젝트 팀'은 신경윤리 연구 활성화를 위해 별도의 전담창구로 역할을 수행하며, 다양한 커뮤니티에 자금을 지원하고 있고, 또한 신경윤리 활성화를 위해 워크숍 개최, 연구결과에 대한 동료 평가(peer to peer) 수행 등 신경윤리 포트폴리오 구성을 위해 노력하고 있으며, 또한 신경윤리 교육을 촉진하기 위해 관련 행정서비스를 제공하고 있다(Ramos 외, 2019).

(3) EU의 경우

EU(유럽연합)의 'Human Brain Project'의 윤리에 관해서는 '서브 프로젝트(Sub-project) 12'가 주로 관여한다.

EU는 미국과 달리 신경윤리 담당 프로젝트가 별도로 분리되어 있는 것이 주요 특징이다. '서브 프로젝트 12'는 '윤리와 사회'(Ethics and Society)를 담당하고 있으며, 'Human Brain Project'가 유럽과 국가윤리 기준을 준수하는 것을 보장하고, 과학자들이 연구의 윤리적 함의를 고려하여 의사 결정을 할 수 있도록 지원한다. 또한 이해 당사자, 일반대중 등 일반 사회가 연구 및 혁신 과정에 참여할 수 있도록 보장하며, 뇌 연구·개발에 수반되는 중요한 사회적 도전을 파악하고 이에 따라 개발 경로를 수정할 수 있게 돕고 있다. '서브 프로젝트 12'는 '책임 있는 연구와 혁신'(Responsible Research and Innovation: RRI)의 허브로 지원 역할을 수행한다. '서브 프로젝트 12'는 4개의 워크 패키지(Work-Package)로 구성되어 있는데 예측(Foresight), 신경윤리와 철학(Neuroethics & Philosophy), 대중 소통과 참여(Public Dialogue and Engagement) 등의 주제별로 아주 세분화하여 활동하고 있음을 주목할 필요가 있다. EU의 신경윤리 활동은 미국의 신경윤리 활동과 유사한 점이 많다. 우선, 연구 초기부터 윤리 논의를 함께 하고 있으며 일정 정도 비율로 신경윤리 연구를 함께 진행하고 있다. 미국 BRAIN Initiative보다 Human Brain Project는 유럽만의 RRI 전통을 제시하며 사회적 책임과 거버넌스에 좀 더 주안점을 두고 있다. Human Brain Project가 프로젝트 거버넌스를 중요시하는 점은 프로젝트 설계부터 윤리를 촘촘하게 통합시키는 것에서 드러나는데 EU, 프로젝트 파트너, 과학자, 윤리학자, 시장 담당자 등 다양한 이해당사자들이 수긍하고 합의 하에 연구를 진행할 수 있도록 한다.

또한 신경윤리는 전체 거버넌스 중 사전에 설계한다는 점이 중요함을 강조하고 있다. 민주주의 원칙 하에 의사결정기구와 실무기구를 다양하게 분리하여 상호 체크가 가능하도록 시스템화하였으며, 윤리 거버넌스도 또한 단일 단위가 윤리 책임을 전담하는 것이 아니라 다양한 프로젝트 주체에게 역할을 부여하고 있다. 즉, 윤리 연구자들, 윤리 자문위원회만이 전담하는 것이 아니라 세부 프로젝트 내 윤리 담당자들, 실무기구 내 윤리 담당자 등이 다수 참여하여 지위와 책임을 나누어 가지고 활동하고 있는 점이다. 그 외 뇌 연구에서 고려해야 할 윤리·사회적 개념으로 위험 예측(미래 함의), 반영(윤리·사회적 의식과 반응성을 높이기 위한 활동), 참여(이해당사자 대중과의 논의 및 참여), 활동(윤리 강화를 보장) 등을 나누어 연구를 진행함으로써 세계 뇌과학 수행에서 중요한 참고와 근거를 제시하고 있다.

(4) 일본과 중국의 경우

일본 Brain/MINDS(혁신적 기술에 따른 영장류의 신경회로 기능 전모 해명 프로젝트)는 주로 마모셋(Marmoset) 원숭이[11]의 뇌를 지도화하는 데에 집중하고 있다. 2013년 미국과 EU에서 각각 BRAIN Initiative와 Human Brain Project가 시작되면서 일본에서도 2013년 6월 동경대 의대 오카베 시게오(岡部 繁男) 교수를 중심으로 국가 차원의 뇌과학 프로젝트 착수를 위한 실무위원회를 설치하였다. 일본 의학연구개발기구가 프로젝트를 발주하고, RIKEN 뇌과학연구소(RIKEN Brain Science Institute), 교토대, 게이오대 등 다수 연구기관이 참여하게 되었다.

특히, 일본은 '동물의 숲'과 같은 닌텐도(Nitendo) 게임과 같이 BMI 원리를 적용한 게임의 대중화로 유사과학의 등장에 따라, 보다 올바른 뇌과학 정보 제공과 뇌과학 윤리 정립을 위해 대중 참여와 효과적 프레임 구축에 집중하고 있다. 2004년부터 일본 아동발달 대규모 연구 프로젝트 수행의 일환으로 도쿄대, 교토대, 구마모토대 및 타마가와대에 '신경윤리 연구센터'를 구축하여 운영하고 있다. 그리고 전문가 집단 내에서의 논의는 과학적 신뢰성이 감소할 우려에 따라 보다 넓은 프레임 워크 구축을 위해 문부과학성은 일본 신경과학학회에 '신경윤리'와 '과학 대중화'를 위한 2개의 연구 그룹을 두고 지원하고 있다(Sakura & Mizushima, 2010).

그리고 중국은 2015년부터 푸무밍(蒲慕明) 박사의 주도로 중국 뇌신경과학 프로젝트 'China Brain Project(中国脑計劃)'를 선언하였고 '뇌과학 및 뇌 유도형 지능'(Brain Science and Brain-Inspired Intelligence)이라는 제목으로 2016년 전국인민대표자회의에서 연구 수행을 승인받았다. 인지기능의 신경학적 기반을 연구하는 것을 목표로 중국 내 풍부한 영장

---

11) 마모셋 원숭이는 생물분류체계상 비단원숭이과로 분류되며, 국내에서는 명주원숭이로 불린다. 소형 영장류로 뇌 연구를 비롯한 다양한 동물실험에서 많이 사용된다.

류 자원—특히 마카크(Macaque) 원숭이[12])를 이용하여 효과적으로 목표를 달성하고자 한다. 일본과 중국에서는 많은 자본, 풍부한 연구인력, 다수의 동물자원 등 탄탄한 연구자원과 정부 지원으로 엄청난 규모의 뇌과학 프로젝트 수행을 목표로 하고 있다.

중국은 제13차 5개년 계획(2016~2020년) 및 과학기술의 혁신 '미래 2030' 등 국가 차원의 뇌질환 극복을 위한 대규모 프로젝트를 추진하고 있다. 백만명 이상의 자폐아 문제, 중국 13억 인구 중 20%가 퇴행성 뇌질환과 정신질환을 앓고 있으며, 약 6%가 정서장애로 다양한 사회질서 훼손이 우려됨에 따라 과학기술을 통한 근본적 해결책을 마련함에 그 목표를 두고 있다. 또한 뇌과학의 발전과 더불어 사회적 관심이 수반되지 않는다면, 적절한 성과를 거둘 수 없음을 강조한다. 중국 고유 전통사상인 유교(儒教) 이념, 즉 논어(論語)에 나오는 '기소불욕 물시어인(己所不欲 勿施於人)', '군자화이부동(君子和而不同)'과 같은 말을 대표적으로 중국의 역사·전통을 토대로 '책임감 있고 지속 가능한 인간 중심 윤리와 제도' 확립을 도모하고 있다(Wang 외, 2019). 다만, 신경윤리의 구체적인 실천방안과 거버넌스는 드러나지 않고 있으며, 이는 정치체제의 한계, 기존 연구윤리에 대한 인식 취약 등의 사유로 윤리 부분이 중국 당국의 관심을 받지 못하고 있음으로 판단된다.

2. 신경윤리의 국내 연구 동향

(1) 국내 신경윤리연구회

20세기 우리나라에 뇌 연구가 본격화된 이후, 국내 신경윤리에 대한 연구는 심리학, 법학 분야를 중심으로 자유의지와 신경결정론, 과학적 결과에 의한 환원주의, 뇌기능 이상에 따른 사법적 적용 등 '윤리학의 신경윤리' 적용 여부에 대한 논의가 일부 교수, 연구자 등 개인 연구를 중심으로 진행되어 왔다. 우리나라는 1998년 뇌 연구 촉진법 제정으로 뇌과학에 본격적인 정부 투자가 시작되었으며, '뇌프론티어사업단(2003~2013)' 출범으로 뇌과학과 관련된 윤리적 문제를 연구하기 시작하였다. 사업단의 지원으로 서울대 이춘길 교수 등 소수 연구자들이 신경윤리 관련 정책연구를 수행하였으며, 이를 기반으로 우리나라에서도 신경과학의 윤리적 문제에 대한 논의가 확산되기 시작하였다(최종현, 2010). 2008년 '한국심리학회지 : 일반'에서 신경윤리학의 주요 쟁점들을 국내에서 처음으로 소개하였으며(설선혜 외, 2008), 『철학과 현실』에서도 철학적 관점에서 신경윤리 쟁점을

12) 마카크 원숭이는 긴꼬리원숭이과에 속하는 원숭이로 아프리카에서 일본에 이르기까지 인간을 제외하고 전 세계적으로 가장 넓게 분포되어 있는 영장류이다. 중국은 거대한 영토로 다수의 마카크 원숭이를 사육하고 관리할 수 있어 엄청난 수를 보유하고 있는 것으로 알려져 있다.

체계적으로 소개하였다(장대익 외, 2008). 이후 2009년 번역서 『윤리적 뇌』(Gazzaniga, 김효은 역, 2009)가 출판되어 신경윤리가 더 많은 대중들에게 알려지게 되었다. 뇌프론티어 사업이 진행되는 동안 신경인문학연구회가 조직되면서 본격적인 신경윤리 연구가 진행되었으며, 2011년 뇌과학의 발전이 인간의 윤리와 본성에 미치는 영향에 관한 번역서 『신경윤리학이란 무엇인가』(Levy, 신경인문학연구회 역, 2007)가 출판되었다.

뇌프론티어 사업의 종료와 함께 2013년부터 신경윤리 연구가 다소 위축되었으나, 2011년에 설립된 한국뇌연구원에서 2015년 기관 내부에 '뇌연구정책센터'를 만들면서 통합적 신경윤리 연구를 위한 기반 마련에 착수하였다. 2017년 '뇌신경윤리연구회'를 조직하고 지원하였으며 연구 결과 신경윤리 연구와 실천을 위한 뇌신경윤리위원회 설치 등을 포함한 '뇌연구촉진법' 개정을 제안하였으나 실제로 법안에 반영되지는 못하였다. 그러나 학술적으로는 뇌신경윤리위원회 설치 및 국내 거버넌스 제언에 대한 정책연구들이 국내외 학술지에 활발하게 발표되어 국내외 연구자들에게 신경윤리의 중요성을 알리고 관련 연구가 촉진되는 계기가 되었다(엄주희, 2019; 이인영, 2018; Jeong 외, 2019; Kang 외, 2023).

(2) 국제 뇌 연구 협력·협의기구 참여

2016년 4월 세계 유수의 뇌과학자들이 미국 존스홉킨스대(Johns Hopkins University)에서 「뇌과학의 새로운 도전(Grand Challenges)」을 주제로 논의를 시작하였으며, 2016년 9월 각 국가별 지원을 통한 새로운 뇌과학 이니셔티브(Initiative) 협력을 위한 본격적 논의를 시작하였다.

2017년 2월 국제 뇌과학에 대한 민간 차원의 공동 협의체 마련을 위해 UN 본부에서 주제발표와 토론을 개최하였으며, 같은 해 12월 호주 캔버라에서 호주, 미국, EU, 일본, 중국, 이스라엘, 우리나라 등 총 7개국 뇌과학 학술단체 대표들과 NIH, 미국 국립과학재단(National Science Foundation: NSF), 세계뇌과학프로젝트(International Human Brain Project), 세계뇌신경과학협회(International Brain Research Organization), 국제뇌신경정보협의체(International Neuroinformatics Coordinating Facility) 등 국제 뇌과학 민간학술단체가 참여하여, 국제사회의 뇌과학 공조와 협력을 촉구하는 「캔버라 선언」(Declaration of Intent to Create an International Brain Initiative)을 발표하였다.

캔버라 선언 이후, 후속 조치로 7개국 뇌과학 단체 대표와 관계자들이 모여 International Brain Initiative(IBI)를 정식으로 구성하여 운영하기 시작하였다. IBI는 전 세계 뇌과학자들이 참여하는 국제 민간 협의체로 ① 뇌과학 프로젝트 수행, ② 글로벌 신경윤리 마련, ③

〈표 2-3〉 IBI Working Group 구성 및 활동사항

Working Group	주요 내용
Inventory Of Brain Projects	ㅇ EU Human Brain Project, 미국 BRAIN Initiative 및 일본 Brain/MINDS 프로젝트를 포함해 글로벌 뇌 연구 성과 공용활용 플랫폼 구축
Neuroethics	ㅇ Global Neuroethics Summit 운영으로 뇌과학 및 기술의 사회적, 윤리적 전략 마련 ㅇ 신경윤리의 글로벌 기준 마련을 위한 합의 형성
Tools & Technology Dissemination	ㅇ 뇌과학 연구방법과 기술을 공유, 확산
Data Standards & Sharing Working	ㅇ 데이터 검색 메커니즘 마련, 데이터 상호 운용성 보장, 데이터 연합 전략 개발, 다양한 이니셔티브의 데이터 거버넌스 정책 마련, 데이터 표준 및 모범 사례에 대한 교육 프로그램 수립
Training & Education	ㅇ 글로벌 뇌과학을 기반, 혁신적인 초학문적 교육과 훈련을 통한 신진 연구인력 양성 기여 등

(IBI 홈페이지)[13]

뇌데이터 표준 플랫폼 구축 ④ 글로벌 기술공유 활성화, ⑤ 미래 뇌과학자 육성을 위한 교육 확산을 목표로 하고 있으며, 각 목표별로 워킹 그룹(Working Group)을 구성하여 뇌과학 발전을 위한 다양한 활동을 수행하고 있다.

우리나라는 과기정통부와 한국뇌연구원을 중심으로 IBI 제1차 회의를 국내에 유치하여 2018년 5월 10일부터 11일, 양일간 서울시와 대구시에서 각각 개최하였다. 우리나라 민간 대표로 국책연구기관인 한국뇌연구원 원장(당시 김경진 원장)이 참여하였으며, 국내에서 개최된 IBI 회의에서는 ① 세계 각국이 보유한 뇌과학 분야별 강점을 상호 공유하며, ② 인류 난제인 치매 등 뇌질환 극복을 중심으로 뇌의 원리 규명과 성과 확산·활용을 위한 협력 방안 마련을 논의하였으며, 또한 ③ 종합적 연구 플랫폼의 중요한 기능의 하나로 신경윤리 정립에 대한 모색을 강조하였다.

2018년 7월 스위스 제네바, 2018년 11월 미국 캘리포니아 라호야, 2019년 3월 중국 상해에서 각 워킹 그룹별 회의를 계속 개최하였고, 2019년 9월 대구에서 다시 회의를 개최하였으며, 2020년부터는 코로나19로 인해 온라인 화상회의 중심으로 아이디어를 교환하고, 도전목표를 제시하면서 이에 따른 조직운영 활성화를 도모하고 있다.[14]

---

13) https://www.internationalbraininitiative.org.
14) IBI 홈페이지 내 TimeLine 내용을 요약해서 정리하였다(https://www.internationalbraininitiative.org/

특히 IBI는 신경윤리를 중요한 활동의제로 다루며, 뇌과학에서 공식적, 비공식적으로 신경윤리가 사전 고려된 연구 프로젝트 지원을 강화하고 있으며, 뇌과학의 가치와 문화에 중점을 두고 있다. IBI는 각 과학 분야별 어떤 종류의 사안이 어디서 발생할지 등에 대해 연구하고 윤리적 가이드라인 개발을 위해 신경윤리 전반에 걸쳐 협력 및 지식 공유를 통해 윤리적 글로벌 신경과학을 발전시키는 것을 목표로 하며, 국제신경윤리회의(Global Neuroethics Summit: GNS)를 통해 이를 확산하고자 하고 있다. 신경윤리 워킹 그룹의 하위 그룹인 GNS는 학제간 연구와 커뮤니티 형성, 연구 시작단계부터 과정, 결과에 이르는 전 주기에서 신경윤리를 보급하기 위해 ① 지역별, 국가별 단위의 신경윤리 확산과 ② 고유 사회문화를 반영한 신경윤리 프레임 워크 개발, ③ 신경윤리에 관한 지속적인 모범사례 발굴과 실현 가능한 가이드라인 개발 등 글로벌 신경윤리 규범 정립과 확산을 위해 활동하고 있다.[15]

(3) 국제 신경윤리의 주도적 역할

2011년 12월 한국뇌연구원이 설립(대구 신서혁신도시 내 위치)되고, 2015년 기관 내부에 '뇌연구정책센터'를 만들면서 과기정통부는 한국뇌연구원을 통해 '신경윤리의 윤리학'과 '윤리학의 신경윤리'를 아우르는 통합적 신경윤리 연구를 위한 본격적 기반 마련에 착수하였다. 과기정통부는 한국뇌연구원과 함께 글로벌 뇌 연구 협력을 강화하고, 그 중심 의제 중의 하나로 신경윤리를 강조하며, IBI와 함께 미국 에모리대(Emory University), 카블리 재단(The Kavli Foundation)[16]과 공동으로 GNS를 2017년부터 매년 개최하기 시작하였다. 매년 개최되는 워크숍에는 뇌과학자 외 의료계, 법조계, 인문사회 등 다양한 분야의 교수, 연구자들이 모여 뇌과학 발전에 따른 윤리적 문제를 종합적으로 토론해 가고 있다. 2017년 10월 한국뇌연구원에서 신경윤리 이슈 정립을 위한 제1회 GNS 개최 이후, 2018년 10월 서울에서 제2회 국제회의를 주도하는 등 우리나라는 국제적 신경윤리 거버넌스 선점을 위해 민·관이 협력하여 다양한 노력을 경주해 왔다. 특히, 2016년부터 미국, 유럽에 비해 신경윤리를 비롯해 뇌과학 기술수준, 예산 및 인력규모가 절대적으로 열세인 한국, 중국, 일본 3개국이 연합하여 'Asia Brain Initiative'(한·중·일 뇌지도 작성 컨소시엄)을 구

about-us#timeline).

15) https://www.internationalbraininitiative.org/neuroethics-working-group.

16) 카블리재단은 2000년에 설립된 민간 과학 연구재단으로, 미국의 뇌 연구 프로젝트인 '브레인 이니셔티브'(BRAIN Initiative)를 기획하였으며, 2008년부터 2년 단위로 나노과학, 천체물리학, 뇌과학 3개 분야에서 세계 최고수준의 성과를 거둔 연구자들에게 '카블리 과학상'을 수여하는 등 국제 기초과학 연구 활성화에 크게 기여하고 있다.

성하여 뇌지도 작성기술 표준화와 뇌지도 공유 등 목적 지향적 전략적 네트워크를 구축함과 동시에 동북 아시아권의 고유 문화를 반영한 3개국 공동 신경윤리 정립을 도모하였다(미래창조과학부, 2016).

우리나라 국책연구기관인 한국뇌연구원, 일본 RIKEN(뇌과학연구소), 중국과학원 상하이생명과학연구원(中國科學院上海生命科學研究院)의 신경과학연구원 등 3개 민간기구를 중심으로 각국 정부와 연계한 뇌과학 기반 외교 의제의 협의체를 구성코자 하는 등 아시아권 고유의 문화와 접목한 신경윤리 개발도 추진하기도 하였다(과기정통부, 2018).

(4) 제10차 세계뇌신경과학학술총회 개최

그리고 세계 뇌과학 관련 학술단체가 모여 조직한 '세계뇌연구협회'(International Brain Research Organization: IBRO)가 4년 단위로 개최하는, 전 세계 모든 뇌과학자들이 모여 '뇌연구 올림픽'이라 불리는 세계뇌신경과학학술총회(World Congress Of Neuroscience)의 10번째 대회가 2019년도 9월 21일부터 25일간 대구 엑스코에서 개최되었다. 이 대회는 2015년 9차 대회에서 개최 유치 공모를 통해 우리나라로 유치하게 되었다. 세계 뇌와 관련된 연구자를 비롯한 관계자 80여 개국의 약 4,500명이 참여하는 역대 최대 규모로 마무리되었다.

2019년 IBRO 행사 내 하부 세션(Sub-Session)으로 개최된 '제3회 GNS'에서는 'A Year Of Engagement Toward Initiating A Lifetime Of Practice'를 주제로 "① 신경윤리에서의 대중참여(Public Engagement)에 대한 범위를 정의하고, 참여 방법 및 목표에 대해 논의하였으며, ② IBI에 참여하는 국가별 뇌연구 프로젝트에서 발생하는 신경윤리적 이슈를 논의함과 동시에, ③ 뉴런(Neuron)에 게재된 신경윤리 질문(5개)을 기반으로 영장류, 인간조직 기부, 데이터 공유 및 뉴로 프라이버시(Neuro-Privacy)에 대한 신경윤리 이슈에 대한 패널 발표를 각각 진행"하며 큰 대중적 반향을 불러일으켰다(한국뇌연구원, 2019b). 우리나라에서 다소 생소한 신경윤리 거버넌스에 집중하여야 하는 실질적인 배경에는 미국, 유럽, 일본 등 주요 선진국의 뇌과학 수준이 우리나라보다 매우 앞서 있는 수준, 의료분야의 주요 국가별 기술수준 평가에서 미국을 100%로 볼 경우, 우리나라는 2016년 기준 78.6%이며, 대표적으로 뇌신경계 기능 분석기술 수준은 약 68.3% 수준으로 평가받고 있다(한국과학기술기획평가원, 2018). 이런 뇌과학 기술의 절대적으로 열세로 뇌과학의 새로운 블루오션(Blue-Ocean)인 신경윤리 분야 선점으로 국제적 경쟁력을 확보하기 위함으로 판단된다.

〈표 2-4〉 제10차 세계뇌신경과학학술총회(IBRO 2019) 개요

구 분	주요 내용
IBRO 개요	○ 국제뇌연구기구(IBRO)에서 4년마다 개최하는 대표적인 뇌 연구 분야 학술대회 – IBRO : 국제뇌연구기구(International Brain Research Organization) – 전 세계 약 45,000여명 참석, 뇌과학 분야 연구개발 성과 공유 등
제10차 IBRO 2019	○ 제10차 세계뇌신경과학 총회 – The 10Th IBRO World Congress Of Neuroscience Joint Meeting Of IBRO (IBRO 2019)
기간/장소	○ 2019년 9월 21일~25일(5일간)/대구 Exco
참가규모	○ 총 80여개국 4,500명(역대 최대 규모)
주최/주관	○ 주최: 한국뇌연구원, 한국뇌신경과학회 ○ 주관: 국제뇌연구기구(IBRO), 아시아·오세아니아 뇌신경과학회연맹 ○ 후원: 과기정통부, 대구광역시, 한국관광공사 등
사업예산	○ 1,716백만원(국비 584, 지방비 300, 기타 832 등)
주요행사	○ 초청강연(11명), 개·폐회식, 심포지엄(40개), 워크숍, 젊은뇌신경과학자 교육프로그램(YITP), 뇌과학교육에 대한 전문가 및 부처 대표 회의(IBE–UNESCO), 신경과학 분야 석학과 함께하는 열린 토론회(KAOS–KBRI BRAIN SHOW), 25개국 고등학생대상 뇌올림피아드대회(IBB), 국제뇌과학이니셔티브회의(IBI), 국제신경윤리회의(GNS), 세계여성뇌신경과학자(WWN) 세션, 전시, 포스터 세션, BANQUET 등

(한국뇌연구원, 2019a)

이러한 배경에 따라 정부는 '제3차 뇌연구촉진기본계획'을 제정하면서 기존 1차, 2차 기본계획과 확실하게 차별되는 점으로 세부 실천과제 중 「4~5과제 : 건전한 뇌연구를 위한 신경윤리 강화」 부분으로 아래 4가지를 세부 목표로 제시하고 있다(과기정통부, 2018).

① 뇌신경과학 기술 진보에 따른 윤리적·사회적·법률적 문제를 선제적 대응
② 정부 내 신경윤리위원회 설치, 정책적 연구를 위한 신경윤리정책센터를 지정
③ 신경윤리 가이드라인 제정 추진
④ 국제기구(UN, OECD 등) 및 국제신경윤리학회와 함께 글로벌 신경윤리 이슈에 대한 검토와 자문을 강화하며 대학 내에 신경윤리 교육과정과 과목 별도 신설

이는 과거 뇌과학의 기술적 발전에만 중점을 두던 계획에서 인공지능을 포함한 공학

적 응용과 활용, 인문사회적 성찰을 통한 인간 존엄성과 학제간 융합을 통한 접근방법, 그리고 이를 토대로 법률적, 정책적 및 사회적 효과의 양질의 긍정적 성과 창출을 목표로 뇌과학 원리의 산업적 활용과 동시에 뇌과학의 새로운 윤리 정립을 추진한 점에서 큰 의의를 가진다.

▶ 제2장 참고문헌

과학기술정보통신부, 「제3차 뇌연구촉진기본계획」, 2018. 5.

김효은·설선혜, “신경윤리의 독자성과 주요 쟁점들”. 『인지과학』, 29(1), 2018.

미래창조과학부, 「뇌과학 발전전략」, 2016. 5. 26.

부산일보, “공부 잘 하는 약 5년간 228만명에 처방…19세 미만 복용률, 성인의 13배”, 2016. 10. 13.

설선혜·이춘길, “신경윤리학: 뇌과학의 윤리적, 철학적, 법적, 사회적 문제”, 『한국심리학회지: 일반』, 27(1), 2008.

엄주희, “국가윤리위원회의 법적 지위와 뇌신경윤리 활동 고찰: 뇌신경윤리 거버넌스에 주는 시사점”. 『법과정책』, 25(1), 2019.

이인영, “뇌신경윤리위원회의 설치에 관한 제언”, 『미래의료인문사회과학』, 1(2), 2018.

장대익, “뇌 탓이오?: 신경윤리학의 쟁점들”, 『철학과 현실』, 2008.

최은경·박혜윤, “최근 각국의 뇌신경과학연구과제 신경윤리 활동과 국제 교류－현황과 시사점”, 『생명윤리』, 19(1), 2018.

최종현, “신경과학에 대한 윤리적 고찰”, 동아대학교 석사학위 논문, 2010,

추병완, 『신경윤리학과 신경도덕교육』, 한국문화사, 2019.

한국과학기술기획평가원, 「뇌연구 고도화 사업에 대한 2018년도 예비타당성 조사보고서」, 2018.

한국뇌연구원, 「신경윤리위원회 구성을 위한 추진전략」, 2017.

______ (2019a), 「IBRO 2019 개최결과보고서」, 2019.

______ (2019b), 『2019 뇌연구통계연감』, 2019.

홍성욱, “기술결정론과 그 비판자들: 기술과 사회변화의 관계를 통해 본 20세기 기술사 서술 방법론의 변화”, 『서양사연구』, 49, 2013.

Gazzaniga, M. S.(2006), 김효은 역, 『뇌는 윤리적인가』, 바다출판사, 2015.

Levy N. (2007), 신경인문학연구회 역, 『신경윤리학이란 무엇인가: 뇌과학, 인간 윤리의 무게를 재다』, 바다출판사, 2011.

Amadio, J., Bi, G. Q., Boshears, P. F., Carter, A., Devor, A., Doya, K., … and Singh, I. (2018). “Neuroethics questions to guide ethical research in the international brain initiatives”. *Neuron*, 100(1).

Aspinwall, L. G., Brown, T. R., and Tabery, J. (2012). “The double－edged sword: Does biomechanism increase or decrease judges’ sentencing of psychopaths?”, *Science*, 337(6096).

Buckholtz, J. W., & Faigman, D. L. (2014). “Promises, promises for uroscience and law”. *Current Biology*, 24(18).

Church, D. J. (2011). “Neuroscience in the courtroom: An international concern”, *Wm. & Mary L. Rev.*, 53.

Churchland, P. S. (1991). "Our brains, our selves: Reflections on neuroethical questions", *Bioscience and Society*.

Cranford, R. E. (1989). "The neurologist as ethics consultant and as a member of the institutional ethics committee: the neuroethicist", *Neurologic Clinics*, 7(4).

Elsey, J., & Kindt, M. (2016). "Manipulating human memory through reconsolidation: Ethical implications of a new therapeutic approach". *AJOB Neuroscience*, 7(4).

Farah, M. J. (2005). "Neuroethics: the practical and the philosophical", *Trends in Cognitive Science*, 9(1).

______ (2010). *Neuroethics: An Introduction with Readings*. MA: MIT Press.

Farah, M. J., Hutchinson, J. B., Phelps, E. A., and Wagner, A. D. (2014). "Functional MRI-based lie detection: scientific and societal challenges", *Nature Reviews Neuroscience*, 15(2).

Gazzaniga, M. S. (2011). "Neuroscience in the courtroom", *Scientific American*, 304(4).

______ (2012). *Who's in Charge?: Free Will and the Science of the Brain*. Hachette UK.

Glannon, W. (2006). *Bioethics and the Brain*. Oxford University Press, USA.

Goering, S., & Yuste, R. (2016). "On the Necessity of Ethical Guidelines for Novel Neurotechnologies", *Cell*, 167(4).

Greely, H. T., Grady, C., Ramos, K. M., Chiong, W., Eberwine, J., Farahany, N. A., … and Serrano, E. E. (2018). "Neuroethics guiding principles for the NIH BRAIN initiative", *The Journal of Neuroscience*, 38(50).

Haxby, J. V., Connolly, A. C., and Guntupalli, J. S. (2014). "Decoding neural representational spaces using multivariate pattern analysis", *Annual Review of Neuroscience*, 37.

Hein, G., Morishima, Y., Leiberg, S., Sul, S., and Fehr, E. (2016). "The Brain's Functional Network Architecture Reveals Human Motives", *Science*, 351(6277).

Holgado, D., Vadillo, M. A., and Sanabria, D. (2019). ""Brain-Doping," is it a real threat?". *Frontiers in Physiology*, 10.

Horikawa, T., & Kamitani, Y. (2017). "Generic decoding of seen and imagined objects using hierarchical visual features", *Nature Communications*, 8.

Illes, J., & Bird, S. J. (2006). "Neuroethics: a modern context for ethics in neuroscience", *Trends in Neurosciences*, 29(9).

Jeong, S. J., Lee, I. Y., Jun, B. O., Ryu, Y. J., Sohn, J. W., Kim, S. P., … and Suh, P. G. (2019). "Korea brain initiative: emerging issues and institutionalization of neuroethics", *Neuron*, 101(3).

Kadosh, R. C., Levy, N., O'Shea, J., Shea, N., & Savulescu, J. (2012). "The neuroethics of non-invasive brain stimulation", *Current Biology*, 22(4).

Kang, T. W., Oh, T. W., and Jeong, S. J. (2023). "Policy Analysis for Implementing Neuroethics in Korea's Brain Research Promotion Act", *Experimental Neurobiology*, 32(1).

Kennedy, D. (2004). "Neuroscience and neuroethics", Science, 306(5695).

Poldrack, R. A. (2011). "Inferring mental states from neuroimaging data: from reverse inference to large-scale decoding", *Neuron*, 72(5).

______ (2017). "Neuroscience: The risks of reading the brain", Nature, 541(7636).

Pontius, A. A. (1973). "Neuro-ethics of "walking" in the newborn", *Perceptual and Motor Skills*, 37(1).

Presidential Commission for the Study of Bioethical Issues. (2015). *Gray matters: topics at the intersection of neuroscience, ethics, and society.* Presidential Commission for the Study of Bioethical Issues.

Racine E. (2010). *Pragmatic Neuroethics.* MIT Press, Cambridge MA.

Racine, E., & Forlini, C. (2010). "Cognitive enhancement, lifestyle choice or misuse of prescription drugs?", *Neuroethics,* 3(1).

Ramos, K. M., Grady, C., Greely, H. T., Chiong, W., Eberwine, J., Farahany, N. A., … and Koroshetz, W. J. (2019). "The NIH BRAIN initiative: Integrating neuroethics and neuroscience", *Neuron*, 101(3).

Reardon, S. (2016). "Performance boost paves way for 'brain doping': electrical stimulation seems to boost endurance in preliminary studies", *Nature*, 531(7594).

Rees, D., & Rose, S. (2004). *The New Brain Sciences: Perils and Prospects.* Cambridge University Press

Roskies, A. (2002). "Neuroethics for the new millenium", *Neuron*, 35(1).

Safire, W. (2002). "Introduction: Visions for a New Field of "Neuroethics"", In *Neuroethics: Mapping the Field Conference Proceedings.* The Dana Press, New York NY.

Sakura, O., & Mizushima, N. (2010). "Towards the Governance of Neuroscience: Neuroethics in Japan with Special Reference to Brain-Machine Interface (BMI)", *East Asian Science, Technology and Society: an International Journal*, 4(1).

Sobrido, M. J., Cacheiro, P., Carracedo, A., and Bertram, L. (2012). "Databases for neurogenetics: Introduction, overview, and challenges", *Human Mutation*, 33(9).

Woo, C. W., Chang, L. J., Lindquist, M. A., and Wager, T. D. (2017). "Building better biomarkers: brain models in translational neuroimaging", *Nature Neuroscience*, 20(3).

Yuste, R., Goering, S., Arcas, B. A. Y., Bi, G., Carmena, J. M., Carter, A., … and Wolpaw, J. (2017). "Four ethical priorities for neurotechnologies and AI", *Nature*, 551(7679).

Wang, Y., Yin, J., Wang, G., Li, P., Bi, G., Li, S., … and Zheng, J. C. (2019). "Responsibility and sustainability in brain science, technology, and neuroethics in China-a culture-oriented perspective", *Neuron*, 101(3).

제3장

첨단 뇌과학과 신경윤리

CHAPTER 3

첨단 뇌과학과 신경윤리

Ⅰ. 인간의 생명, 오가노이드의 신경윤리

1. 오가노이드 기술

오가노이드(organoid)는 줄기세포를 이용하여 장기와 유사하게 만든 3차원 구조체를 의미한다. 이는 줄기세포의 자기조직화 특성을 이용하여 다양한 종류의 장기나 조직 유사체를 만들어내는 기술이다. 지금까지 뇌를 포함하여 위, 폐, 갑상선, 심장, 신장, 간 등 다양한 형태의 오가노이드를 만드는 방법에 대한 연구가 이루어지고 있다. 오가노이드는 발생 초기 과정 연구, 질병 모델링, 약물 스크리닝 등에 활용되고 있으며 맞춤의료, 재생의료 등 임상 목적으로도 응용될 수 있는 첨단 기술이다. 인간의 뇌 발달과 뇌에 영향을 미치는 질병을 연구하기 위해 동물 모델을 이용할 수도 있지만 동물과 인간은 생리적 특성이나 복잡성이 다르기 때문에 정확한 연구를 하는 데 한계가 있다는 점에서 인간 유래 세포를 이용하는 오가노이드 기술은 더욱 관심을 얻고 있다. 직접 인간을 대상으로 임상시험을 하는 위험을 감소시키고 실험용 동물의 사용도 줄일 수 있다는 장점이 있다. 지카바이러스와 소두증 사이의 관계를 연구하는 데 뇌 오가노이드를 이용한 것이 대표적인 사례이다(Dang 외 2016). 그리고 약물 스크리닝의 정확성을 높일 수 있을 뿐만 아니라 새로운 치료법에 대한 대규모 테스트를 가능하게 하기 때문에 약물 개발 파이프라인 자체를 변경하는 수준의 혁신을 가져올 수도 있다(Bredenoord 외, 2017). 재생의학적 측면에서도 이식용 오가노이드 기술이 고도화되면 타인 또는 이종 장기 이식의 면역거부 반응을 줄이고, 생체 장기 부족 문제나 이종 이식의 윤리적 문제들도 같이 극복할 수 있을 것으로 기대된다.

이처럼 오가노이드는 유망한 기술이지만 여전히 기술적 한계는 존재한다. 예를 들어, 오가노이드가 예상하지 못한 방향으로 성장하는 경우가 있고, 크기도 실제 장기만큼 키울 수 있는 기술 수준에는 도달하지 못하였다. 그러나 오가노이드 기술에 관한 연구는 지속적으로 증가하고 있으며 이와 관련된 윤리적 측면에 대한 관심도 커지고 있다. 예를 들어, 1) 오가노이드의 도덕적 지위와 같은 인식론적 문제뿐만 아니라, 2) 오가노이드의 재료가 되는 인체유래물 기증자의 사전 동의, 오가노이드 이식을 통한 키메라 동물의 생성과 같은 연구윤리 적용 문제 및 3) 기술의 상업화에 따른 이익 배분과 공유, 정밀의료와 재생의료 분야에서의 응용 가능성 등 의료정책과 거버넌스적 측면에 대한 문제들이 포함된다(Pichl 외, 2023). 여러 유형의 오가노이드 중에서도 인간의 고유한 정신작용의 중추인 뇌 오가노이드에 대한 연구는 매년 늘어나고 있으며, 인간 세포를 이용한 뇌 오가노이드를 실험 동물에 이식하는 경우 키메라 동물이 갖는 잠재적 의식에 대한 평가 또는 인간화 같은 특수한 논의도 대두되고 있다.

2. 관련 신경윤리 쟁점

(1) 뇌 오가노이드의 의식과 도덕적 지위

뇌 오가노이드는 치매, 뇌종양, 자폐증, 소두증과 같은 뇌 질환 모델링 연구에서 주로 이용된다. 지금까지 개발된 뇌 오가노이드는 이러한 연구에 필요한 인간의 뇌의 일부 영역을 모사한 것에 불과하다는 점에서 인간의 의식과 같은 수준의 정신적 활동을 할 것으로 기대하기는 어렵다. 그러나 최근 연구에 따르면 대뇌피질 오가노이드에서 측정된 전기적 신호가 미숙아의 뇌에서 나타나는 뇌파와 유사한 패턴을 보일 수 있게 되었다(Reardon, 2018; Trujillo 외, 2019). 이 결과의 해석 방향에 대한 논란과 함께 앞으로 뇌 오가노이드 기술이 발전하면 의식이 있는 오가노이드를 만드는 것도 가능하게 될 것인지, 만약 그렇다면 뇌 오가노이드에 어떤 도덕적 지위를 부여할 것이지 여부가 자연스럽게 화두로 떠올랐다.

사실 생명윤리 영역에서 배아 또는 태아와 같이 생명의 연속선상에 있는 것의 도덕적 지위에 대한 논의는 예전부터 지속되어 왔다. 생명공학 기술의 발전으로 이러한 논의의 대상은 오가노이드와 같은 인공적인 영역으로 확장되고 있다. 오가노이드 기술의 진전 방향은 인간의 실제 장기와 더 유사한 형태와 기능을 보이도록 하는 것이라는 점에서 오가노이드가 연구나 환자 치료를 위한 도구로서 더 유용한 가치를 갖게 될수록 그것의 도덕적 지위에 관한 윤리적 질문은 더 복잡해질 수 있다. 사실 오가노이드 자체가 기본적으로 장기(organ)와 유사한 무언가(-oid)를 만들어 내는 것을 목적으로 하는 기술이란 점에서 기술이 고도화될수록 인간 생명의 가치에 대한 근본적인 성찰이 요청되는 것은 자연스러운 귀결이라고도 할 수 있다. 각 기관의 특징, 세포 유형, 기능과 유사성을 확보할 수 있기 때문에 이것을 뇌 연구 모델로 사용하는 것이 정당화되지만 그와 동시에 윤리적 담론에서는 인간의 고유한 영역의 경계에 대한 우려를 불러일으킬 수 있다(Pichl 외, 2023).

그렇다면 뇌 오가노이드에서 의식 또는 그와 유사한 특징이 나타날 수 있다는 것은 어떤 의미를 갖는가? 14일 이상 배아를 배양하는 것을 금지하는 것과 같이 연구자가 더 이상 발전시켜서는 안 되는 기준으로 작용할 것인가? 일각에서는 일종의 예방적 접근이 필요하다는 견해도 있으나 이러한 주의적 조치의 필요성은 큰 반향을 얻지 못하고 있는 것으로 보인다. 오히려 아직 의식 또는 감각의 신경학적 토대를 명확하게 식별하지 못하는 상황에서 가상의 상황을 논의의 출발점으로 삼는 것은 자제해야 한다는 시각이 있다. 물론 인간의 의식을 탐지할 수 있는 측정 방법을 제시하는 연구가 이루어지고 있지만, 의식이 과학적 탐구의 영역으로 들어온 것은 그다지 오래 되지 않은 일이란 점을 고려하지 않을 수 없다. 뇌 오가노이드와 같이 매우 작은 세포 덩어리에서 발생하는 신호를 정확하게 포착해서 기록할 수 있는 기술도 부족할 뿐만 아니라, 그 결과를 분석해서 의미를 찾을 수 있는 지식도 여전히 부족하다. 이처럼 과학자들 사이에서도 의식을 구성하는 요소에 대한 합의가 아직 많이 부족한 상황에서 막연한 추측에 기대어 뇌 오가노이드의 도덕적 지위와 연구의 한계를 규정짓는 것은 다소 이르다는 시각이 현재로서는 우세한 것으로 보인다(Koplin & Savulescu, 2019).

(2) 인체유래물 이용에 대한 사전 동의

인간 뇌 오가노이드를 만드는 것과 이를 이용하는 연구는 인체유래물 연구에 해당하므로 국내의 경우 생명윤리 및 안전에 관한 법률의 관련 규정이 적용된다.[1)] 이에 따라서 오가노이드의 재료가 되는 인체유래물인 세포 기증자의 사전 동의가 언제 필요하며, 어떤 동의 방식을 선택할 것인지 문제된다. 인체유래물 기증자가 전혀 누구인지 알아볼 수 없을 정도로 익명화가 된 경우에는 기증자의 동의가 면제될 수 있다. 완전한 익명화 조치가 되면 연구자는 인체유래물을 사용하고 관리하는 것에 대해 비교적 넓은 재량을 갖게

1) 생명윤리 및 안전에 관한 법률 제37조 제1항에 의하면 인체유래물 연구자는 인체유래물 연구를 하기 전에 인체유래물 기증자로부터 인체유래물 연구의 목적, 개인정보의 보호 및 처리에 관한 사항, 인체유래물의 보존 및 폐기 등에 관한 사항이 포함된 서면동의를 받아야 한다.

되고 행정적 작업에 소요되는 부담을 줄일 수 있다. 하지만 이 경우 다른 건강 정보와 오가노이드 관련 정보를 연계하는 것이 현실적으로 어려울 수 있고, 기증자도 기증을 철회할 수 있는 기회를 잃게 된다는 단점이 있다(Boers 외, 2018).

기증자의 사전 동의가 필요한 경우 동의를 얻는 전통적인 방식은 연구 목적을 특정하여 개별적인 승낙을 얻는 것이다. 문제는 이러한 사전 동의를 위해 기증자에게 제공하는 정보가 어디까지 포함되어야 하는가이다. 이 분야의 연구와 기술이 발전하는 속도를 고려하면 향후 가능한 사용 및 보관 가능성을 상세하게 예측하여 모두 충분히 설명하기 어려운 측면이 있다. 연구가 진행되는 상황에 따라서 줄기세포를 활용하는 구체적인 목적과 범위가 달라질 수 있는데 이러한 점을 어디까지 감안하여야 하고, 오가노이드의 생성 그 자체 외에 연구의 내용에 대해서 얼마나 상세하게 설명하여야 정당한 동의의 요건을 갖추는 것인지 아직 명확한 기준이 확립되어 있지 않다(Mollaki, 2021).

이러한 점을 고려하여 개별적 동의의 한계를 보완하기 위한 대안의 필요성이 대두되고 있으며, 주로 포괄적 동의(broad consent)와 동적 동의(dynamic consent)를 활용하는 방안이 논의되고 있다. 먼저 포괄적 동의는 동의를 위한 사전 설명의 구체성을 완화해 주는 방식이다. 연구자가 수행하는 여러 연구의 내용을 모두 다 설명하지 않아도 연구의 범위를 특정하여 설명하고 그에 대한 동의를 얻으면 앞으로 그 범위 내에서 유사한 연구를 계속해서 수행할 수 있는 편의를 제공하는 것이다. 이는 연구의 구체적인 사항이 다소 달라지더라도 그와 유사한 목적의 연구를 수행하는 것이라면 기증자가 처음 인체유래물을 기증했던 동기와 상충할 가능성이 크지 않고, 동의를 다시 얻는 번거로움을 피하고 재동의를 얻지 못해 자원이 폐기되는 것을 막을 수 있다는 장점이 있다. 그러나 포괄적 동의 방식을 택할 경우 기증자들이 실제로 자율적인 선택권을 행사할 수 있는 범위는 현저히 좁아질 수밖에 없다는 점에서 유효한 동의로 보기 어렵다는 비판적 시각도 있다. 이와는 반대로 동적 동의는 향후 추가적인 활용에 대해서 기증자가 자신의 선택을 변경할 수 있는 기회를 보장한다는 장점이 있다. 그러나 유동적인 특성을 갖는 만큼 동의 내용을 관리하기 위한 자원 투자가 더 많이 필요하고 실질적으로 이러한 절차를 유지하는 것이 연구자에게 더 많은 추가적인 부담으로 작용한다는 시각도 있다(Jongh 외, 2022).

그러므로 어떤 동의 모델을 선택할 것인지 여부는 연구의 규모나 특성에 따라 결정되어야 하는 문제이다. 하지만 본질적으로 기증자에게 충분한 정보와 선택의 기회를 부여하는 것은 연구에 대한 신뢰를 얻는 중요한 기초가 된다. 동의는 형식적인 절차로 그칠 것이 아니라 기증자가 자신의 기증이 연구에 의미 있는 기여를 한다는 것을 확인하고 그 가치를 존중받는 과정이 되는 것이 바람직하다. 나아가 뇌 오가노이드 기초 연구실에서부터 임상 현장에 이르기까지 일반시민, 환자, 연구자, 임상의, 산업계 등 다양한 당사자들의 상호 협력이 필요한 부분을 서로 확인하고 조율할 수 있는 소통 경로를 유지하는 것이 필요하다.

(3) 연구 이익의 배분 및 공유 문제

뇌 오가노이드 연구의 성과는 유·무형의 형태로 나타날 수 있다. 오가노이드 연구가 성공적인 수준에 이르면 그로부터 얻을 수 있는 경제적 이익이 상당할 것으로 기대되지만, 그러한 가시적인 연구성과를 얻기까지 투자되는 시간과 비용도 그에 상응한다는 점에서 연구 이익의 배분은 까다로운 문제가 된다. 여기에는 특정 당사자에 대한 금전적 보상만이 아니라 연구를 위한 재투자와 새로운 치료법의 제공 등 사회 전반에 긍정적인 파급효과를 가져올 수 있는 다양한 이익에 대한 고려가 포함된다. 연구의 지속 가능성을 확보하기 위해서는 경제적 성과 창출 기반이 필요하지만 상업적 이익이 개입하는 것에 대한 사회적 신뢰는 여전히 부족한 편이다. 학술적 가치 증진, 환자들의 치료 수요 충족과 유관 산업의 발전이 선순환을 이루는 것이 이상적이지만 각 당사자들이 추구하는 이익의 우선순위가 서로 다른 만큼 이익의 배분과 공유에 대한 상충하는 관점의 실질적인 조율 방안이 문제된다(Lensink 외, 2020; Boers 외, 2018).

인체유래물을 이용한 연구에서 발생한 경제적 이익은 주로 연구자 측에 귀속되는 경우가 많고 인체유래물 기증자에게 이것을 배분한 사례는 흔하지 않다. 기증자들도 금전적 이익과 같이 직접적인 경제적인 대가를 바라고 인체유래물과 관련 정보를 기증하기보다는 발전된 의학 지식을 축적하고 새로운 치료법이 개발되는 데 기여하기를 바라는 것이 기증의 주된 동기가 되는 경우가 더 일반적이다. 다만 연구의 경제적 성과가 특정 기업이나 일부 당사자에게만 배타적으로 돌아가는 구조가 지속된다면 인체유래물을 무상의 공익적 기증의 방법으로 확보할 수 있게 만든 취지가 손상될 수 있다는 문제가 있다. 그리고 오가노이드 기술의 상업화가 치료법 개발의 혁신을 담보하는 것은 아니며 특허권 부여로 인해 오히려 다른 연구자들의 접근이 제한되는 결과를 불러일으킬 수도 있다는 지적도 있다(Boers 외, 2019). 따라서 정의의 원칙에 입각하여 기증자와 다른 당사자들이 뇌 오각노이드의 성과에 대해 공정한 기대를 갖고 투명한 절차에 따라 혜택을 받을 수 있는 구조에 대해 고민하는 것은 기술의 발전과 반드시 병행되어야 하는 과제이다. 예를 들어, 환자들의 입장에서는 간접적으로나마 치료적인 측면에서 도움을 받는 것을 기대할 수 있고, 중요한 연구 결과에 관한 정보를 제공 받거나 개발된 치료법에 접근할 기회를 우선적으로 부여받는 것이 중요한 기대이익이 될 것이다. 이처럼 기증한 사람의 여건과 상황에 따라서 기증의 동기나 성과에 대해 기대하는 바가 달라질 수 있으므로 기증의 공익적 취지를 유지하고 연구의 지속 가능성을 확보하기 위한 섬세한 접근이 필요하다.

(4) 뇌 오가노이드 이식과 키메라 연구

뇌 오가노이드를 '미니 뇌'(mini brain)라고 부르기도 하지만 실제 인간의 뇌의 구조와 기능을 완전히 모방한 구조체를 만드는 것은 어렵다. 그래서 뇌 오가노이드가 신체 내에서 다른 뇌 부위 또는 다른 신체 장기와 어떻게 상호작용을 하고 복잡한 기관으로 성장할 수 있는지 확인하기 위해 살아 있는 다른 생명체에 이식하는 연구 방법이 이용되기도 한다. 여기에는 동물 세포로 만든 뇌 오가노이드를 같은 동물에 이식하는 동종 간 이식 연구와 인간 세포를 동물에 이식하는 키메라(chimera) 연구도 포함된다. 키메라 연구는 동물 모델에서 안전성을 어느 정도 확인하여 향후 인간을 대상으로 한 임상시험에서 발생할 수 있는 위험을 줄이는 데 도움이 될 수 있지만, 실험 대상 동물의 희생이 필요하다는 점에서 윤리적 제약으로부터 자유롭지 못하다. 우선 이러한 동물 연구를 수행하는 경우 기본적으로 1959년에 Russell과 Burch가 제안한 3Rs, 즉 대체(Replacement), 감소(Reduction) 및 개선(Refinement) 원칙을 준수하여야 한다. 감각이 없는 동물 대안이 있을 경우 감각이 있는 동물을 사용해서는 안 되고, 동물을 사용해야 하는 경우 연구목적 달성에 적합한 최소한만 사용하며, 동물이 느낄 수 있는 고통이나 괴로움을 완화하기 위해 적절한 조치를 취해야 한다. 따라서 뇌 오가노이드 동물 이식 연구를 계획할 때에는 동물 수를 줄이기 위해 사용된 접근방식, 동물 사용의 정당성, 고통 완화, 안락사 방법, 적절한 수의학적 치료 계획 등을 포함하여야 한다(NAS, 2021). 그리고 2021년 업데이트된 국제줄기세포학회(International Society for Stem Cell Research: ISSCR)의 「줄기세포 연구 및 임상 중개 가이드라인」 2.2.1.1에서는 '인간 줄기세포 또는 그것의 직접적인 파생물을 동물의 중추신경계에 이식하는 연구'의 경우 줄기세포 또는 발달생물학에 대한 전문성이 있는 위원이 포함된 동물윤리위원회의 감독을 받을 것을 권고한다. 연구를 수행하는 기관은 연구에 대해 관련 주제별로 전문성을 갖춘 과학자와 윤리 전문가가 함께 동물 연구 절차를 보완할 필요가 있는지 판단하도록 하고 있다.

한편 인간의 세포로 만든 뇌 오가노이드를 이식한 키메라 동물이 '인간화'의 수준에 이를 가능성이 있는지는 뇌 오가노이드의 의식 유무과 마찬가지로 아직 인간화의 평가 기준조차 마련하기 어려운 문제라고 할 수 있다(Barnhart & Dierickx, 2022; Greely, 2020). 키메라 동물의 정신적 고통으로 이어질 수 있다는 점을 우려하거나(Koplin & Massie, 2021), 키메라 동물이 더 높은 인지 능력을 획득할 경우 이들을 일반 실험동물로 계속 취급하는 것은 인간의 존엄성을 침해하는 것으로 간주하고 적절한 보호가 주어져야 한다는 견해도 있다(Sawai 외, 2022; Shriver 외, 2019). 반면, 다른 종류의 실체가 될 가능성이 있는 개체를 이미 그 잠재력을 실현한 것처럼 취급할 필요가 없다는 시각도 있다(Koplin & Massie, 2021). 물론 키메라 동물의 도덕적 지위에 변화가 없다고 하더라도 이러한 실험 동물을 존중하고 중요한 목적으로만 사용해야 할 것이다(Foster, 2014). 2021년 ISSCR 가이드라인(2.2.1A)에서도 현재로서는 중추신경계 조직에 해당하는 오가노이드의 의식이나 통증 지각과 같은 문제를 시사하는 생물학적 증거는 없지만, 연구자들은 오가노이드 모델이 장기간 성숙하거나 여러 오가노이드의 조립을 통해 더욱 복잡해짐에 따라 향후 발생할 수 있는 윤리적 문제에 대해 인지하고 있어야 한다는 점을 강조하고 있다.

Ⅱ. 뇌기능 향상에서의 신경윤리

1. 인간 향상의 의미와 종류

본격적인 논의에 앞서서 'Enhancement'라는 용어에 대해 잠시 언급하고자 한다. Enhancement에 대한 통일된 번역어는 아직 없지만 향상, 강화, 증강이라는 용어로 쓰이고 있다. 김효은 교수는 강화는 신체기능의 의도된 변화에, 향상은 정신기능의 의도된 변화에 대한 번역어로 사용한다. 육체의 근육기능의 경우 기능이 지나치게 항진되어 생기는 문제는 비교적 없지만, 정신기능이 항진될 경우 다른 기능이 약화되거나 비정상적으로 기능하는 경우가 가능하기 때문에 신체기능의 '강화'는 적절한 표현이나 정신기능의 경우에는 '강화'보다는 '향상'이 더 적절하다고 생각한다(김효은, 2009). 그러나 신체기능 역시 강화를 할 경우 문제가 발생한다. 예를 들면, 후각이나 청각을 지나치게 강화시켰을 경우 이는 더 이상 긍정적인 기능을 하지 못하기 때문이다. 강화나 증강이 물리적인 의미가 강한 반면 향상은 물리적인 것 이상을 포함한다. 따라서 향상이나 강화, 증강이라는 용어는 문맥에 따라서 혼용하여 사용하는 것이 바람직해 보인다.

향상의 정의에 대한 통일된 견해는 없지만, 기본적인 합의는 다음과 같다: "향상이라는 용어는 생명윤리에서 일반적으로 양호한 건강을 유지하거나 회복하는 데 필요한 것을 넘어서 인간의 몸이나 기능을 향상시키기 위한 의도로 개입된 것이다"(Juengst, 1998).

의료윤리에서 향상에 관한 논의에서 다루어지는 구체적인 시술들의 예로는 성형수술, 운동 실력을 향상시키기 위해서 사용되는 도핑, 집중력 향상을 위해서 쓰이는 약인 리탈린(Ritalin), 성적 기능 향상을 위해서 사용되는 비아그라(Viagra), 기분 전환을 위해 사용되는 프로작(Prozac) 그리고 노화로 인한 외모나 정신적인 기능의 퇴화 진행 속도를 늦추거나 오히려 젊음을 되찾으려는 노력의 일환으로 안티-에이징의 시술과 같은 것들이 있다. 향상을 위한 이러한 다양한 의학적인 시술이나 약물들을 두 가지 범주로 나누면, 하나는 형태－향상이고, 다른 하나는 기능－향상이다. 형태－향상이라는 것은 주로 외모의 향상을 위해 사용되는 시술들이다. 가장 대표적인 것으로 성형수술을 들 수 있다. 신체 일부분의 결핍이나 손상을 재건하려는 의료행위는 치료라고 간주하지만, 치료를 넘어서서 자신의 좀 더 나은 외모를 위해서 의료행위의 도움을 받는 것을 형태－향상이라고 한다. 향상에 대한 다른 범주로는 기능－향상이라고 부를 수 있다.

기능－향상이란 우울한 기분에 영향을 미치는 정서 향상, 공격적이거나 파괴적인 욕구를 가라앉힐 수 있는 도덕 향상, 집중력이나 기억력을 향상시키는 인지 향상 그리고 신체능력을 높이는 가장 대표적인 약물로 비아그라(성적 능력 향상)나 도핑(운동 능력 향상)을 위해서 의료행위의 도움을 받는 것을 의미한다. 마법의 물약을 마시면 엄청난 힘을 발휘하는 아스테릭스(Asterix)와 같은 만화에서부터 알약 한 알로 엄청난 인지능력의 향상을 가져오는 내용을 다룬 영화 '리미트리스'(Limitless)에 이르기까지 이런 이야기들은 더 이상 새롭거나 놀랍지 않다. 이러한 상상은 의료기술의 힘을 빌려서 '뇌의 비아그라', '뇌 도핑', '똑똑한 약물', '뇌신경 성형'이라는 말로 표현되며, 다양한 약물이나 시술들로 실현되고 있다. 리탈린, 비아그라, 프로작 등의 의약품들과 같은 약물적 개입 이외에 기기나 보철물을 활용하여 우리의 신경계에 직접적으로 전기자극[뇌심부자극술(Deep Brain Stimulation: DBS), 경두개자기자극술(Transcranial Magnetic Stimulation: TMS), 경두개직류전기자극(Transcranial Direct Current Stimulationt: DCS) 등]과 같은 향상 방법, 우리의 신경 신호를 활용·해석하여 의사소통을 하거나 다른 기계를 움직이고, 감각을 느끼게 하는 방식의 강화인 뇌－기계 연결(Brain Machine Interface: BMI) 또는 뇌－컴퓨터 연결(Brain－Computer Interface: BCI)의 방법이 있다.

향상을 위한 목적으로 의학적인 개입을 어느 정도까지 하느냐에 따라 두 가지 범주로 향상을 나눌 수 있다. 게상(Bernard Gesang)에 따르면, 향상은 그 개입의 정도와 폭에 따라 '완만한 향상'과 '급진적 향상'으로 나눌 수 있다. 완만한 향상은 우리가 이미 인간에게 존재하는 특성을 점진적으로 강화시키려는 것이고, 이에 반해서 급진적 향상은 '인간을 넘어'서려는 것이다. 다시 말해서 여태까지 우리에게 일반적으로 통용되었던 수단, 즉 '관습적인 수단'으로는 불가능했던, 지금까지 일반적이지 않았던 경계를 뛰어넘은 또는 거의 최고치에 이른 사람들의 경계를 넘어서는 정도를 의미한다(Gesang, 2009). 다시 말하자면, 완만한 향상은 인간 종 내에서의 변화를 의미하고, 급진적 향상은 인간 종을 넘어서 현 상태의 형태나 능력보다 더 나은 상태로의 변화를 의미한다. 각각의 구체적인 예를 들자면, 완만한 향상은 올림픽에 참가한 육상선수가 기존의 최고 신기록을 기록한 선수보다 얼마나 더 빨리 뛸 수 있는가의 문제이고, 급진적 향상은 사이보그와 같은 새로운 형태와 자외선을 볼 수 있는 것과 같이 기존에 불가능했던 새로운 능력을 의미한다. 루드비히 집에 의하면(Siep, 2006) 예전과 비교해 오늘날 우리가 상상하는 향상된 인간의 모습은 너무나 다르다. 우리가 꿈꾸는 인간의 모습은 더 이상 인간에게서 찾지 않는다. 우리는 인간이 아닌 존재나 기계의 능력을 추구한다. 우리가 그동안 꿈꾸던 인간의 신체적인 기능의 강화와는 다르다.

2. 신경향상약물의 활성화 배경: 의료화, 성과사회 그리고 고령화

인지향상약물의 도입이 활발하게 된 배경은 다양한 측면에서 접근할 수 있다: 의료화, 성과사회, 고령화를 그 배경으로 들 수 있다. 첫째, 의료화는 예전에는 질병의 문제가 아니였던 것이 질병의 문제로 간주되고, 아프지 않은 사람들을 잠정적인 환자로 간주하는 것을 의미한다. 의료화 현상으로 인해서 의학의 목적이 치료를 넘어서 어디까지 가능한가, 즉 의사의 역할과 의무가 무엇인지 고민하게 되고, 의료적 기술의 도움으로 몸을 '주어진 몸'에서 '선택할 수 있는 몸'으로 인식할 수 있는 계기를 만들었으며, 모든 사회적 문제를 생물학적인 문제로 환원시키고 사회적 책임을 개인에게 전가할 여지를 남겨 두었다. 의료화된 사회에서는 개인의 신체적인 역량이나 인지적인 역량의 부족함을 인정하지 않을 여지가 커진다. 어떤 학생의 학습능력이 부족한 경우, 학교의 교육체계, 학생의 학습에 대한 태도 또는 흥미 등 그 원인을 다양하게 분석할 수 있다. 하지만 의료화된 사회에서는 개인의 학습 부진을 인지향상약물의 복용 문제로 환원될 수 있다. 귤을 비타민 C로, 두부를 단백질과 같은 영양소로 표현하는 사례에서부터 남자 고등학생이 혹시라도 입시에 방해될 일이 생길지 몰라 정관수술을 시키고자 했던 한국 부모의 사례가 보도된 극단적인 사례까지 의료화는 병원의 울타리를 훌쩍 뛰어넘어 우리의 일상에 스며들고 있다.

둘째, 한병철 교수는 "활동사회라고도 할 수 있는 성과사회는 서서히 도핑사회로 발전해 간다"(한병철, 2010)고 진단했다. 할 일은 많아지고, 시간은 없는 상황에서 카페인 수요의 증가는, 즉 카페인 권하는 사회의 초래는 어쩌면 당연한 귀결일지도 모른다. 우리가 흔히 볼 수 있는 카페인의 가장 익숙한 형태는 커피와 차이다. 하지만 이제는 다양한 형태로 우리 생활 속에 더 깊이 들어와 있다: 카페인 스타킹, 카페인 화장품, 카페인 샴푸, 카페인 비누 등등. 미국에 레드불이 있다면 우리에게는 오천만의 피로 회복제 박카스와 같은 에너지 음료가 이미 오래전부터 우리와 함께 했다. 대한민국 국민이 가장 많이 먹는 음식이 커피라는 조사 결과가 보여주듯이, 더 집중하기 위해서, 졸음을 몰아내기 위해서 커피를 마시는 행위를 비판적으로 보는 사람은 드물 것이다. 그런데 누군가가 밤샘 근무를 하면서 '커피 한 잔 하러가자' 또는 '담배[2] 피우러 가자'고 말하는 대신에 '리탈린[3] 한 잔 하러 가자'고 말할 날이 곧 올지도 모르겠다.

성과사회 속에서 주체는 자율적인 선택에 의한 것이라고 생각하지만 실은 프로메테우스처럼 묶여 있다는 것이다. "자기 극복의 다른 측면은 자기 착취이다"(Flasspohler, 2013). 플라스푈러는 오늘날의 노동자를 향락 노동자라고 말한다. "우리 향락 노동자에겐 향락이 노동이요 노동이 향락이다. 일을 할 때 우리는 봄날의 새싹처럼 돋아난다. 새로운 도전은 항상 우리를 성장시키고, 꽃망울이 피어나려고 태양을 향해 온몸을 뻗듯 우리는 넘치는 에너지로 자신의 능력을 입증하기 위해 새로운 가능성을 모색한다. 향락 노동자인 우리는 일을 사랑한다. 일을 통해 인정받기를 원한다. 사실상 충분히 인정받고 있다는 느낌이란 거의 불가능하고 가능하더라도 일시적이기 때문에, 우리는 타인의 인정을 끊임없이 희망한다. 그래서 우리는 의욕에 불타 일하고, 때로 미친 듯이 일한다"(Flasspohler, 2013). 자신이 묶여 있는지조차 모르는 주체는 극단적 피로와 탈진상태에서도 스마트폰과 컴퓨터 앞에서 아메리카노 한잔을 마셔가며 일을 하고 있을 것이다. 오늘날 커피가 유행하는

---

2) 라메즈 남(Ramez Naam)은 『인간의 미래』(남윤호 역, 동아시아, 2007)에서 다음과 같이 말한다(69면): "니코틴은 장기 기억력을 향상시켜 주고, 문제해결능력 평가의 점수를 높이는 데도 도움을 준다. 스탠퍼드 대학교 연구팀의 실험 결과에 따르면, 충분히 휴식을 취한 조종사들 가운데 니코틴을 흡입한 조종사들이 니코틴을 흡입하지 않은 조종사에 비해 비행 시뮬레이션 테스트에서 더 좋은 성적을 냈다. 특히 착륙이나 비상사태처럼 복잡한 조종과 높은 주의력이 요구되는 작업에서 니코틴을 흡입한 조종사들이 더 좋은 성과를 보여주었다".

3) 메틸페니데이트(methyphenidate)를 주성분으로 하는 집중력 결핍 과잉행동장애에 대한 치료약이다.

것도 성과사회를 살아가는데 탁월한 각성제이며, 오늘날 커피와 같은 각성제의 종류가 다양해졌다고 볼 수 있을 것이다. 이는 18세기 "공장 소유주들은 보너스로 '차 마시는' 시간을 노동자들에게 허용하였다. 맥주와 달리 전통적으로 농업 노동자들이 즐겨 마신 차는 카페인 성분 때문에 정신을 예민해지도록 만들어 주었다. 차는 지루하고 오랜 시간이 걸리는 교대 근무 시간 동안 노동자들이 긴장감을 유지하도록 해주었으며, 기계가 빠른 속도로 돌아가는 동안에 집중력을 개선시켜 주었다. 손으로 베를 짜거나 실을 잣는 사람은 필요할 때마다 휴식을 취할 수 있었지만, 공장 노동자들은 그럴 수가 없었다. 공장 노동자들은 순조로이 진행되는 기계의 일부분처럼 기능해야만 했다. 이러한 과정에서 차는 공장을 부드럽게 돌아갈 수 있게 만드는 윤활유 역할을 담당하였다"(톰 스탠디지, 2006). 신상규 교수는 우리가 향상약물이나 시술이 아니라 "시장 만능주의에 입각한 자본주의적 삶의 방식이 심각하게 생각해야 할 문제라고 생각한다"(신상규, 2014)고 말한다. 향상을 위해 의학이 자본주의와 손잡고 벌일 잠재적인 악의 문제에 대해 고민해야 할 것이지만, 이는 향상 자체가 지닌 문제는 아닐 것이다.

셋째, 고령화이다. 19세기에서 20세기로 넘어올 당시 인간의 기대수명은 약 48세였고, 지금은 거의 두 배이다. "우리나라의 경우 2010년도에 평균수명이 거의 80세에 이르게 되었고, 65세 이상의 노인인구는 총 인구의 11%나 되었다"(김진경, 2012). 인간의 평균수명은 늘었지만 이에 부합하여 삶의 질도 높아졌다고 할 수는 없다. 예전에는 신체의 기능이 원활하지 못할 즈음에 죽음을 맞이하게 되었지만, 오늘날에는 저하된 신체기능이나 질병과 함께 노년을 보내야 하는 경우가 많아졌다. 나이가 들면서 늙어간다는 것을 숙명으로 알고 그에 순응하면서 노년을 보내왔던 윗세대와는 달리 '늙어간다는 것'을 자연스러운 과정으로 받아들여야 할지에 대해 혼란을 겪고 있다. 주름은 연륜의 상징이라기보다는 자기 관리의 부재로 보일 수 있는 상황에서 인지향상약물이나 시술에 대한 강한 관심을 불러일으키게 되었다.

3. 다양한 실천윤리원칙들을 통해 본 주요 쟁점들: 윤리의 맥락에서 개별 윤리들

새로운 기술로 인해 발생할 수 있는 다양한 윤리적 쟁점들이 그 기술의 특징을 둘러싸고 컴퓨터 윤리, 생명의료윤리, 인터넷 윤리, 정보윤리, 로봇 윤리, 인공지능윤리, 나노윤리, 신경윤리 등이 등장하면서 기술윤리에 대한 논의들은 더욱 구체화되고 세분화되고 있다. 앞으로도 새로운 기술들은 끊임없이 등장할 것이고 그에 따라 ㅇㅇ윤리들이 새로운 영역을 만들어 낼 것이다. 새로운 기술의 특징에 기반하여 기존의 보편적인 윤리원칙이 새로운 기술에 따른 변화에 어떻게 적용되는지를 논의하거나 새로운 기술들을 활용할 때 해당 영역에서 발생할 수 있는 문제들을 숙고하고, 그러한 기술 활용이 지향해야 할 가치를 주요한 윤리원칙으로 내세우기도 한다. 생명의료윤리원칙, 인공지능윤리원칙, 메타버스윤리원칙이 각각 개별적인 것으로 보이나 기존에 논의되었던 보편적인 윤리원칙에 기반하여 논의된다는 사실을 인지하는 것이 중요할 것이다.

(1) 생명의료윤리 원칙

기술윤리들 가운데 가장 잘 알려진 윤리원칙은 비첨과 칠드레스(Beauchamp, T. L. & Childress, J. F.)가 1979년도에 발행한 『생명의료윤리 원칙』(Principles of Biomedical Ethics)일 것이다. 비첨과 칠드레스는 본 저서에서 '자율성 원칙, 악행 금지 원칙, 선행 원칙, 정의 원칙'을 600쪽이 넘는 방대한 지면을 통해 논하고 있다. 저자들은 윤리학에서 주요하게 다루어진 추상적인 개념들을 생명의료라는 의료환경에서 발생할 수 있는 구체적인 문제들을 포함하여 다양한 층위로 논하고 있다.

- 선행(beneficence) 원칙
- 악행 금지(non-maleficence) 원칙
- 자율성(autonomy) 원칙
- 정의(justice) 원칙

이 생명의료윤리 원칙은 의료환경에서 의료라는 특정한 기술이 적용되는 현장을 기초로 해 고안된 것이다. 그러나 이를 의료환경에만 한정시킬 필요는 없다. 생명의료윤리 원칙은 행위의 주체인 의사, 행위의 대상자인 환자, 행위를 둘러싼 환경의 관계를 유기적으로 고려하는 원칙이라는 점에서 기술윤리의 토대로 확장되기에 적합하다. 후술하는 인공지능윤리 원칙이 이 점을 잘 보여준다.

(2) 인공지능윤리 원칙

플로리디(Luciano Floridi)와 카울스(Josh Cowls)는 인공지능의 핵심 윤리의 기초를 비첨과 칠드레스가 제안한 생명윤리 4원칙(선행, 해악 금지, 자율성, 그리고 정의)에 두고 있다(Luciano Floridi & Josh Cowls, 2019). 이에 대한 대략적인 내용은 다음과 같다.

- 선행(beneficence) 원칙

- 악행 금지(non-maleficence) 원칙
- 자율성(autonomy) 원칙
- 정의(justice) 원칙
- 설명 가능성(explicability): 이해 가능성과 책무성을 통해 다른 원리를 가능하게 하는 원리

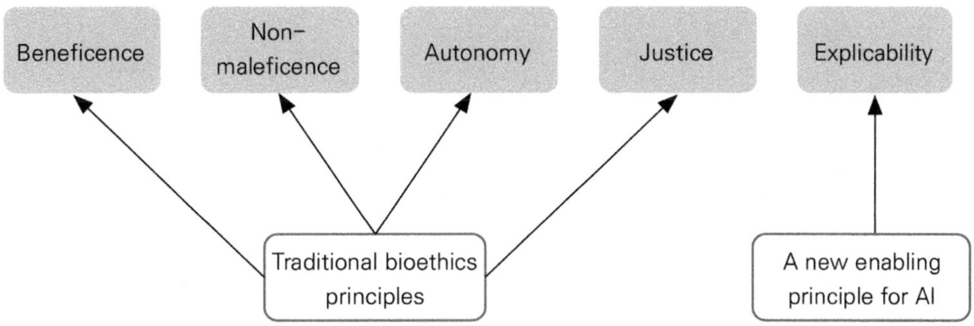

[그림 3] An ethical framework of th five overarching principles for AI which emerger from the analysis

플로리디와 카울스는 윤리적 AI를 위한 5가지 핵심 원칙을 생명윤리학에서 일반적으로 사용되는 핵심 원칙과 연관하여 설명하고, 추가적으로 '설명 가능성'의 원칙을 추가한다. 그리고 설명 가능성의 원칙은 인식론적 이해의 의미('어떻게 작동합니까?'라는 질문에 대한 대답으로 이해됨)와 윤리적 책임의 의미('어떻게 작동합니까?'라는 질문에 대한 대답으로 이해된다: '누가 책임져야 하는가')라는 질문에 대한 대답으로 이해된다(허유선 외, 2020). 대부분의 문헌에서 다루고 있는 핵심가치로는 인간성(Humanity), 프라이버시(Privacy), 책무성 혹은 해명책임(Accountability), 공정성(Fairness), 투명성(Transparency), 안전(Safety) 등이 주로 다루어지고 있으며 특히 책무성 혹은 해명책임, 프라이버시, 공정성은 전체 가이드라인의 80%에 가깝게 드러난다(Hagendorff, 2019).

(3) 메타버스윤리 원칙

인공지능윤리 원칙들이 넘쳐나는 홍수사회에서 대한민국 과학기술정보통신부는 2022년 "디지털 신뢰 사회 구현을 위한 메타버스 윤리원칙(안)"을 발표했다. 이것은 3대 지향 가치와 8개의 실행원칙으로 구성되어 있다.

► 메타버스 윤리원칙의 3대 지향가치

- 온전한 자아(Moral Identity and Integrity)
- 안전한 향유(Safe and Secure Enjoyment)
- 지속적 번영(Sustainable Prosperity)

► 메타버스 윤리원칙의 8대 실행원칙

- 진정성(Authenticity)
- 자율성(Autonomy)
- 데이터 보호(Data Protection)
- 공정과 형평(Fairness and Equality)
- 포용성(Inclusive)
- 호혜성(Reciprocity)
- 사생활 존중(Respect for Privacy)
- 책임성(Responsibility)

인공지능 윤리원칙을 제안한 것처럼, 메타버스 윤리원칙도 메타버스의 고유한 특징을 고려해 다섯 번째 원칙으로 '통합성'을 제안한다. 또한 2022년 "디지털 신뢰 사회 구현을 위한 메타버스 윤리원칙(안)"은 3대 지향가치인 온전한 자아(Moral Identity and Integrity), 안전한 향유(Safe and Secure Enjoyment), 지속적 번영(Sustainable Prosperity)은 생명의료윤리 4원칙인 '자율성, 악행 금지, 선행, 정의의 원칙'을 포함하고 있음이 예측 가능하다. '온전한 자아'는 '통합성, 자율성', '안전한 향유'에는 '악행 금지와 선행', '지속적인 번영'에는 '선행, 악행 금지, 정의의 원칙'이 관련성이 있다.

(4) 신경윤리 쟁점

신경윤리는 단지 새롭고 다양한 신경기술을 이해하는 데에 치중해서도 안 되며, 새롭게 생겨난 신경기술이 초래하는 문제들에 전통적인 윤리적 개념들을 단순히 적용하는 문제여서도 안될 것이다. 새로운 기술 및 변화를 이해하는 윤리적 논의가 되기 위해서는 신경기술에 대해 강한 거부감을 갖거나 새로운 기술에 막연한 기대감을 갖는 이원론적인 사고방식을 극복할 필요가 있다. 신경윤리는 그 기술이 지향해야 할 가치, 방향성, 그 정당화를 고민해야 해야 할 것이다.

모든 기술윤리는 각각이 개별적인 것이 아니다. 인공지능윤리이건, 신경윤리이든 앞으로 등장할 ○○윤리이든 모두 개별적인 윤리에 주목하기보다는 기존의 윤리 내에서 고민되어야 한다. 무엇보다도 사회가 윤리적이지 않은 토양에서 신경윤리만 따로 중뿔나게 윤리적일 수는 없다. 신경윤리가 현실 세계의 윤리의 맥락과 분리되어 '새로운 윤리'처럼 다루어져서는 안될 것이다. 이러한 맥락에서 신경윤리의 주요 쟁점 가운데 주요한 쟁점인 '자율성'을 신경윤리 내에서 논의하기보다는 윤리의 맥락에서 살펴보고자 한다.

4. 관련 신경윤리 쟁점: 자율성을 중심으로[4)]

자율성은 신경윤리학 문헌의 통상적인 주요 주제 중 하나이다. 수많은 신경윤리학 문헌들이 자율성에 관심을 기울이는 이유는 단적으로 자율성이 중요하기 때문이다. 적어도 자유롭고 민주적인 정치 및 사회 체제에서 살아가는 나를 비롯한 동시대인들에게 자율성이 중요한 무언가라는 사실은 부인하기 힘들다.[5)] 당연히, 이어질 물음은 자율성이 무엇이고 어떤 의미에서 중요하느냐는 것이며, 자율성 개념이 출현한 18세기 이래 이 물음에 대한 무수한 답변들이 제출되어 왔다. 다양한 갈래에서 나왔음에도 외견상 이 답변들 간에는 자율성 개념에 대한 대체적인 일치가 존재하는 듯하지만, 그 내용과 범위 그리고 강조점에 있어서는 미묘한 혹은 뚜렷한 불일치가 두드러지기도 한다. 자율성 개념을 둘러싼 불일치는, 저자들이 이런 지적 유산들을 이론적 배경으로 참조해 신경 과학 및 기술의 획기적인 발전이라는 맥락에서 자율성의 침해 또는 증진을 논의하고 있는 만큼, 신경윤리학 문헌들에서도 불가피하게 드러난다.

아래에서는 이제껏 제시된 몇몇 유력한 자율성 개념들을 검토함으로써 개념들 간의 불일치와 함께 그 본성을 이해하고, 신경윤리학 논의에서의 특히 치료와 대비되는 신경향상에 있어서의 그 의미를 탐색하기 위해 간략하게 고찰한다.

(1) 자유의지와 자율성

롤즈(John Rawls)는 자신의 작업의 "실천 가능한 하나의 목적은 민주적 제도를 위해 [시민들이] 수용할 수 있는 철학적, 도덕적 기반을 제공하고, 그리하여 자유와 평등의 요구를 어떻게 이해해야 하는지의 문제를 다루는 것"이라고 선언했다(존 롤즈, 2016). 이 선

4) 이 항은 "인지 향상과 두터운 자율성 개념의 필요성에 대한 예비고찰"(심지원)으로 한국인터넷윤리학회지에 게재된 논문임을 밝히고자 한다.

5) 자율성을 토대로 한 민주주의의 정당화에 대해서는 로버트 달, 조기제 옮김, 『민주주의와 그 비판자들』, 문학과지성사, 1999, 제6~7장을 참조.

언은 물론 롤즈가 정치철학의 역할을 규정하는 맥락에서 나왔지만, 실천 가능성을 전제로 한다는 점 그리고 그 실천이 민주적 제도라는 구체적인 실체를 배경으로 한다는 점에서 윤리학의 역할 규정으로 이해해도 무리가 없을 듯하다. 위에서 “적어도 자유롭고 민주적인 정치 및 사회 체제”라는 표현을 쓴 이유도 윤리학이 근원적으로 지니는 실천적 그리고 특히 간과하기 쉬운 구체적 관심을 시사하기 위해서였다.

윤리학의 역할과 목적을 규정하며 논의를 시작하는 이유는 자율성 개념이 역사적으로나 개념적으로 윤리학과 관심을 공유하는 실천적이면서 구체적인 개념이라는 점을 강조하기 위해서이다. 잘 알려졌듯, 역사적으로 자율성이라는 용어는 고대 그리스로부터 서양 근세에 이르기까지 자기지배(self-rule) 또는 자기규율(self-government)의 의미로서 국가가 주권을 가지는 영역 또는 영토에 대한 정치적 은유로 통용되어 왔다. 정치적인 의미로 사용되던 이 용어에 폭넓은 의미를 부여하고 “자율로서의 도덕이라는 개념을 발명”한 18세기의 인물이 바로 칸트이다(슈나윈드, 2018).

개념적으로는, 자율성이 종교와 형이상학의 주요 주제이자 신경윤리학 문헌들에도 빈번하게 언급되고 있는 자유의지와 구별된다는 점이 중요하다. 인간의 실존과 운명에 관한 포괄적인 견해로서 자유의지와 결정론 논쟁은 전통적인 종교적, 형이상학적 주제이지만, 서양 근대 이래 인간과 세계에 대한 지식의 확장과 심화는 이 주제에 독특한 현대적인 색채를 부여했고, 신경 과학과 기술의 발견들(예를 들어, 리벳 실험)도 여타 이론 과학 그리고 경험 과학의 증거와 더불어 강한 혹은 약한 결정론적인 함축을 지니는 것으로 이해되고 있다.

반면, 자율성은 자유롭고 민주적인 정치 및 사회 체제가 지향하고 그 체제가 구현하고 있는 가치이자 이념 그리고 토대로서, 그 진상이 규명되어야 할 성질의 것이 아니라는 점에서 자유의지와 구별된다. 대체로 자유롭고 민주적인 정치 및 사회 체제에 내재하고 있다고 이해되는 자율성 개념은 자유의지와 결정론에 관해 특정한 입장을 취하는 종교적 또는 형이상학적 교리를, 자유지상주의도 양립 가능론도 그리고 결정론도 전제하고 있지 않으며, 다양한 포괄적 신념체계에 의해 지지될 수 있도록 제도적으로 설계되고 시행되고 있다. 따라서 인간과 세계에 대한 과학적 지식의 축적에도 불구하고 자유의지와 결정론 논쟁이 당장 해결되리라고 전망하는 것은, 더욱이 조만간 신경 과학과 기술이 세계가 결정론적이라는 것을 증명하거나 반증할 수 있으리라고 기대하는 것은, 그리고 그 결론의 토대 위에 대안적인 정치 및 사회 체제를 세울 수 있으리라 가정하는 것은 온당하지 않을 것이다.

(2) 생명의료윤리에서 자율성 존중의 원칙[6)]

신경윤리학과 직·간접적으로 친연성이 있는 생명의료윤리 분야에서 1970년대 말 생명의료윤리의 4원칙 중 하나로 자율성 존중의 원칙이 천명된 이래, 자율성은 마땅히 존중되어야 할 가치로 확립되어 왔다. 이 원칙은 생명의료윤리 영역에서 의사와 환자 간의 그리고 연구자와 연구 대상자 간의 실무적인 관계를 규율하기 위해 제시되었지만, 기본적 자율성 개념의 표준을 정립하고 있다는 점에서 유용하다.

자율성 존중의 원칙에 따르면, "두 가지 조건이 자율성에 필수적"이다. "① 자유(liberty, 통제적 영향력으로부터의 독립)와 ② 행위능력(agency, 의도적 행위의 능력)"이다. ① 자유는 개인의 자유가 보장되는 객관적 조건이다. 생명의료윤리 4원칙의 제안자들이 명시하고 있지는 않지만, 이 객관적 조건은 자유롭고 민주적인 정치 및 사회 체제를 지시한다고 이해하는 것이 온당해 보인다. ② 행위능력은 행위자 개인의 주관적 조건이고 다시 ②는 '이성'과 '의지'로 구분할 수 있다.

세 가지 필수 조건이 충족될 경우, 자율성을 실제로 발휘하는 행위의 요건들도 이 조건들에 대응한다. 자율적인 행위는 i) 자발적 또는 의도적으로, ii) 충분한 정보와 이해를 지니고, 그리고 iii) 자신의 행위를 결정하는 통제적 영향력 없이 행위하는 의사능력 있는 선택이다. i)은 의지적 구성 요소, ii)는 인지적 또는 이성적 구성 요소, iii)은 자유의 구성 요소로 분석될 수 있다.

자율성 존중의 원칙은 자율적인 행위의 요건을 배경으로 좀 더 구체화된다. i)의 의지적 구성 요소와 ii)의 인지적 구성 요소는 다섯 가지 요소로 세분화되고 이 요소들은 자율성 존중의 원칙이 비중 있게 다루는 충분한 정보에 의한 동의(informed consent)의 절차를 구성한다. "① 의사결정 능력, ② 정보공개, ③ 이해, ④ 자발성, ⑤ 동의"이다. iii)의 자유의 구성 요소 중 영향력은 강압(coercion), 설득(persuasion), 조종 또는 조작(manipulation)으로 세분화되고, 이 중 이성에 호소하는 설득 형식의 영향력만이 통제적 영향력이라는 혐의로부터 일정하게 자유로운 것으로 규정된다.

생명의료 분야에서 제시한 자율성 존중의 원칙이 지니는 장점은 명백하다. 이 원칙이 서술하는 자율성 개념은 기본적인 것이며, 자율성의 조건으로부터 자율적인 행위의

---

6) 이 항은 탐 비첨·제임스 췰드리스, 박찬구 외 옮김, 『생명의료윤리의 원칙들』, 이화여자대학교 생명의료법연구소, 2014, 제4장에 관한 분석이다.

요건을 경유해 충분한 정보에 의한 동의라는 자율성 존중의 실제에 이르는 논리적이고 분석적인 과정이 간결하고 명료하게 드러나 있다. 자율성이 그 조건과 요건에 대한 신중한 이해를 바탕으로 구체적인 절차와 형식을 통해 구현되어야 할 가치와 이념이라는 점을 환기시켜 준다는 것도 언급해 둘 가치가 있다.

반면, 이 자율성 개념이 지니는 한계 또한 장점만큼이나 분명하다. 생명의료윤리 분야의 실무적 관계를 규율하기 위해 제안된 탓에 이 원칙이 관심을 갖는 대상이 충분한 정보에 의한 동의로 협소하게 제한되어 있어, 자율성을 선택의 자유나 자기 결정(self-determinastion)으로 부당하게 환원시키고 있는 듯 보이기 때문이다. 선택의 자유나 자기 결정으로 축소된 자율성 개념은 기본적인 동시에 최소주의적인 것으로서, 이 최소주의적 개념에는 자율성의 풍부한 함축이 온전히 드러나지 않는다는 인상을 지울 수 없다(최경석, 2011).

(3) 근원적인 이념과 가치로서의 자율성

1) 고차원적 이익과 가치 다원주의

파인버그(Joel Feinberg)는 정치 및 도덕 철학에서의 자율성 개념에는 적어도 네 가지 다른 의미가, 즉 자기 지배의 능력, 자기 규율의 실제적 조건, 인격적 이상, 그리고 자신에 대한 주권을 표현하는 일군의 권리라는 의미가 있다고 주장했다(Feinberg, 1989). 생명의료윤리 4원칙의 저자들이 서술한, 선택의 자유나 자기 결정으로서의 기본적 자율성은 이 중 자신에 대한 주권을 표현하는 권리의 차원을 강조한 것이다. 하지만 롤즈는 자기 결정을 단순한 선택의 자유보다 폭넓게 이해하고 자기 결정의 이익을 고차원적 이익이라고 부른다(앨런 뷰캐넌 외, 2017).

롤즈에 따르면, 자기 결정은 다음과 같은 두 단계로 이루어진다. 첫째, 좋음 혹은 가치에 대한 자기 관점을 형성하는 비판적이고 성찰적인 과정을 거친다. 둘째, 좋음 혹은 가치에 대한 자기 관점을 구체적으로 실현하기 위해 목표를 설정하고 행위한다. 이 두 단계에서, 좋음 혹은 가치에 대한 자기 관점을 형성하고 또 실현하고자 하는 노력으로부터 얻는 이익이 자기 결정의 이익으로서, 이 이익은 좋음 혹은 가치를 매기는 주체가 됨으로써 그리고 자기 인생을 주체적으로 끌어감으로써 얻는 이익이다. 이 이익은 두 단계로 이루어지는 자기 결정 이후 수단적으로 설정된 특정한 가치나 목표보다 고차원적인 중요성을 지닌다. 자기 결정적인 존재라는 것 또는 자기 결정적인 존재가 되어가는 것은 인격성의 중심적인 요소이며, 그런 의미에서 자기 결정은 적어도 자유롭고 민주적인 정치 및 사회 체제에서 시민 개인이 경험하는 근원적인 욕구의 차원을 가리키고 있다.

자기 결정의 맥락에서의 자율성이 근원적인 욕구의 대상이라면, 좋은 삶이란 자율적인 삶이어야 한다. 하지만 자율성은 가치 있는, 실제로는 그렇지 않은데 단지 가치 있다고 믿는 것이 아닌 목표들, 삶의 방식들 그리고 이상들을 추구할 때만 가치 있는 것이다. 그렇다면, 래즈에 따르면, 자율성은 가치 다원주의를 수반한다. 가치 있는 목표들, 삶의 방식들 그리고 이상들이 단 하나에 불과하거나 극도로 제한되어 있다면 자율성은 공허한 개념이 되고 말기 때문이다. 자율성은 가치 있는 다원적인 선택지들이 풍요롭게 확보될 경우에만 가치가 있는 것이다. "자율성은 다양한 집합적 좋음이 확보될 수 있을 때에만 가능하다. 이런 혹은 저런 종류의 가정을 이루거나, 우정을 쌓거나, 여러 가지 기능과 전문성과 직업을 추구하거나, 소설과 시와 예술을 즐기거나, 다양한 공통의 여가 활동에 참가할 기회, 이런 것들은 이들을 가능하게 하고 가치 있게 하는 적절한 공통의 문화를 요한다"(스테판 뮬홀 외, 2018).

2) 도덕적 평등으로서의 자율성[7)]

생명의료윤리의 자율성 개념이 최소주의적이라면, 자율성의 풍부한 의미를 간직하고 있는 그 맞은편의 최대주의적 극단에는 칸트의 자율성 개념이 자리잡고 있다. 칸트에게 자율성은 단적으로 "스스로 규범을 정하고 그 규범에 종속함"을 뜻하며 "자기기획, 자기결정, 자기입법, 자기지배력"을 그 요소로 삼고 있다(백종현, 2019). 두 가지 측면에서 칸트(Immanuel Kant)의 자율성 개념은 자기결정을 핵심 요소로 하는 최소주의적 자율성 개념에 대조된다.

첫째, 앞서 칸트가 자율로서의 도덕을 발명했다고 표현했듯, 칸트의 자율성 개념은 도덕적인 것이고, 칸트는 자연법 학자들의 전통과 문제의식을 이어받아 이성에 의해 당대의 종교적, 정치·사회적 갈등과 대립을 해결할 법칙을 수립하는 것을 도덕의 최우선적인 과제로 간주했다. 이성은 정언명령의 정식을 통해 자율적으로 "스스로 규범을 정하고 그 규범에 종속"한다. 이 규범은 법칙으로서 법칙이기에 누구에게나 타당한 보편성과 무조건적으로 타당한 필연성을 지닌다.

둘째는 칸트의 자율성 개념이 내포하고 있는 도덕적 평등의 관념이다. 칸트가 생존한 당대는 18세기 말로서 계몽의 물결이 전 유럽을 휩쓸던 시대였다. 계몽사상가로서 칸

---

7) 이 항은 제롬 B. 슈니윈드, 김성호 옮김, 『근대 도덕철학의 역사: 자율의 발명 3』, 나남, 2018. 31~33면. 22~23장을 참조했다.

트는 루소(Jean-Jacques Rousseau)로부터 결정적인 감화를 받았다. 루소가 준 영향은 일반인의 도덕적 지위를 존중해야 한다는 믿음이다. 칸트는 말한다. "우리는 젊은이들에게 논리적 근거에서뿐만 아니라 도덕적 근거에서도 일반인들의 지성을 존중하는 법을 가르쳐야 한다." "불평등에 대한 믿음이 사람을 불평등하게 만든다. 오직 루소의 가르침만이 자신의 지식을 자랑하나, 가장 학식이 높다는 철학자조차도 종교의 도움이 없이는 일반인보다 더 나은 주장을 펴지 못한다는 사실을 드러낸다." "나 자신은 학자의 성향을 타고났다. 나는 지식과 진기한 것에 대한 강한 목마름을 느껴 쉬지 않고 더 멀리 나아가려 했으며 또한 내가 얻은 모든 것에 만족했다. 한때 오직 이렇게 함으로써만 인간성을 존중할 수 있다고 믿었던 시절이 있었으며 나는 무지한 하층의 사람들을 경멸했다. 그런데 루소가 나에게 올바른 길을 깨우쳐 주었다. 이런 겉치레의 우월감은 사라지고 인간을 존중하는 법을 배웠으며, 이런 내용을 다른 모든 사람에게 알려 인간의 권리를 회복하는 일의 가치를 믿지 않는다면, 나 자신이 평범한 노동자보다도 더 쓸모없다는 사실을 깨달았다."

루소로부터 감화를 받은 이래 칸트는 일반인의 도덕적 능력에 대한 신념을 유지했으며, 모든 평범한 개인들이 스스로 도덕이 요구하는 바를 파악하고, 위협이나 보상 없이도 그 요구에 따라 행위하도록 스스로를 인도하는 능력을 동등하게 지닌다는 이 신념을 도덕적 자율성 개념으로 승격시켰다. 복종으로서의 도덕이라는 낡은 관념이 사라져 가던 시대에 칸트는 신이, 국가가 또는 교회가, 아니면 지식인이 독점하던 도덕적 명령의 권위를 모든 평범한 개인들에게 귀속시켰고, 칸트로부터 유래한 도덕적 자율성 개념은 이후 자유롭고 민주적인 정치 및 사회 체제의 형성과 발전을 지탱하는 사상적 초석으로 자리 잡고 있다.

3) 신경 향상과 자율성

자율성 개념의 정치-도덕적 성격을 밝히고, 생명의료윤리에서의 기본적 자율성 개념에, 고차원적 이익과 가치 다원주의 그리고 칸트의 도덕적 평등 개념을 덧붙여 자율성 개념의 본성과 의미가 지니는 여러 차원에 대해 살펴보았다. 이제, 신경 향상에 관한 윤리적 논의에서 두터운 또는 강한 자율성 개념이 윤리적 고려사항으로 유의미한 역할을 할 수 있을지, 트랜스 휴머니스트로 알려진 센텐시아(Wrye Sententia)가 인지 향상을 옹호하며 제시한 인지적 자유(cognitive liberty) 개념을 검토하며 간략하게 살펴보겠다.

인지적 자유 개념에 주목하는 이유는 인지 향상의 근거가 바로 자율성이기 때문이다. 센텐시아에 따르면, "인지적 자유는 독립적으로 사고하고 자기 정신의 전체 스펙트럼을 사용할, 그리고 자신의 뇌 화학에 대해 자율성을 가질 모든 인간의 기본적인 권리"로서 약리학적 유형의 인지 향상을 넘어서 "인지적 자유는 인지 기능을 모니터하고 조작하는, 현재 우리가 가지고 있고 점점 더 가지게 될 힘을 고려하여 '사고의 자유' 개념을 21세기에 맞게 업데이트한 용어이다"(예를 들어, 고도화된 BCI). 법적, 윤리적 개념인 "인지적 자유는 자신의 사고 과정과 필요에 따라 전기 화학적 뇌 상태를 보호하는 윤리와 합법성에 관한 것"으로서 "기업이나 정부의 이익이 아닌 개인이 자신의 뇌 상태와 정신 과정의 통제 및/또는 조절에 대한 단독 관할권을 가져야 한다"(Sententia, 2004).

인지적 자유의 두 가지 기본 원칙은 다음과 같다.

① 자신의 행동이 다른 사람을 위험에 빠뜨리지 않는 한, 개인이 자신의 의지에 반해 뇌와 직접 상호작용하는 기술을 사용하거나 특정 정신활성약물을 복용하도록 강요되어서는 안 된다.
② 다른 사람들에게 해를 끼치는 행동에 관여하지 않는 한, 정신을 향상시키는 새로운 약물과 기술을 사용하는 것이 금지되거나 범죄로 처벌되어서는 안 된다.

센텐시아는 자율성을 근거로 인지적 자유를 옹호했지만, 비판자들은 오히려 생명의료윤리에서 제시한 자율성 존중의 원칙에 근거해 인지적 자유를 비판해 왔다. 대강의 요지는, 첫째, 현 시점에서 인지 향상의 효과와 부작용에 대한 충분한 정보에 기반하여 자신의 전기화학적 뇌 상태를 통제하는 것이 과연 가능할 것인지에 대해서 의문이며, 둘째는 인지 향상의 유인을 지닌 특정 집단에 대한 직·간접적인 사회적 강압으로 인해 자율성의 실질적인 침해가 발생하고 있고 예상된다는 점에서, 인지 향상 의사의 결정에 있어서 충분한 정보에 의한 동의가 어렵다는 것이다. 비판자들은 오히려 생명의료윤리에서 제시한 자율성 존중의 원칙에 근거해 인지적 자유를 비판하고 있는 셈인데, 기술적 발전으로 인지 향상 수단의 안전성과 효과성이 획기적으로 개선될 가능성을 배제할 수 없다면 이 비판들은 그 타당성을 상당 부분 상실하는 듯 보인다.

반면, 의사 결정 절차와 형식에 의존하지 않는 두터운 또는 강한 자율성 개념은 기술적 발전의 가능성과 무관하게 인지적 자유에 대한 비판과 성찰의 토대를 다음과 같이 제공할 수 있다. ① 자기 결정으로서의 자율성의 고차원적 이익과 가치 다원주의: 인지 향상 수단의 안전성과 효과성이 획기적으로 개선되는 기술적 단계에는 사회적 동조화로 인한 가치의 획일화가 가속화되어 좋음 혹은 가치의 자기 관점을 형성하고 실현하는 이익이 극도로 위축될 가능성이 있다. ② 도덕적 평등으로서의 자율성: 인지 향상을 수단으로 개인들이 경쟁에 몰두해 획일화된 가치를 추구하는 세계에서 자기 외의 구성원들은 수단 아닌 목적으로 표상되므로 도덕적 평등의 관념이 지탱하는 자유롭고 민주적인 정치 및 사회 체제는 형해화될 가능성이 있다.

Ⅲ. 뇌심부자극술, 뇌-기계/컴퓨터 연결과 신경윤리

1. 뇌심부자극술(DBS)

뇌심부자극술(Deep Brain Stimulation: DBS)은 미세한 전극을 우리의 뇌의 깊은 곳에 위치시켜 구조물에 전기자극을 주어 신경섬유를 활성화하여 신경을 조절하고자 하는 방법이다. 이와 같이 뇌 심부를 자극하기 위한 기기를 우리 신체에 부착시키는 방법은 우리 머리의 두개골에 구멍을 뚫고 뇌를 감싸고 있는 경막을 자른 이후 원하는 위치까지 전극을 밀어 넣어 위치시킨다. 또한 이와 같은 이식된 전극을 작동시키기 위한 배터리(자극기) 이식을 위해 쇄골 아래로 넣어 위치시킨 후 봉합하는 외과적 수술이 필요하다(백선하 외, 2013). 뇌심부자극술은 1997년 본태성 진전(essential tremor)에 대한 승인 이후 2002년 파킨슨병(Parkinson's disease), 2003년 근긴장이상증, 2009년 강박장애에 대한 미국 식약처(FDA)의 승인을 받아 운동이상의 증상 개선을 위해 활용되어 왔다. 이는 특히 현재까지 약물내성이 있는 파킨슨병 환자에게 최선의 대안으로 고려되고 있으며 우울증, 뚜렛증후군, 중독 등 정신이상의 치료에도 활용하고자 연구와 치료가 수행되고 있다(Miocinovi 외, 2013; Graat 외, 2017).

뇌심부자극술의 활용은 주로 치료를 위해 연구, 사용되고 있다. 뇌심부자극술의 향상을 위한 활용은 찾기 쉽지 않은데, 이는 뇌심부자극술을 통한 향상을 위해 필요한 외과수술적 개입의 위험과 부작용, 기계 이식에 따라 발생할 수 있는 문제, 신경활성을 위한 전기자극을 할 때에 그 자극이 초래하는 기전이 명확하게 밝혀지지 않은 점, 이와 같은 맥락에서 뇌의 구조물과 작동방식에 대한 충분하지 않은 이해에 따라 전기 자극시 발생할 수 있는 다른 부수효과를 예측하기 어려운 점 등이 있기 때문이다(윤준식 외, 2022).

2. 뇌-기계/컴퓨터 인터페이스

뇌-기계/컴퓨터 연결이 치료에서 사용되는 사례는 뇌에 신호를 읽어 이를 활용하여 다른 기기와 연결하여 목적하는 결과를 성취하는 것으로, 주로 뇌의 신호를 읽어 외부의 기기를 조작하거나 그 내용을 출력하는 방식이 있다. 뇌에 직접 칩을 부착하는 외과적 시술을 통해 그 칩으로부터 신호를 받아 신호를 해석, 처리하여 외부의 기기를 동작하여 물건을 잡아 올리는 것과 같이 운동기능의 기계적 현실화, 또는 특정 질환에 따라 의사소통이 어려운 경우 뇌파를 측정하여 이를 처리·활용하여 특정 문자, 단위로 출력하게 하는 방식의 내용들이 비교적 잘 알려진 치료의 방식이다.

뇌-기계/컴퓨터 연결 역시 뇌심부자극술과 마찬가지로 우리 인간의 핵심적인 능력과 역량의 저하에 대한 치료를 위해 사용되어 왔다. 뇌의 신호를 활용하기 위한 뇌-기계 연결(Brain-Machine Interface) 또는 뇌-컴퓨터 연결(Brain Computer Interface) 역시 기기와 상호작용하는 자신에 대한 인식을 변화시킬 수 있으며, 나아가 기기와 함께 살아가는 자신의 삶의 방식과 의미를 갖게 할 수 있다.

뇌-기계/컴퓨터 연결은 최근 엘론 머스크(Elon Musk)가 창업한 뉴럴링크(Neuralink) 회사의 시도로 주목을 받게 되었다. 뇌-기계/컴퓨터 연결을 위한 치료는 싱크론(Synchron)과 같은 회사의 기기를 통해 상대적으로 별도 수술 없이 적은 침습적인 방법으로 중증 마비 환자를 위한 뇌-컴퓨터 연결을 통한 기기 조작의 안정성과 유의미한 결과를 도출하기도 하였다(Mitchell 외, 2022). 뉴럴링크도 2023년 미국 식약처(FDA)의 임상시험 승인을 받아 지원자를 모집하고 있으며, 이와 같은 추가 승인과 함께 향후 기술 발전을 통해 이전까지 치료가 어려웠던 질병을 가진 환자들의 삶의 개선을 위한 활용이 가속화될 것으로 예상된다.

3. 관련 신경윤리 쟁점

(1) 안전성의 문제

DBS를 치료 목적으로 사용하는 경우 침습적 시술로 심각한 위험을 동반할 수 있다. 뇌에 전극을 삽입할 때, 뇌 안의 출혈 감염, 마취 관련 합병증이 발생할 수 있다. 또한, DBS 시스템의 기능이상이나 고장으로 인해 하나 이상의 부품 교체가 필요할 수도 있다. 삽입형 펄스 발생기 교체를 위한 경미한 수술도 반복적으로 필요하다(최민영, 2022). 파킨슨병을 치료하는 목적으로 DBS를 하는 경우 비만 혹은 대사이상의 부작용이 발생할 수 있으며 언어장애, 지각이상, 감각장애, 우울증과 조증, 불안증, 무감동증, 환각 등의 신경심리학적, 신경정신학적 부작용이 발생할 수 있다. 이에 따라서 우울증과 같은 정신장애 증상이 있는 환자들에게 DBS를 적용할 때에는 특별한 주의가 필요하다.

BMI, BCI 기술을 이용한 기기의 상용화로 인한 장기적 부작용은 아직 검증할 수 없는 단계이나 향후 발생할 기술적, 법률적 문제에 대한 사전 검토와 논의가 미흡한 현실이다. 그렇다고 해서 무작정 규제 중심의 제도 마련으로 뇌과학의 발전과 무한한 확장성을 저해할 수도 없는 현실이다.

〈표 3-1〉 BCI, BMI 확산에 따른 윤리적 쟁점

분 야	주요 내용
의료수술	인간 뇌를 대상으로 외과적 수술과 전기장치의 삽입은 세균 감염, 합병증 유발 등 위험성이 있으며 의사, 연구자의 판단 오류로 대상자는 영구적이며, 치명적인 뇌 손상 유발 가능성
장비운용	뇌 임플란트를 비롯한 뇌파, 뇌영상 장비의 고장으로 인해 인간의 뇌에 미치는 부작용과 이에 대한 안전성 담보 여부 사용자와 피사용자 간의 사전 교육 및 상호 소통이 매우 중요하나, 정보의 비대칭성으로 인한 관리의 한계성
개인정보	BCI를 통해 확보된 개인 고유 뇌파정보의 수집, 저장, 운영에 있어서 피사용자의 의지와 관계없이 정보의 임의적 추출과 유출 가능성 또한 사용자는 피사용자의 뇌파 측정을 통한 마음 읽기를 통한 악용사례 우려
사이버 마약[8)]	뉴로피드백(Neurofeedback)으로 인위적 뇌파 조절로 환각상태 유발 등 '사이버 마약' 기능과 이로 뇌 기능이상과 손상의 위험성
경제적 격차	BCI 기능 향상으로 휴먼증강(Human Enhancement) 목적 시술의 보험 적용 여부, 빈곤층과 장애인 등 소외계층을 제외한 부유층만을 대상으로 하는 기술 개발과 적용 우려
인격과 인권	인간의 손으로 만들어진 기계적 유기체인 사이보그(Cyborg)는 인간과 기계의 경계를 명확하게 구분 짓기 어려운 문제로 트랜스 휴먼에 대한 인권 유무와 인격권 부여 논란

(공창진, 2009)

8) 사이버 마약과 관련하여 대표적인 예로는 2009년 세계적으로 큰 문제가 되었던 아이도저(I-Doser)가 있다. 아이도저는 알파(A)파, 베타(B)파 등 각 주파수의 특성을 이용해 인위적인 뇌파 조절로 실제 약물(마약류, 청소년유해약물류)을 흡입·복용한 것 같은 효과를 낸다고 주장하는 Mp3 형태의 뇌파 조절 상품으로 당시 정부 차원의 강력한 대처가 있기도 하였다(보건복지부, "사이버 마약 '아이도저' 국내 유입차단 추진", 2009. 3. 6).

(2) 향상의 문제

신경과학기술은 다양한 방법으로 우리의 능력이나 역량을 향상시킬 수 있다. 앞서 살펴보았던 것과 같이 의료에서 사용하는 방법으로, ① 메틸페니데이트와 같은 약물을 사용하여 주의집중력을 개선하는 약물적 개입, ② 기기나 보철물을 활용하여 우리의 신경계에 직접적으로 전기자극[뇌심부자극술(Deep Brain Stimulation: DBS), 경두개자기자극술(Transcranial Magnetic Stimulation), 경두개직류전기자극(Transcranial Direct Current Stimulation: TDCS) 등]과 같은 향상 방법, ③ 우리의 신경신호를 활용, 해석하여 의사소통을 하거나 다른 기계를 움직이고, 감각을 느끼게 하는 방식의 강화인 뇌-기계 연결(Brain-Machine Interface: BMI) 또는 뇌-컴퓨터 연결(Brain-Computer Interface: BCI)의 향상 방법이 있다.

신경윤리의 쟁점들 중 '향상'[9]의 문제는 우리 인간의, 인간으로서 핵심적인 역량에 대해 개입하여 이를 수정, 향상 또는 강화시키는 것을 의미한다. 인간으로서 핵심적인 역량에 대한 향상의 대상으로는 우리의 인지능력, 기억능력, 학습과 관련된 능력 등 현재 우리가 생각하는 인간의 일반적인 수준보다 더 나은 능력을 발휘하게 만드는 것을 의미한다(남승민 외, 2022). 이러한 향상의 쟁점은 신경과학기술의 활용을 통해 가능하게 된—또는 가까운 미래에 가능할 수 있는—우리 인간의 핵심적인 역량에 개입하여 수정, 향상, 강화하는 방법과 그 내용에 대한 문제에 주목한다. 아울러 신경과학기술을 활용하여 우리의 능력을 향상시키고자 하는 데 있어 그 개입 방식의 차이는 우리가 이와 같은 기술을 활용하고자 할 때 고려해야만 하는 내용들을 언급한다. 이 고려사항은 기존에 우리가 충분히 고려하지 못한 새로운 기술의 활용과 그 영향에 대한 것이다.

'향상'은 이전의 우리 인간의 발전과 개선의 노력과 밀접하게 닿아 있다. 즉 우리 인간이 자신의 삶을 더 나은 삶으로 만들기 위해, 그리고 그 나은 삶을 위해 필요한 능력과 역량을 개선하는 것 자체에 대해서 심각한 윤리적 우려가 있다고 생각하기 어렵다. 무엇보다 인간은, 그리고 지금의 현대의 우리의 삶의 모습은 이를 적극 권장하고 촉진하고자 하는 노력들을 쉽게 발견할 수 있다. 그렇다면 신경윤리에서 신경과학기술을 이용한 '향상'의 문제는 어떤 문제를 갖기에 이에 대해 숙고하고 검토해야 하는 문제가 될 수 있는가? 이는 신경과학기술을 통해 우리가 인간의 핵심적인 역량에 대한 개입이 보다 효과적—정확성, 범위, 지속성—인 방법을 갖게 됨과 동시에 이전까지는 크게 고려하

9) 여기서 '향상'이란 enhancement를 번역한 것이며, 여러 문헌에 따라 '강화', '증강', '향상', '개량' 등으로 번역하여 사용하고 있으나, 이 글 맥락의 통일성을 위해 향상으로 통일하여 사용한다.

지 않았던 인간의 핵심적인 역량에 대한 '기준선'의 변화를 초래할 수 있으며, 이와 같은 변화가 인간에 대한 이해와 사회적으로 중요한 가치들에 대한 도전과 변화를 촉구하기 때문이다.

위에서 언급한 두 가지 예를 통해 신경윤리의 향상에 대해 접근해보는 것이 도움이 될 수 있겠다. 먼저 현재 우리 사회의 교육방식을 생각해보자. 아직까지 많은 수의 학생들은 전통적인 교육방법을 통해 성장하고 있다. 교육기관인 학교, 교육을 제공하고 진행·촉진하고 도움을 주는 교사, 교육을 받고자 하는 피교육자가 주체가 되며(관점에 따라 다르게 그리고 더 나은 정의가 있겠지만), 그 안에서 성취하고자 하는 목표에 따라 적절한 교수방법과 내용이 있게 될 것이다. 그리고 이 과정을 통해 인간의 핵심적인 능력과 역량이 길러지고 개선된다. 즉 향상된다고 말할 수 있다. 신경과학기술을 통한 향상은 이와 같은 방법의 향상과는 다소 다르다. 우리가 개선하고자 하는 어떤 '능력' 또는 '역량'에 초점을 두고 이에 개입하고자 한다. 우리가 무엇에 대해 빠르게 반응하고 인지하게 하는 능력이거나, 오랜 기간 어떤 내용을 기억하게 할 수 있는 능력과 같은 부분이 이에 해당한다. 교육에서는 우리 인간이 더 나은 삶을 향유하고자 하는 바, 더 나은 삶을 위해 익히고 수행하는 내용들을 위해 우리의 이와 같은 능력과 역량을 함께 개선해 나가고 있었지만, 신경과학기술을 활용한다면 이와 같은 부분이 반드시 함께 갈 필요는 없이 필요한 능력에 대해 개입하여 그 능력과 역량을 '향상'할 수 있게 된다. 다소 비유적으로 이를 교육의 내용과 형식으로 생각하여 분류할 수 있다면, 기존 교육은 교육의 내용과 형식 모두를 향상하기 위한 방법이 있다면, 지금 이야기하고 있는 기억능력이나 빠른 인식능력과 같은 부분에 대해 신경과학기술을 통해 개선하고자 하는 경우 이는 보다 내용과 다른, 그 내용을 숙지하고 이행하게 만드는 바탕인 형식의 향상에 주목하고 있다는 점이다. 또한 이와 같은 신경과학기술을 통한 향상은 기존의 교육방식으로는 개선하기 어려웠던 부분에 개입하여 이를 향상시킬 수 있다는 점에서 그 차이가 있을 수 있다.

신경과학기술을 통한 향상의 문제를 의료에서 수행하는 치료와 비교하여 이해해 볼 수 있다. 의료는 우리의 특정한 좋지 않은 상태를 개선시키기 위한 일들을 수행한다. 이와 같은 우리의 특정한 좋지 않은 상태를 본래의 상태로 고치는 것으로 이해한다면, 특정한 상태에서 더 나은 상태로의 개선이나 '향상'으로 이해할 수 있다. 현재 우리는 신경과학기술을 통해 의료에서의 '치료'를 수행하고 있다. 여러 약물과 수술적, 비침습적/침습적 방법을 통해 우리의 특정하게 좋지 않은 상태를 개선해 나가고 있기 때문이다. 의료의 치료와 신경윤리에서의 '향상'은 이 점에서 차이를 갖는다. 이는 어떤 상태를 개선한다는 점에서 같지만, 특정한 좋지 않은 상태를 본래 상태로 돌아오게 고치는 '치료'와 특정한 좋지 않은 상태라는 조건 없이 우리의 능력과 역량을 개선한다는 점이 다르기 때문이다.

신경과학기술을 통한 향상의 문제는 기존에 교육과 의료에서 진행되고 있던 우리 삶의 개선 방식과 그 방향은 다르지 않다. 그러나 기존의 방식으로 개선하기 어렵거나 가능하지 않았던 방식으로 우리 인간의 핵심적인 능력이나 역량을 개선하고자 하거나, 특정하게 저하된 기능이 아닌 일반적인 또는 정상의 상태에서 더 나은 능력이나 역량 확보를 위해 개입한다는 점에서 차이가 있다.

(3) 관련 신경윤리 쟁점

1) 뇌심부자극술(DBS)을 통한 향상과 쟁점

뇌심부자극술의 활용은 주로 치료를 위해 연구, 사용되고 있다. 뇌심부자극술의 향상을 위한 활용은 찾기 쉽지 않은데, 이는 뇌심부자극술을 통한 향상을 위해 필요한 외과수술적 개입의 위험과 부작용, 기계 이식에 따라 발생할 수 있는 문제, 신경활성을 위한 전기자극을 할 때에 그 자극이 초래하는 기전이 명확하게 밝혀지지 않은 점, 이와 같은 맥락에서 뇌의 구조물과 작동방식에 대한 충분하지 않은 이해에 따라 전기 자극시 발생할 수 있는 다른 부수효과를 예측하기 어려운 점 등이 있기 때문이다(윤준식 외, 2022).

하지만 뇌심부자극술 방법을 통한 향상에 대한 기대는 충분히 가능하다. 여전히 여러 질병에 대한 증상 개선과 치료를 위해 활용하고 있다는 점에서 상대적으로 안전한 수술방식과 기기를 확보하고 있으며, 이에 대한 성능 개선이 이루어지고 있기 때문이다. 그럼에도 이와 같은 뇌심부자극술을 통한 '향상'이 가능하기 위해서는 수술방법 및 기기에 대한 성능 개선만이 아니라, 뇌와 신경계에 대해 지금보다 더 정확한 작동방식에 대한 이해와 영향 예측을 통해 특정 기능을 치료가 아닌 '향상'의 범위에서 논의될 수 있는 결과가 실험과 연구를 통해 사전적으로 확보되어야 할 것이다.

비록 뇌심부자극술을 활용한 향상의 결과가 찾기 어렵지만, 지금까지 치료를 통해 논의되고 있는 뇌심부자극술의 신경윤리의 쟁점은 단지 신경과학기술을 이용한 향상에서 우리의 능력이나 역량에 대한 바람뿐만 아니라 어떤 신경과학기술을 활용하여 향상하는가란 '방법'에서 고려해야 하는 부분도 함께 고려하기 때문이다. 특히 뇌심부자극술의 경우는 뇌의 심층부에 전극을 위치시켜 전기자극을 발생시킴으로 개입하게 되는데, 이때 뇌심부자극술을 받는 사람 — 환자 — 의 경우 이와 같은 자극을 통해 자신의 신체적,

정신적 부분에 대한 증상을 개선을 경험한다. 이 개선은 자기 자신에 대한 인식에 변화를 초래할 수 있으며, 이는 자기정체성에 대한 영향을 미치는 것으로 고려되기도 한다. 일례로 이와 같은 정체성의 영향의 경우 시간이 지나면 자신이 어떻게 변해가는지에 대한 서사적 정체성과 자기 인식에 대한 부분과 함께 증상 조절을 위해 뇌심부자극술을 받는 동안 이전과는 다른 자신의 반응, 모습을 우려하기도 하며, 또는 지금의 자신이 진정한 자신이라고 생각하기도 하는 새로운 평가도 함께 포함한다(Bluhm 외, 2020; Baylis 외, 2013).[10] 학자들은 이와 같은 자기변화의 종류에 대해 신체 이미지가 변화하는 것, 스스로가 이전과 다르다고 느끼는 것으로서의 자기소외, 자기 스스로의 활동력을 잃어버리는 것, 수술 이후 변화된 자신에 대한 인식, 질병이 나아지지 않고 수술 이후 이전과 같은 수준과 모습의 삶을 살 수 없다는 점에서의 무력한 감각을 느끼는 것, 수술 이후 증상의 호전으로 자신의 일부라고 느껴왔던 무엇이 바뀌는 것에 대한 공허함으로 나누어 보고하기도 한다(Dings 외, 2016).

한편 이와 같은 정체성의 변화는 환자의 자기인식의 변화에 대한 자기평가에 한정되는 것은 아니다. 뇌심부자극술을 통한 자기정체성의 변화는 환자의 보호자 또는 주변 사람의 평가에 따라 변화가 보고되기도 한다. 일례로 톰슨과 그 동료들은 질병치료를 위해 뇌심부자극술을 받은 환자의 가족이나 돌봄을 제공하는 사람들을 인터뷰하여 뇌심부자극술을 받은 환자의 인격변화의 현상에 대해 환자는 스스로 달라진 것이 없고 정상이라고 생각하지만, 보호자 또는 돌봄 제공자의 경우 환자가 뇌심부자극술을 위한 수술 이후 충동적인 행동이나 이해하기 어려운 행동을 보이기도 하였다고 보고한다(Thomson 외, 2020). 또한 이와 같은 평가는 환자에 대한 의료진의 평가에서도 발견된다. 의료진은 뇌심부자극술 이후 환자들의 변화에 대해 다소 덜 억제되거나, 더 과민해지거나, 이전보다 보다 공격적이고 폭력적인 성향을 보이거나, 더 충동적이 되거나, 기분 상태가 좋아지지 않는 등과 같은 변화가 있다고 보고하고 있다(Thomson 외, 2021). 물론 우리의 신체기능을 조절하기 위한 인공심장박동기와 같은 기기 이식은 이전에도 있어 왔다. 그러나 뇌에 직접적인 전기자극을 통해 감정이나 태도, 자신의 의지에 따른 신체 활동 조절 능력의 변화는 그것과는 다른 인식을 제공하는 것으로 보인다. 질병 치료를 목적으로 뇌에 기기를 이식하였지만, 그 기기를 통해서 자신의 활동과 때로는 자기 자신의 성격과 태도를 조절, 변

10) 해당 주석에 언급된 내용 외에도 여러 철학자, 윤리학자의 이론적 논의와 함께 실증 자료들을 수집 분석하는 경험적 방법을 활용한 연구들이 진행 중에 있다.

화하게 하고 더 나아가 주변의 평가도 변화하게 함으로써 다른 의미에서 기계와 자신이 함께 살아가는 방식을 새롭게 보여주고 있다.

2) 뇌-기계/컴퓨터 연결을 통한 향상과 쟁점

우리 뇌의 신호를 활용하기 위한 뇌-기계 연결(Brain-Machine Interface) 또는 뇌-컴퓨터 연결(Brain-Computer Interface) 역시 기기와 상호작용하는 자신에 대한 인식을 변화시킬 수 있으며, 나아가 기기와 함께 살아가는 자신의 삶의 방식과 의미를 갖게 할 수 있다.

뇌-기계/컴퓨터 연결 역시 뇌심부자극술과 마찬가지로 우리 인간의 핵심적인 능력과 역량의 저하에 대한 치료를 위해 사용되어 왔다. 대표적인 뇌-기계/컴퓨터 연결이 치료에서 사용되는 사례는 뇌에 신호를 읽어 이를 활용하여 다른 기기와 연결하여 목적하는 결과를 성취하는 것으로, 주로 뇌의 신호를 읽어 외부의 기기를 조작하거나 그 내용을 출력하는 방식이 있다. 뇌에 직접 칩을 부착하는 외과적 시술을 통해 그 칩으로부터 신호를 받아 신호를 해석, 처리하여 외부의 기기를 동작하여 물건을 잡아 올리는 것과 같이 운동기능의 기계적 현실화, 또는 특정 질환에 따라 의사소통이 어려운 경우 뇌파를 측정하여 이를 처리·활용하여 특정 문자, 단위로 출력하게 하는 방식의 내용들이 비교적 잘 알려진 치료의 방식이다.

아직 상용화되어 이용되고 있지 않지만 뇌-기계/컴퓨터 연결은 뇌심부자극술과 비교하여 '향상'의 측면에서 보다 밝은 전망을 갖고 있다. 뇌심부자극술과 같은 뇌자극술의 경우 뇌-기계/컴퓨터 연결과 달리 뇌 신경을 '자극'하는 방식으로 개입하고자 한다. 뇌의 작동방식에 대한 명확한 이해가 부족한 상황에서 특정한 자극이 어떤 결과를 가져올지는 상당히 예측하기 어려우며, 이에 따른 부작용이 초래될 수 있다. 뇌-기계/컴퓨터 연결의 경우는 이와는 달리 자극을 통해 우리의 특정 능력이나 역량의 향상을 도모하는 것이 아니다. 오히려 현재 우리의 신경신호를 읽고 이를 활용·처리하여 현재까지 인간의 능력과 역량의 범위-다소 그 범위가 불분명하지만-에서 가능하지 않았던 부분을 가능하게 만들고자 하는 시도이다. 현재까지는 '치료'의 영역에서 일반적으로 인간의 능력으로 할 수 있는 부분에 대한 내용들에 대해 이전의 기능으로 향상한다는 목적으로 수행되고 있지만, 위에서 언급한 것과 같이 신경과학기술을 통한 '향상'의 문제는 단지 그 '내용'에만 국한되는 것이 아니다. 어떤 방식으로 우리의 능력이나 역량을 개선시키고자 하는지도 중요하다. 뇌-기계/컴퓨터 연결을 통해서 우리의 운동능력이 가능한 부분이나, 의사소통 활용 방법을 위한 문자나 단위 출력 등으로 삶의 질을 개선하고 있다는 내용뿐 아니라 삶의 질 향상의 방식이 뇌-기계/컴퓨터 연결의 방식으로 행해진다는 점에서 강점을 갖고 있다. 이전까지 우리의 신체나 운동능력을 활용하여 사용하는 여러 가지 기기들(특히 전자기기 중 컴퓨터, 스마트폰 등)에 대해 그 조작과 통제권을 기존의 형식이 아닌 우리의 뇌의 신호를 통해 조작할 수 있다는 것은 어떤 의미인가? 그 속도뿐만 아니라 한 사람이 세계를 바라보고 이해하는 방식 그리고 타인과 의사소통하는 방식 등 그 영향의 범위에서는 더 큰 향상에 따른 변화의 의미를 찾을 수 있다.

또한 향상의 관점에서 뇌-컴퓨터 연결의 경우 기기에 대한 보안, 통제권에 대한 우려가 있을 수 있다. 어떤 방식으로 연결되어 우리 인간의 핵심적인 부분을 수행하게 해주는 신체가 아닌 기기는, (뇌에 직접적인 자극을 주는 신호체계에 대한 개입이 아니라) 신경신호를 읽는 방식으로 처리하여 활용하는 방식이므로 기기가 신경에 직접 개입해 있을 때보다는 편리하게 능력과 개선이 가능하다는 점에서 유용하다고 할 수 있다. 그러나 전자기기는 유용하지만 그와 함께 잦은 문제도 발생한다. 경미한 부품 고장, 소프트웨어 오류, 기기제조사의 폐업, 개인 정보의 처리, 보안, 네트워크 연결의 불안전성, 통제권 상실 등의 문제가 대표적이다. 그런데 우리의 신체와 의지의 부분이 함께 연결되었을 때, 즉 분리하거나 대체하기 어려운 경우에 더욱 문제가 될 수 있다. 물론 이와 같은 우려 역시 현재 우리가 사용하는 기기의 활용을 돌아보면 과한 우려라고 지적될 수 있다. 우리가 필요했던 기억을 활용하는 많은 부분 기기의 연락처 저장과 지도, 길안내, 사진 등으로 대체되었으며, 이는 아주 유용한 기능이다. 또한 글쓰기나 그리기, 음악작업 등 작업방식의 변화 역시 유용하며 더 나은 생산성을 보여준다. 그러나 그 자체로 분리되지 않은 연결과 해당 능력에 대한 오류나 고장이 생긴다면 이는 우리 인간에 대한 새로운 인식과 이해의 범위에서 고민되어야 할 부분이 존재한다. 현재 우리는 단지 기기의 특정 기능을 통해 우리의 일을 보조하며 공생한다. 이는 다른 방식의 작업이 가능하며 생산성, 효율성 측면에서 유용하기 때문에 선택한다. 하지만 만약 연결된 무엇이 대체 불가능하거나, 신체와의 구별이 무의미할 만큼 개인화되어 있다면, 이는 우리 인간의 기본적 능력이나 역량만이 아닌 우리 자신에 대한 이해에 변화를 촉구할 수 있다. 또한 관련해서 발생해 왔던 기기에 대한 문제는 더 이상 기기의 문제가 아니라 우리 인간의 핵심적인 능력과 역량에 대한 문제로 등장하게 된다. 이와 같은 내용을 기존의 우리가 중요하게 여겨온 가치인 자유, 존엄성, 자율성, 정체성, 진정성 등과 어떤 방식으로 조화를 이룰 수 있는지, 또는 조화를 이룰 수 없는지에 대해 함께 고려해가며 '향상'을 고민해야 한다(윤준식 외, 2022; Yoo 외, 2023).

Ⅳ. 뇌신경 데이터, 뇌신경권과 쟁점

1. 뇌신경 데이터의 의의, 특수성

(1) 뇌신경 데이터의 개념, 유형

뇌신경 데이터(neural data)는 뇌신경적 상태와 관련된 데이터라고 할 수 있다. 뇌신경 데이터의 의미를 보다 포괄적인 관점에서 해석하여 협의와 광의의 뇌신경 데이터로 나누고, 특별한 언급이 없으면 '광의의 뇌신경 데이터'를 지칭하는 의미로 용어를 정의하고자 한다. 협의의 뇌신경 데이터는 뇌 신호 측정 기기로 신체에서 직접 측정한 원본 데이터를 의미하고, 광의의 뇌신경 데이터는 협의의 뇌신경 데이터로부터 추론되거나 도출되는 정보를 포함한다. 협의의 뇌신경 데이터는 뇌의 '구조'[예: 자기공명영상(MRI) 및 컴퓨터 단층촬영(CT)]와 '기능'[예: 뇌전도(EEG), 뇌자기검사(MEG), 기능적자기공명영상(fMRI), 기능적 근적외선분광법(fNIRS) 및 양전자 방출 단층촬영(PET)]을 측정할 수 있는 다양한 수단으로부터 얻을 수 있다(Jaw & Poldrack, 2022). 광의의 뇌신경 데이터 중에는 협의의 뇌신경 데이터를 일정 기간 수집해서 분석해야만 유의미한 정보 가치를 갖는 경우도 있지만, 협의의 뇌신경 데이터 자체로 광의의 뇌신경 데이터와 유사한 정도의 정보 가치를 갖는 경우도 있다. Ienca & Andorno(2017)는 뇌 데이터의 경우에는 프라이버시권으로 보호되어야 하는 information과 데이터의 source(neural/mental states) 그 자체가 뚜렷하게 구별되지 않는다는 특징을 'inception problem'이라고 부르고 있다. 이에 대해서 뇌신경 데이터의 이러한 특징이 다른 종류의 데이터와 특별한 차이가 있는지에 대해서 의문이라고 하며, 더욱이 이러한 차이로 인하여 특별한 프라이버시 보호가 필요한 이유와 기존의 프라이버시권이 이를 보호하기에 충분하지 않은 이유 및 이러한 특징이 어떤 법적 중요성을 갖는지에 대한 설명이 필요하다고 비판하는 견해도 있다(Ligthart, 2020).

(2) 뇌신경 데이터의 특수성

1) 마음 읽기의 가능성

2009년 미국 CBS에서 황금시간대에 방영된 60Minutes라는 프로그램에서는 마음 읽기(mind-reading)의 가능성을 보여주는 기술이라고 fMRI를 소개하면서 실험 대상자가 생각하는 그림을 fMRI 결과로 맞추는 장면을 대중에 소개하여 화제를 불러일으켰다. Jack Gallant는 fMRI를 이용해서 누군가가 시각적으로 보고 있는 장면을 컴퓨터로 재현하는 연구를 하고 있다. 영화 예고편을 본 대상자의 뇌 활동을 분석해서 어느 정도의 윤곽을 재현한 바 있으며, 앞으로는 타인이 보지 못하는 꿈이나 기억을 재현하는 연구도 할 예정이라고 한다. 최근에는 뇌-컴퓨터 인터페이스 기술을 이용해서 수기로 글자를 쓰는 것을 상상하는 것만으로 컴퓨터 화면에 글자가 입력되는 수준에 이르렀다(Willett 외, 2021).

2) 뇌 지문

뇌 지문(brain fingerprinting)은 Lawrence A. Farwell 박사가 만든 용어인데, 뇌파를 이용해서 뇌 속에 있는 정보를 탐지하는 기술을 말한다. 이는 특정 장면이나 단어를 볼 때 나타나는 뇌전도(EEG) 신호인 '사건 관련 전위'(event-related potential), 즉 P300-MERMER (Memory and Encoding Related Multifaceted Electroencephalographic Response) 반응을 이용하는 기술이다(Lawrence, 2012). 범죄 현장에 남아 있는 지문을 채취하는 것과 마찬가지로 사건 현장에 남아 있는 정보와 피험자의 뇌에 저장된 정보를 대조해보는 기술을 Concealed Information Test(CIT), Guilty Knowledge Test(GKT)라고 부르기도 한다(Lawrence 외, 2014). 범죄 장소에 있었기 때문에 지문이 남아 있는 것과 마찬가지로 그 현장에 대한 지식이 있으면 뇌의 반응이 다르게 나타날 것이라고 가정한다.

3) fMRI 거짓말 탐지기

fMRI 거짓말 탐지기는 사람이 거짓말을 할 때 활성화가 되는 뇌 부위가 있다는 가정에서 출발하였다. 2001년 영국의 정신과 의사 Sean Spence는 피험자의 최근의 일화 기억(recent episodic memory)을 사용해서 거짓말을 할 때 활성화되는 부위가 어디인지 측정하는 연구를 했다. 그의 연구에 따르면 억제 조절(inhibitory control)을 담당하는 복외측 전전두피질(ventrolateral prefrontal cortex)이 주로 거짓말에 관여한다(홍성욱, 2011). 이후 관련 연구들이 계속되었고, No lie MRI라는 민간 기업이 거짓말 탐지기 시장에 가세하기 시작했었으나 지금은 사라졌다.

4) 뉴로 마케팅

기아자동차의 K7이라는 제품명은 뉴로 마케팅 기술이 적용된 대표적인 예이다(정재승, 2010). 알파벳과 숫자로 조합된 브랜드 이름을 볼 때 뇌의 선호 영역(nucleus accumbens, 측좌핵)과 혐오 영역(insular, 섬엽) 중 어느 곳이 더 크게 반응하는지 fMRI로 측정하여 만들어진 이름이라고 한다. 소비자 신경과학(Consumer neuroscience)이라고 불리기도 하는 뉴로 마케팅은 뇌에서 측정한 정보의 분석을 통해 소비자의 마음을 읽고 그 특성을 해석하여 제품의 가격, 디자인 등에 대한 소비자의 태도, 선호도나 패턴을 파악해 소비시장에 적용하는 분야를 의미한다(김도영 외, 2017). 2004년 미국 Emory 대학이 fMRI를 이용해서 코카콜라와 펩시에 대한 피험자들의 반응을 비교한 연구가 뉴로 마케팅의 대표적인 사례로 자주 언급된다. 이 연구에 따르면 피험자들이 브랜드를 볼 수 있을 때 변연계 구조(정서, 기억, 무의식 처리와 관련된 뇌 영역) 활동이 향상되었고, 브랜드에 대한 지식이 두뇌가 음료를 인식하는 방식을 바뀌게 하였다(Harrell, 2019).

(3) 마음 읽기의 한계

이미 죽은 연어의 뇌에서 fMRI 신호가 확인되었다는 연구가 발표된 후 이 기술의 과학적 타당성에 대해 반론을 제기하는 연구들도 종종 나오고 있다(Farah 외, 2014). fMRI는 구체적인 생각을 읽는 기술이 아니라 마치 밤에 비행기에서 창밖의 빛의 패턴을 보고 도심을 가늠하는 것과 같으며, 뇌 영상을 해석하는 것에는 어느 정도 주관이 개입하는 것을 배제할 수 없다는 것이다(Mobbs 외, 2007). 또 뇌신경적 상태로부터 발생하는 어떤 현상의 기저율(base rate)에 대해서는 아직 별로 알려진 것이 없기 때문에 뇌신경 데이터로부터 정보를 얻는 것에 한계가 있다(Jones 외, 2014). 이른바 R. Poldrack이 지적한 '역추론'(reverse inferense)의 문제도 있다. 일반적인 '전추론'(forward inference)은 심리적 과정에 조작을 가했을 때 나타나는 반응을 보는 것인데, 역추론은 뇌의 활성을 보고 그로부터 심리적인 과정을 추론하는 것이라는 점에서 오해석의 가능성이 있다(Farah, 2014). 또한 mind-reading은 개인의 주관적 경험이나 욕구, 신념, 의도, 기타 의식 또는 무의식 상태를 포함한 정신적 상태를 감지하는 것인데, 정신적 장애가 있는 경우에는 이러한 대상 혹은 전반적인 경험에 대한 인지상태가 이미 왜곡되어 있을 수 있다(Glannon, 2017).

뉴로 마케팅에 대해서도 이것이 기존 마케팅 방법에 비해서 더 유용한 통찰을 제공하는지 여부에 대해 부정적인 시각을 갖는 이들이 있다. Hsu(2017)는 "신경과학은 내가 이미 알고 있는 것을 알려 주거나 신경 쓰지 않는 새로운 것을 말해준다"고 비판했다. Stanford 대학의 Knutson 교수는 "EEG를 사용하는 것은 야구장 밖에서 관중의 소리를 듣고 일어나는 일들을 알아 내려는 것과 같다"고 비판하였다(Frazier, 2007). 2004년 프랑스 의회는 뇌 이미징의 사용을 과학적 연구와 법정으로 한정하는 규정을 만들어 사실상 상업적 목적의 뉴로 마케팅이 금지되기도 하였는데, 이에 대해서 위선적인 규제라는 비판이 있었다(Oullier, 2012).

2. 관련 신경윤리 쟁점

(1) 민감정보로서의 뇌신경 데이터

현행 개인정보 보호법에서 뇌신경 데이터를 민감정보에 해당하는 것으로 해석할 수 있는 대표적인 예는 ① 건강에 관한 정보인 경우, ② 질환의 진단·치료 등에 사용되는 경우, ③ 본인 확인이나 인증을 위해서 다른 사람과 구별되는 특징을 추출하는 기술로 가공된 정보인 경우를 들 수 있다. 그렇다면, 예를 들어, ① 특정 브랜드에 대한 선호를 파악하기 위해서 측정한 fMRI 데이터, ② 개인의 진술의 진위를 파악하기 위해서 측정한 fMRI 데이터, ③ 개인이 집중력을 관리하기 위해 웨어러블 뇌파 측정기기를 사용한 데이터, ④ 뇌-기계 인터페이스로 실시간 생성되는 데이터 등의 경우에는 민감정보에 포섭되지 않을 가능성이 크다. 즉, 뇌신경 데이터 중 건강정보로 해석되지 않는 단순한 생체정보의 경우에는 대체로 일반적인 개인정보에 해당하게 된다.

그러나 뇌신경 데이터 중에는 민감정보에 해당하는지 여부가 명확하지 않은 경우도 있다. 예를 들어, 의료기관이 아닌 일반 연구기관에서 뇌 신호를 측정하는 경우에도 해당 원천 데이터들이 의료정보에 해당한다고 볼 수 있는지 문제가 된다. 뇌-컴퓨터 인터페이스 연구자(n=122)들을 대상으로 한 설문조사에 따르면, "뇌신경 원천 데이터가 의료정보 유형에 해당한다고 보는가(i.e. 잠재적으로 민감한 건강정보를 포함하는 경우)?"라는 질문에 대해서 응답자의 58%가 '동의'한다는 답변을 하였다. 응답자들 중에는 데이터를 수집하는 기술의 품질을 고려해야 한다는 의견(아직 민감한 수준의 정보를 측정하지 못한다고 봄), 데이터와 관련된 의학적 상태에 따라서 구별을 할 필요가 있다는 의견(예: 간질 환자를 대상으로 한 연구와 건강한 일반인을 대상으로 한 연구의 차이), 데이터의 상업화에 대해 우려를 표한 의견(장기 매매 금지에 유추)도 있었다(Stephanie Naufel & Eran Klein, 2020).

더욱이, 비의료인이 일상생활에서 이용할 수 있는 웨어러블 뇌-기계 인터페이스 장치의 경우에는 의료기기로 등록된 것도 있지만, 대부분의 경우에는 非의료기기로 판매되고 있고 개인이 의료기관의 매개 없이 자율적으로 사용한다. 특히 개인이 집중력, 스트레스, 수면 등을 관리하는 명상 앱과 연동하여 뇌파와 맥박을 측정할 수 있는 기기를 사용하는 경우에는 건강 정보의 성격을 많이 갖고 있지만 해석상의 다툼이 있을 수 있다. 일례로, 소비자들이 시중에서 직접 구매할 수 있는 뇌파 측정 기기인 Muse라는 제품의 이용자 약관(End User License Agreement)을 보면, Muse는 의료정보가 아닌 '일반 정보'의 제공만을 목적으로 하는 '비의료기기'이고, 해당 제품의 제조회사(Interaxon)는 의료나 건강관리를 제공하는 면허가 없는 회사라는 점을 강조하고 있다. 하지만, 이 제품의 프라이버시 정책을 보면 이용자들이 Muse와 Meditation Studio 앱의 데이터를 Facebook 또는 Twitter에서 공유할 수 있는 'Social Tools'를 제공한다고 되어 있고, 'Other Wellness Applications'에서는 Apple Health 또는 Google Fit과 같은 응용 프로그램과 통합하는 옵션을 제공할 수 있다고 되어 있다. 이처럼 뇌신경 데이터를 다른 서비스와 결합할 수 있게 되면 데이터의 민감도에 대한 평가는 더욱 복잡한 문제가 될 수 있다.

또 아직 시중에 나와 있는 것은 아니지만, 2019년 Facebook이 인수한 CTRL-Labs가 개발 중인 CTRL-kit 제품(손목 착용 밴드 타입의 기기)과 같이 운동 신경 신호를 기계가 해석할 수 있는 전기적 신호로 전환하는 신경-기계 인터페이스 제품에서 생성되는 데이터는 그야말로 다양한 정보의 성격을 갖게 된다. 예를 들어, 사람이 손목에 CTRL-kit을 차고 손으로 미는 힘을 가하면, 모니터 상에서 나타나 있는 녹색 상자가 뒤로 움직인다. 이 기술이 실현되면 키보드가 없이 허공에서 타이핑을 해도 모니터에 글자가 입력될 수 있게 되는 것이다. 그러면, 이 기기를 통해서 생성되는 데이터는 기본적으로 생체정보에 해당하지만, 기기의 이용자가 무엇을 입력하는지에 따라서 정보의 종류는 천차만별이 될 수 있다.

따라서 뇌신경 데이터는 수집·이용의 목적과 맥락에 따라서 민감정보에 해당하는지 여부에 대한 해석과 평가가 필요한 경우가 앞으로 더욱 많아질 것이다. 물론, 아직 뇌파의 측정만으로 개인이 갖고 있는 특정한 생각의 내용을 읽는 것은 아직 가능성이나 정확도가 떨어지는 편이지만, 만약 가능하다면 이를 통해 추론되는 정보는 상품에 대한 선호부터 정치적 견해까지 매우 다양할 수 있다는 점에서, 데이터의 실질적인 민감도에 상응하는 법의 해석·적용 방안이 요청된다.

(2) 뇌신경권의 논의

1) 뇌신경권의 개념

뇌신경권(neuro-rights)이란 뇌신경적 상태의 형성을 외부로부터 간섭받지 않고 자유롭게 영위할 수 있는 권리와 뇌신경적 상태에 관한 내용, 즉 뇌신경 데이터를 스스로 통제할 수 있는 권리로 정의할 수 있다. 뇌신경적 상태는 물리적인 뇌신경적 상태 외에 인지적·심리적·정신적 상태 등을 모두 포함한다. 그리고 뇌신경적 상태와 그로부터 도출되는 내용에 대해서 유·무형의 영향을 미치는 모든 행위가 뇌신경권의 규율 대상이 된다. 다만, 뇌신경적 상태에 관한 데이터를 얻기 위해 뇌신경 이미징 검사를 강제하거나 뇌신경 보철을 사용하도록 하는 경우와 같이 뇌신경적 상태에 대한 간섭과 그 내용에 대한 간섭이 언제나 명확하게 구분되는 것은 아니다. 유·무형의 영향은 본인의 의사에 반하여 무언가를 강제 또는 변형하는 행위와 자율적인 의사에 기한 행위를 금지하는 것도 포함한다.

뇌신경권은 뇌신경 영상 기술, 뇌신경 조절 기술, 뇌신경 자극 기술, 뇌신경 약물, 뇌-기계 인터페이스 등 뇌신경적 상태에 관한 내용을 확인하고 이에 개입하거나 이용할 수 있는 수단이 확장됨에 따르는 윤리적·법적 고려사항들을 함축하고 있는 개념이다. 사생활의 내용과 양상을 본인의 뜻에 따라 정하고 그 영역을 스스로 간직할 수 있는 사생활의 비밀과 자유는 인간 행복의 최소한의 조건이고, 이를 지키는 것은 인간의 존엄성을 지키는 것과 같다(허영, 2018). 마찬가지로 뇌신경과학 기술의 발전으로 인하여 자신의 뇌신경적 상태에 관한 자율적 선택과 개입의 가능성이 늘어난다는 것은, 이러한 기술이 본인의 의사에 반하여 혹은 본인에게 불리하게 이용될 위험성도 커지고 있음을 의미하므로, 부당한 간섭을 배제하고 자신의 뜻에 따라 형성할 수 있는 권리를 인정하는 것은 변화하는 기술 환경에서도 지속적으로 인간의 존엄과 가치를 구현할 수 있는 법적 기초를 마련한다는 의미를 갖는다.

특히 빅데이터와 인공지능 알고리즘에 의한 데이터 산업의 급성장 속에서 사람의 생각, 선호, 성향, 정서 등에 관한 추론 자료가 될 수 있는 뇌신경 데이터는 매우 중요한 의미를 갖게 된다. 누적된 다량(volume)의 다양한(variety) 데이터를 활용해서 빠르게(velocity) 새로운 가치(value)—즉, 사람들의 특성과 행동 예측에 관한 정보—를 창출하는 것을 목적으로 하는 빅데이터의 수요에 매우 부합하는 특성을 갖고 있기 때문이다. 지금도 개인의 사생활과 정보를 보호하기 위한 법과 제도들이 운영되고 있지만 급변하는 데이터 시장 환경에 많이 뒤처져 있다. 개인정보를 보호하기 위한 사전 동의 제도도 이것이 사실상 형식적인 절차로 운영되면서 개인의 자기결정의 이념에 역행하는 결과를 만들어 내기도 한다. 형식적인 동의로 과다하게 수집된 데이터들은 일명 감시 자본주의라는 새로운 형태의 데이터 경제의 논리 속에서 이윤 창출 혹은 정치적 메시지 전달의 도구로 남용되기도 한다(Zuboff, 2019). 뇌신경 데이터 역시 이러한 데이터 경제의 논리에 부당하게 포섭될 수 있는 가능성이 충분히 있다는 점에서 뇌신경권에 대한 인식이 요청된다.

2) 인지적 자유와 프라이버시에 관한 논의

뇌신경권이 담고자 하는 자유와 권리의 내용은 인지적 자유(cognitive liberty), 정신적 프라이버시(mental privacy), 뇌 프라이버시(brain privacy), 마음 프라이버시(mind privacy), 정신적 완전성(mental integrity) 등의 용어로 소개되고 있으며, 지난 20여 년간 뇌신경과학이 발전하면서 논의의 배경이 되는 구체적인 기술의 내용도 점차 확장되고 있다. 2000년대 초에는 주로 인지기능 향상을 위한 약물과 기술의 사용 또는 뇌신경 영상을 통한 mind-reading, brainotyping이 다루어졌고, 최근의 연구에서는 뇌-기계 인터페이스, 인지기능 향상을 위한 DTC(Direct-to-Consumer) 기기, 뇌신경 보철, 뉴로 마케팅 등도 함께 다루어지고 있다. 이처럼 점차 일상생활에 응용할 수 있는 기술이 늘어남에 따라서 그로부터 생성되는 데이터도 다종다양해지고 있다는 점에서, 뇌신경적 상태 자체뿐만 아니라 그 내용에 대한 간섭으로부터 자유로울 수 있는 권리에 대한 고려가 더욱 중요해지고 있다.

Boire(2000)는 "On Cognitive Liberty(Part 1)" 논문을 통해서 인지적 자유를 기본적인 인권으로 보호해야 함을 주장하였다. 그는 사상의 자유(freedom of thought)라는 낡은 법적 개념을 오늘날의 뇌 프라이버시, 자율성과 선택을 보호하기에 충분한 새로운 개념으로 대체할 수 있는 개념으로 인지적 자유라는 용어를 Sententia와 함께 만들었다고 한다(Boire, 2005). Sententia(2004)는 인지적 자유는 인지기능을 모니터링하고 조작할 수 있는 힘이 증가하는 '21세기를 위한 사상의 자유'라고 정의하였다. Bublitz(2013)는 인지적 자유 또는 정신적 자기결정권은 개인의 '마음에 대한 통제권'(sovereignty over their minds)을 의미한다고 하고, 여기에는 새로운 뇌신경기술을 이용할 수 있는 권리와 이러한 기술을 동의 없이 강제적으로 사용하지 않을 권리가 포함된다고 보았다.

Farahany(2019)는 인지적 자유를 자신의 '뇌와 정신적 경험에 관한 자기결정권'이라고 정의하고, 이는 생각의 자유, 자기변형, 자신의 뇌와 정신적 경험에 대한 동의와 거절 등을 관통하는 개념이라고 하였다. 그는 불법행위의 피해자는 자신에게 발생한 물리적 피해를 경감해야 할 의무가 있다는 '회피 가능한 결과의 법칙'을 정서적 피해(emotional injuries)에도 확장할 수 있는지에 관한 질문을 제기하면서, 그 피해 경감의 수단에 '마음과 생각을 변화시키는 뇌신경과학적 방법'도 포함될 경우에는 정신적 경험과 기억에 관한 개인의 권리인 인지적 자유에 영향을 미칠 가능성이 있다고 하였다. Greely(2015)는 '뇌영상을 통한 mind-reading 기술'이 형사 사건(예: 거짓말 탐지)뿐만 아니라 '민사 사건(예: 통증 확인), 행정 청문회'에서도 사용될 수 있는데, 이러한 기술의 주요 함의로 인지적 자유를 언급하였다. 그리고 개인의 자유로운 의사에 의해서 마음 읽기를 택하는 것은 사회적으로 허용 가능한 일이지만, 누군가가 그것을 거절하는 것이 어떤 다른 암시를 주는 결과가 된다면 그것은 '반-非자율적' 상황이 될 수도 있음을 강조하였다.

이인영(2019)도 외부로 드러나는 정보가 아닌 뇌 정보를 보호하기 위해서는 정신적 프라이버시의 보호가 필요하다는 주장과 함께, 시민들의 원하지 않거나 인식하지 않는 뇌 이미지에 대한 사용과 관련된 권리로 인지적 자유권을 인정하고, 법원의 명령 또는 국가 안보 등과 같이 특정 상황에서 뇌 정보에 합의되지 않은 침입을 하는 것이 정당화될 수 있는지에 관한 물음을 제기하였다. 나아가 경두개자기자극술(TMS), 뇌심부자극술(DBS) 등과 관련하여 개인의 정체성 또는 심리적 연속성에 관한 권리를 보호하기 위한 대응책의 논의가 필요하고, 뇌 손상이나 뇌기능 장애의 뇌영상 증거가 향후 재범 예측이나 가석방에서 부정적인 위험인자로 작용할 수 있는데, 이로 인한 낙인과 차별적 취급 등 오남용에 대한 대응책도 필요하다고 하였다. 나아가 엄주희(2019)는 신경과학 기술은 인간의 마음과 정신에 영향을 미치는 가능성으로 인해서 기존의 기본권이 포섭하지 못하는 영역을 고려하여 기본권을 확장해야 할 필요성을 제기하므로, "정신적 프라이버시권, 정신적 완전성의 권리, 심리적 연속성에 대한 권리를 포함하는 인지적 자유권을 독자적인 기본권으로서 헌법에 명시되지 아니한 기본권"으로 볼 수 있다고 하였다.

Shen(2013)은 뇌영상 기술과 관련된 정신적 프라이버시의 법적 보호를 영장주의와 자기부죄거부권의 측면에서 설명하였다. 그는 ① 'mind reading'(정신적 기능에 대한 정보를 얻는 것)과 ② 'brain reading'(뇌 조직 그 자체에 관한 정보를 얻는 것)을 구분하고, 이를 다시 a) 기계적 수단의 도움이 없는 경우, b) 뇌영상 이외의 기계적 수단을 이용하는 경우, c) 뇌영상을 이용하는 경우로 다시 세분하여 총 6개의 항목으로 나누었다. 그리고 ①-c) 경우 fMRI와 같은 뇌영상 증거를 얻으려면 검사 대상자가 질문에 응답을 하는 것이 필요하다는 점에서 자기부죄거부권의 대상이 되는 '진술 증거'에 해당할 수 있다고 보았다. 검사 대상자가 응답을 하지 않는 경우라고 하더라도 데이터를 분석하는 목적이 그의 마음을 추론하기 위한 것이라면 진술 증거로 해석할 수 있다고 주장하였다.

Clausen 등(2017)은 신경보철의 프라이버시 위험에 대해서 언급하였다. 특히 사지 마비환자의 뇌-기계 인터페이스의 경우 해당 개인과 관련된 질문에 대한 뇌의 반응을 통해서 시스템이 조정되는 특징이 있기 때문에, 민감한 뇌신경 데이터에 대해서는 의료정보와 같은 수준의 엄격한 보호가 필요하다고 하였다. 또 뇌신경 기기에 대한 의도적인 해킹의 위험성과 뇌 임플란트 데이터의 악의적인 조작 위험성에 대한 고려가 필요하다고 하였다. Hallinan 등(2014)은 신경 프라이버시의 보호 대상인 신경 데이터의 새로운 특징으로 ⅰ) 데이터와 데이터 주체의 연결성이 독특하다는 점, ⅱ) 개인에 대한 새로운 형태의 통찰을 가능하게 한다는 점, ⅲ) 어떤 데이터가 수집되는지 정확하게 알지 못한다는 점을 언급하였다.

2017년 OECD에서 나온 Neurotechnology and Society: Strengthening Responsible Innovation in Brain Science 보고서에서도 뇌신경과학의 발전으로 인한 윤리적·법적·사회적 이슈의 하나로 프라이버시 침해 우려에 대해서 기술하고 있다. 이 보고서에서는 BCI 기기, 인지기능 향상을 위한 소비자용 기기 및 대규모의 다기관 협력 연구와 관련하여 프라이버시에 대한 고려의 필요성을 다루고 있다. 마찬가지로 미국 생명윤리 연구를 위한 대통령 위원회(Presidential Commission for the Study of Bioethical Issues)에서는 2014년과 2015년에 『Gray Matters』라는 제목의 연구 보고서를 발표하였는데, 『Gray Matters』(Vol. 1)에서는 CT, PET, EEG, fMRI와 같은 뇌 이미징 기술의 발전으로 얻어지는 정보들이 범죄 예방, 거짓말 탐지, 범죄 의사의 추론에 사용되면서 뇌 프라이버시 우려가 제기된다고 하였다. 『Gray Matters』(Vol. 2)에서는 인지기능 향상을 위한 DTC(Direct－to－Consumer) 제품의 경우 이용자의 데이터 프라이버시 보호가 적절하게 이루어지지 않을 가능성이 지적되었고, 법정에서 뇌신경과학적 증거를 이용하는 것은 정신적 프라이버시, 인지적 자유에 대한 우려를 가져오며, '정신적이고 내적인 혹은 신경학적인 과정'이 말과 행동 같은 외적인 혹은 행동적인 요소보다 더 프라이버시 보호를 받아야 하는지, 만약 그러하다면 범죄를 밝히는 것이 프라이버시 침해를 정당화하기 충분한지에 관한 의문을 일으킨다는 점을 설명하고 있다. 그리고 개인은 이러한 EEG, fMRI와 같은 뇌에 기반한 수사를 강요당하지 않을 정신적 프라이버시를 갖는가? 목격자들은 이러한 기술을 통해서 그들의 기억을 검증받아야 할 의무가 있는가? 사상의 자유는 무엇을 의미하고, 신경과학적 발견은 여기에 어디까지 부합하는가 등의 질문을 제기하였다.

3) 뇌신경권의 인정에 관한 논의의 대두

최근에는 지금까지 본 것과 같은 인지적 자유 혹은 프라이버시 등의 개념으로 뇌신경적 상태 혹은 뇌신경 데이터와 관련된 권리 개념을 새로운 인권 혹은 기본권으로 보호해야 한다는 주장들이 제기되고 있다. Ienca & Andorno(2017)는 앞으로 뇌신경과학 분야에서 필요한 인권으로 '인지적 자유, 정신적 프라이버시, 정신적 완전성, 심리적 연속성'을 포함하는 신경권 개념을 제안하였다. 이들은 기존의 프라이버시권이 마음에 관한 데이터를 포함하는지 여부가 불분명한데, 왜냐하면 프라이버시권의 정의에 관한 합의된 법적 문헌이 없기 때문이라고 하였다. 그리고 뇌 데이터는 개인의 사적인 삶과 인격에 관련되어 있고 수집되는 방식이 다르다는 점에서 특별한 속성이 있기 때문에 특별한 보호가 필요하다고 하며, 기존의 프라이버시 규정은 '외적인' 정보의 보호를 목적으로 한다는 점을 강조하였다. 이들은 강제적인 뇌신경 기술의 사용으로부터 개인을 보호하는 소극적(negative) 인지적 자유를 인정하고, 이를 보완할 수 있는 권리로 정신적 프라이버시와 심리적 연속성을 제시하였다. 정신적 프라이버시는 개인의 마음 속에 있는 사적인 혹은 민감한 정보의 보호를 의미하는 것으로, 언어 혹은 문자로 표현되기 이전의 정보나 그것의 원천이 되는 것도 보호한다는 점에서 일반적인 프라이버시와 구별된다고 보았다. 이와 더불어 심리적 연속성은 침습적 혹은 비침습적 기술의 사용을 통해 제3자가 무의식적으로 혹은 동의를 얻지 않고 변형하는 것으로부터 개인의 정체성의 정신적 기질을 보호한다고 하였다. 또한 Yuste 교수를 중심으로 하는 미국 컬럼비아 대학의 Neurorights Initiative 연구진들은 신경권의 5가지 요소로 '개인의 정체성에 관한 권리, 자유의지에 관한 권리, 정신적 프라이버시, 정신적 증강에 대한 동등한 접근권, 알고리즘 편견으로부터 보호 받을 권리'를 제시하였다(Yuste 외, 2017).

이처럼 신경권의 세부 내용에 대해 아직 국제적으로 명확한 개념이 확립되어 있지는 않지만 유엔인권이사회(UN Human Rights Council) 등 국제기구의 주요 안건으로 논의되고 있으며, 국가적 차원에서의 변화가 생기는 곳도 나타나고 있다. 대표적으로 칠레 의회는 신경권을 헌법상의 권리로 인정하기 위한 법안 제정 및 헌법 개정 움직임을 시작하였고, 2021년 10월 대통령의 헌법 개정 승인이 이루어져 뇌 활동과 데이터를 보호하는 신경권을 명문으로 인정하게 되었다. 이보다 앞서 2020년 10월 칠레 의회에 제출된 '뇌신경권 및 정신적 완전성의 보호 등에 관한 법안'(Proyecto de Ley Sobre protección de los neuroderechos y la integridad mental)은 뇌신경 데이터(Datos neuronales)를 뇌로부터 직·간접적으로 수집된 모든 데이터로 정의하고(제2조 c), 정신적 프라이버시와 완전성을 개인의 권리인 뇌신경권(Neuroderechos)으로 보호할 것을 명시하였다(제2조 d). 이러한 헌법적 변화에 따라서 2023년 8월 칠레 대법원은 Emotiv사에 그 회사에서 판매하고 있는 EEG 기기인 Insight 제품과 관련하여 포털이나 클라우드에 저장된 모든 이용자 데이터를 추가적인 절차 없이 삭제하도록 명령하는 판결을 내리기도 하였다. 이후 브라질, 멕시코에서도 신경권을 보호하기 위한 헌법 개정을 시도하고 있으며, 2023년 10월 멕시코는 디지털 권리장전(Mexican

Charter of Digital Rights)에서 신경권을 공식적으로 포함하였다.

4) 뇌신경권에 대한 회의적 시각

뇌신경권의 보호에 관한 논의가 확산되면서 한편에서는 신경권이 새로운 권리 개념으로 자리잡는 것에 대해 회의적인 시각도 많이 나타나고 있다. Susser & Cabrera(2023)는 인권을 기초로 하는 최근의 접근법이 글로벌 거버넌스에 영향을 미쳐 정부가 개인정보를 존중하고 보호하도록 유도하는 데 도움이 될 수 있다는 데 동의하지만, 이를 모니터링하고 집행하는 것과 관련하여 문제가 따른다는 점을 지적하였다. 그리고 특별한 정신 및 뇌 프라이버시 권리를 옹호하는 사람들은 뇌-컴퓨터 인터페이스와 같은 신경기술이 독특하고 새로운 프라이버시 피해를 위협한다고 제안하지만, 뇌 데이터에서 제기되는 개인정보 보호 문제는 기존의 다른 종류의 개인정보와 크게 다르지 않다고 본다. Fins(2022)도 새로운 신경권 제도는 국제인권법에서 오랫동안 확립된 규범과 조화를 이루어야 하는데 최근의 논의는 모호하고 시기상조라고 지적하였다. Bublitz(2022, 2023) 역시 최근의 신경권 주장은 권리 인플레이션주의를 조장하는 경향이 있고, 신경 예외주의와 신경 본질주의에 오염되어 있으며, 관련 학문에 대한 근거가 부족하기 때문에 새로운 인권을 만들어 내기보다는 변화하는 사회적 상황과 기술적 가능성에 맞춰 기존의 권리를 더욱 발전시켜야 한다는 점을 강조한다. 비슷한 맥락에서 Hertz(2023)는 인간의 사상의 자유권은 정신적 과정과 뇌 데이터에 대한 포괄적인 보호를 제공하는 것으로 일관되게 해석될 수 있다고 주장한다. 새로운 인권을 도입한다고 해서 반드시 더 높은 수준의 보호가 보장되는 것은 아니며 기존의 권리에 대한 해석을 발전시키는 것이 더 설득력이 있다는 입장이다. Borbón & Borbón(2021)과 Ligthart 등(2020)도 새로운 권리의 창출은 일반적이고 포괄적이지 않은 설명을 의미한다는 점을 고려할 때 신경기술의 발전을 효과적으로 규제할 수 없으며, 사법기관이 신경기술이 제기하는 문제를 고려하여 헌법상의 권리를 적절히 해석할 수 있도록 하는 것이 더 바람직하다고 본다.

5) 결 론

신경권은 신경과학기술이 인간의 자유와 권리에 미칠 영향에 대한 명확한 문제의식을 촉구하는 측면에서는 장점이 있다. 하지만, Ienca와 Yuste 등 선도적으로 신경권을 주장한 학자들이 제시한 하위 4~5가지 권리의 도출 근거와 상호 관련성에 대한 설명이 부족한 것은 사실이다. 그리고 신경권이 보호하고자 하는 가치가 기존의 권리와 본질적으로 다른 점이 무엇인지 여부도 다소 불분명하다. 그러나 인지적 자유를 비롯하여 신경 프라이버시, 정신적 자기결정권 등 새로이 등장한 용어들이 의미하는 바가 무엇이며 어떤 권리에서 발전된 개념인지 일관된 설명이 되지 않는 상태로 학문적 논의가 이루어지는 것도 분명 문제가 있다. 이러한 점에서 신경권이라는 새로운 권리 개념으로 기존의 논의들을 통합하되 이 권리의 외연을 어디까지 확장하고 무엇을 핵심 내용으로 삼을 것인지 더욱 세밀한 검토를 하는 것이 필요하다고 생각한다.

Ⅴ. 신체이식 기술과 신경윤리

1. 신체이식 연구의 현황, 성격

(1) 신체이식 기술

이탈리아의 신경외과 의사인 카나베로(Sergio Canavero)는 2013년 6월 13일자로 출판된 Surgical Neurology International 학술지에 “Heaven: The head anastomosis venture project outline for the first human head transplantation with spinal leakage(GEMINI)”라는 제목의 논문을 발표하면서 머리 이식이 가능하다는 계획을 발표하였다(Canavero, 2016). 카나베로가 명명한 헤븐 프로젝트는 머리접합 벤처 프로젝트(head anastomosis Venture Project)로서 뇌사자의 머리를 이식하겠다는 연구이다.

카나베로와 중국 하얼빈 대학의 렌 사오핑(Xiaoping Ren) 교수와 협업하여 진행하였던 연구의 목표는 머리 아래로 전신마비가 된 장애인의 머리와 뇌사자의 몸을 연결하여 정상적인 활동할 수 있는 사람을 만들겠다는 것이다. 이 연구진들이 진행하는 신체이식 기술은 크게 4가지로 정리할 수 있다(Ren 외, 2016). 첫째, 이식의 성공을 위해 저체온 상태를 만드는 것이 중요하며 최종 이식될 머리와 몸을 저온 상태로 만드는 방법에 대하여 설명하고 있다. 둘째, 뇌사자의 척수와 머리를 제공할 사람의 척수 양측 모두 척수를 자르는 과정이 필요하다. 이때 척수의 단면을 얼마나 깨끗하게 잘 자르는 것이 중요하다. 셋째, 절단된 척수를 상호 연결하는데 일종의 생체접착제인 PEG-GNRs라는 물질을 사용한다. 절단된 두 개의 척수를 키토산-PEG(폴리에틸렌 글리콜) 접착제로 융합시켜 기계적 손상으로 손상된 세포막을 즉시 재구성하고, 동시에 상당한 양의 폴리에틸렌 글리콜을 혈관 내 공간에도 제공하고 더 나은 신경 융합을 촉진하기 위해 PEG가 기증자의 혈액순환에 주입된다(Gkasdaris 외, 2019). 넷째, 접합 후 경막회 척수 자극장치를 설치하여 기능회복을 위한 연결 자극을 주고, 환기 및 순환기 지원을 받는 중환자실에서 모니터링하면서 사지마비에 대한 집중적인 재활을 시작해야 한다.

실제 2017년 11월 21일 카나베로 교수가 이탈리아 베네치아에서 기자회견을 열고 렌 샤오핑 교수팀과 18시간에 걸친 수술 끝에 하나의 시신에서 머리를 자른 뒤 'PEG'로 알려진 생물학적 접착제로 신경과 혈관을 다른 시신의 몸에 붙였다고 밝혔으며, 세계 최초로 머리 이식을 성공하였다고 발표하였다. 시신을 대상으로 한 신체이식이 성공적으로 이루어졌기 때문에 그 다음 순서의 연구는 시신이 아닌 뇌사 판정을 받은 두 사람의 머리와 몸을 연결하는 것이고, 이에 성공하면 살아있는 사람의 머리와 뇌사자의 몸을 연결하는 연구를 진행하겠다고 발표하였다. 이후 헤븐 프로젝트의 주도권은 연구비 조달과 관련하여 카나베로 교수에서 중국의 렌 샤오핑 교수에게로 넘어갔으며, 연구대상자도 러시아인 프로그래머 스피리도노프에서 지원자가 바뀌어서 사지마비 중국인으로 변경되었다.

(2) 신체이식의 성격

위의 연구를 일부에서는 머리 이식(human head transplant)의 용어를 사용하지만, '신체이식'의 용어가 더 정확하다고 할 수 있다(Van Assche K. 외, 2018). 그 근거는 머리가 주체(host)가 되고 뇌사자의 몸(donor body)을 객체로 기증받는 것이기 때문에 몸 이식 또는 신체이식으로 표현하는 것이 머리 이식 용어보다는 더 정확하다고 할 수 있다.

카나베로 교수 등 신체이식 연구진들은 머리가 죽은 뇌사자를 살리는 것이 아니라 목 이하 사지마비의 장애인 환자의 재활을 위해 이 연구를 추진한다고 발표하였다. 의학의 획기적인 발전에도 불구하고 사지마비환자, 진행성근육질환을 앓고 있는 환자, 뇌의 전이가 없는 난치암을 앓고 있는 환자의 경우 치료의 가망이 전혀 없으므로, 뇌사자의 몸통을 기증받아 이러한 환자를 돕기 위한 재활의 목적으로 신체이식을 적용할 수 있음을 주장하고 있다(Ren 외, 2017). 이러한 절망적인 의료상황에 있는 환자들의 치료를 돕는 것이라는 연구진의 주장에 근거하여 일부에서는 신체이식은 악화된 질병으로 고통받는 사람들에게 가까운 미래에서는 새로운 치료법이 될 수 있다고 전망하기도 한다(Cuoco 외, 2016).

그러나 신체이식 연구는 전문가들 사이에서 상당한 비난의 대상이 되고 있다. 일부 윤리학자는 카나베로 교수를 일명 '프랑켄슈타인 박사'라고도 부른다. 생명윤리학자인 캐플란(Arthur Caplan) 교수는 헤븐 프로젝트를 경멸과 비난을 받을 만한 가치가 있는 과학적으로 썩은 가짜 뉴스라고 칭하기도 하였다(Chicago Tribune, Dec. 13, 2017). 카나베로 연구진이 2017년의 시신 간의 신체이식의 실험을 성공적이라고 하였지만, 기증자의 신체를 잘 접합한 것만으로는 성공적이라고 할 수 없고 신경조직이 살아있는 머리에서부터 기증받은 신체로까지 이어져야 하며, 의식이 정상적으로 회복되어야 성공적이라고 할 수 있다고 비판하였다.

2. 관련 신경윤리 쟁점

(1) 연구 자원자 동의의 유효성

1) 취약성 있는 환자 동의의 유효성 요건

미국 벨몬트 보고서의 주요 원칙 중 피험자 존중의 구체적 실천을 위한 피험자로부터의 동의 취득의 주요 세 가지 요소는 충분한 정보, 피험자의 적절한 이해, 그리고 자발적 동의이다. 임상시험과 같은 인간 대상 연구와 관련된 윤리적·법적 문제 중 '충분한 정보에 의한 동의'는 매우 중요한 의미를 가지며 이미 법적으로 정보를 제공해야 할 사항들이 정해져 있다. 따라서 미국의 법학자들은 이 규정을 통해서 신체이식과 같은 실험을 규제할 수 있다고 본다. 그런데 신체이식은 연구대상자인 환자의 동의가 필수조건이지만 그것만으로 의학실험을 정당화할 수 있는지에 대한 의구심을 불러일으키고 있다.

카나베로와 렌이 계획하는 신체이식의 경우 처음에는 다수의 자원 봉사자 중에서 러시아의 환자가 선택되었다. 신체이식의 첫 번째 자원자로 나선 베르디니히 호프만병(werdnig-hoffmann disease)을 앓고 있는 러시아 국적의 발레리 스피리도노프(Valery Spiridonov)의 경우 여러 차례 언론 인터뷰에서 자발적으로 신체이식 연구에 참여하겠다는 의사표시를 하였다. 이 연구를 시도하고 있는 카나베로 교수는 환자에게 충분하게 정보를 주고 동의를 구하였다고 이야기하면서, 생명의 위협을 가져오는 질병을 앓고 있는 환자의 경우 최소의 정보 제공만으로도 실험적 수술을 할 수 있다고 주장하였다(Ren 외, 2017). 카나베로 교수는 수년 내에 신체이식이 성공할 확률이 90% 이상일 수 있으며, 신체이식이 성공한다면 대상 환자는 이전의 건강한 생활관계를 유지할 수 있음을 예상할 수 있다고 하면서 환자를 위한 최선의 수단이라는 점을 강조하였지만, 신체이식과 관련된 실험 데이터는 거의 없고 관련 문헌연구도 테스트 중인 의견이나 수술기법에 대한 것이었다. 설득력 있는 과학적 데이터가 없다면 과학계는 승인된 프로토콜을 진행하게 할 수 없다. 그러므로 자원자의 동의는 환자의 무지와 절망에 근거해서 이루어진 것일 뿐 그 동의가 공동으로 승인된 의학적 기준이나 적응증에 근거한 것이라고 볼 수 없다(Gkasdaris 외, 2019).

2) 신체이식에서의 환자 동의의 성격

신체이식을 절실히 필요로 하는 대상자이자 자원자인 환자는 자신의 기회를 손상시키지 않으려고 신체이식 의료팀에 대해 매우 의무적인 태도를 취하게 되며, 결과적으로 이 환자들은 가능한 의심을 제기하는 것을 매우 꺼리게 되고 절차에 대한 맹목적인 믿음을 나타내고 있는 것으로 보였다. 이에 따라서 관련 전문가들은 신체이식의 성공 가능성에 대해 매우 회의적인 태도를 가지고 있었으므로, 카나베로 연구진들에 의해 선별된 자원자인 환자가 연구진들로부터 과도한 열의에 대한 보호를 받고 있었는지 여부, 연구성과에 대한 허위 희망에 몰입하였는지 여부를 조사해야 한다고 지적하였다. 더 나아가 연구진들에 의해서 치료적 성격만을 부각하여 실험대상자인 자원자가 연구에 수반되는 위험에 대해서 안일한 태도를 가지게 되었는지 등의 윤리적 고려사항들이 있음을 지적하였으며, 이러한 체크리스트를 거쳐서 환자의 자발적인 동의가 있었는지 여부를 확인하여야 할 것이다.

간과하기 어려운 사실은 신체이식은 상상할 수 없을 정도의 가장 위험한 수술 중 하나이다. 관련 연구의 전문가들은 카나베로와 렌이 그들 연구의 외과적 프로토콜의 성공 가능성을 조직적으로 과대평가하고 있고, 가능한 위험 발생의 가능성을 축소화하고 있으며, 동료들의 비판을 무시하고 있다고 경고하였다(Van Assche 외, 2018). 신체이식와 같이 연구로 인한 위험이 너무나 크고 기대할 수 있는 이익이 높게 불가능한 경우에는 설명 동의의 원칙에 대한 매수자 위험부담의 원칙(caveat emptor)[11]을 적용하는 것이 바람직한 것인지에 대한 문제 제기를 하고 있다(Suskin 외, 2018). 파라하니(Nita Farahany) 교수는 머리와 신체를 분리하는 참수하는 수술이 포함되어 있는 신체이식의 과정은 적극적 안락사에 해당하는 성격을 가지고 있으며, 만약 시술이 성공적으로 이루어지지 않을 경우에는 의사가 환자를 의도적이거나 무모하게 살인한 것으로 보인다고 비판하였다(Washington Post, August 25, 2016). 신체이식 시술을 하는 과정에서는 성공적인 결과가 있다고 하더라도 일시적으로 사망에 이르는 과정을 거치는 것이고, 그 사망의 과정을 환자가 인식하고 동의하는 것이 과연 허용될 수 있는지 질문을 던지고 있다. 더군다나 실패할 가능성이 상당히 높음에도 불구하고 이에 동의하는 것은 의도적이거나 무모한 살인에 동의하는 것인데 과연 피실험자의 이러한 동의를 허용할 수 있는지 의문이다. 외과의사가 이

11) 'caveat emptor'는 직역하면 물건을 사는 사람이 조심해야 한다는 뜻으로서 상법에서 계약상 명백한 보증이 없는 경우 매수인이 자신의 위험으로 매수한다는 원칙을 말하는 영미법상의 라틴어 법률용어이다.

식을 위해 머리를 절단한 경우 의도적으로 살리기 위한 것으로 보아야 하는지, 살인으로 보아야 하는지 논란이 제기될 수 있다는 점에서 미국 형법에서는 이 실험에서 환자가 사망하면 의도적이거나 무모한 살인으로 간주될 수 있다고 지적하였다. 신체이식 연구와 같은 실험적 연구에서 위험을 감수하겠다는 자원자가 자신의 신체를 분리하는 방법으로 스스로 죽여 달라고 동의하는 것으로 볼 수밖에 없으므로, 살인과 치료 사이의 미세한 경계선상으로 살인의 정의(definition of murder)의 한계에 대한 재정립이 필요하다는 점을 강조하였다.

임상시험을 수행하는 과정에서 실제로 피험자의 적절한 이해를 구하는 것, 그리고 자발적 동의를 할 수 있도록 보장하는 것에는 무엇보다 구체적인 정보 제공과 대상자의 이익을 심사숙고할 필요가 있다. 신체이식 실험대상자와 같이 환자 본인이 이를 충분히 숙지하고 동의하였다고 외부에 표시하면 설명동의의 원칙으로 이를 환자의 동의로 볼 수 있느냐에 신중한 태도를 가지는 것은 연구자의 의도 또는 의도하지 않았더라도 피험자의 취약성 때문에 뜻하지 않은 희생이 생길 개연성이 매우 높은 경우라는 점에서 과연 환자의 이익에 부합하는지에 대한 심사숙고가 이루어졌는지에 대한 사전 점검이 필요하다고 할 수 있다.

3) 비판과 평가

신체이식은 기존의 연구 중에서도 매우 실험적인 연구과정을 가지고 있기 때문에 상당히 높은 수준의 정보 공개가 요구된다고 본다. 신체이식에서도 환자에게 자기결정에 도달할 수 있는 충분한 정보가 제공되어야 한다. 정보 공개 수준은 절차의 신규성과 위험에 비례하기 때문에 신체이식 수술을 시도하려는 의료진은 먼저 관심 있는 잠재적 이식의 대상자들에게 연구진들은 이 절차의 실험적인 성격을 알려 주어야 한다. 그 다음으로 이 연구에 내재되어 있는 위험 발생의 가능성과 그 유형들에 대해서 알릴 필요가 있다. 성공적인 수술 후에 발생할 수 있는 심각한 합병증과 부작용, 수술 실패시의 감각, 운동기능 및 호흡기능의 상실 가능성에 주의를 기울여서 충분한 설명을 하여야 한다.

신체이식의 연구계획서를 심의하는 기관윤리위원회(IRB)는 연구대상자에게 그들의 권리와 복지 보호에 의미 있는 정보가 제공되었는지 확인해야 한다. 신체이식과 같이 환자의 건강의 심각한 저하나 사망을 초래할 수 있는 위험을 적절히 관리할 수 없는 실험의 경우 자원자가 스스로 동의할 수 있는지 여부 및 충분한 정보 제공에 근거하여 이루어진 동의였는지에 대한 검토가 필요하지만, 그 기술적 타당성에 대한 검증이 제대로 이루어졌는지에 대한 점검이 선행되어서 이루어질 필요가 있다. 연구자가 어떠한 동의절차를 거쳐 어느 수준의 공개된 정보를 제공하였는지 결정하는 데 중요한 기준은 연구결과의 '최소위험'(minimal risk)이다. 뉘른베르크 강령이나 헬싱키 선언에 의하면 해당 실험이 환자의 삶의 질을 크게 저하하거나 사망을 초래할 것으로 판단되는 선행적인 이유가 있는 경우에는 기관윤리위원회는 환자가 동의하였음에도 그 동의의 유효성을 부정할 수 있다고 한다.

또한 기관윤리위원회는 연구진에 의한 정보 공개가 환자들이 자신이 할 개인적인 도박에 가까운 실험적 성격을 완전히 인식할 수 있는 정도였는지 확인해야 한다(Van Assche 외, 2018). 불치병을 앓고 있는 환자일수록 기적의 치료라고 알려진 것을 거절하기가 심리적으로 매우 어려울 수 있다. 이것은 제안된 절차 자체가 명백히 부적절하다고 판단되는 경우에는 대상자인 환자들은 착취당할 더 큰 위험에 처하게 되는 것이다. 이러한 환자는 취약계층의 환자군으로 볼 수 있으며, 환자에게 예상되는 위험 및 이득의 계산에서 연구성과로 인한 의학의 발전 가능성을 독립적인 가중치로 부여하여 판단해서는 안 된다.

(2) 인간정체성 혼란

1) 신체이식과 몸과 정체성의 관계

상당수의 윤리학자는 신체이식 연구는 다른 장기이식과는 다르게 자신의 정체성과 몸(신체)의 관계에 대한 혼란이 일어날 수 있다고 주장하고 있다(Suskin 외, 2018). 특히 신체이식 후 다른 신체를 가지고 있는 자신을 보면서 '누가 나이며', '무엇이 나인가?'라는 질문을 던질 수 있다는 것이다. 반면에 신체이식 연구진들은 이와 같은 생명윤리적 이슈는 서구 역사에 내재되어 있는 윤리적 논쟁으로부터 제기되는 것이고, 특히 인간의 정체성과 같은 이슈는 과학적으로 확실하게 증명될 수 있는 이슈라고 할 수 없고, 그에 미치지 못하는 강한 정치적 경향을 가지고 있는 단순한 의견이라고 볼 수밖에 없다고 항변하였다(Ren 외, 2017).

신체이식이 성공적으로 이루어진다고 가정한다면 신체이식을 한 이후의 사람은 그 사람의 머리를 가지고 있지만 신체구조상으로 뇌사자의 몸통을 가진 사람으로 볼 수 있다. 머리는 신체의 8%에 불과하며, 신체이식 후의 지문이 머리를 가지고 있는 피시험자의 지문이 아니고, 태어나는 자손의 유전자도 머리를 가지고 있는 피시험자의 것이 아닌 제공자인 뇌사자의 유전자와 일치한다면 과연 신체이식을 한 이후의 사람에 대한 정체성을 확인하는 문제가 간단하지 않다. 특히 신체이식 후 법적으로 책임귀속과 권리의 문제

발생도 일어날 수 있다. 예를 들어 신체이식 이전에 범죄를 저지르거나 임신을 종결시킨 경험을 가진 몸을 가지고 있었던 자의 책임귀속의 문제 또는 몸을 소유하고 있던 자와 관련된 권리의 귀속 여부가 문제될 수 있다. 따라서 신체이식은 과연 그 사람을 누구로 볼 것인가라는 물음에 머리를 소유한 사람 또는 몸통을 소유한 사람인가라는 정체성을 확정하는 기준과 해답을 찾아야 하는 것이 필요하다.

2) 정체성을 결정하는 기준

인간의 정체성은 심리적 연속성만으로 정의되는가, 신체적 연속성에도 의존하는가라는 논란이 야기된다(Suskin 외, 2018). 신체이식에서 인간의 정체성이 문제가 되는 것은 정체성에 대한 일반적인 인식은 사회문화적 환경에 의해서 중요한 변화를 겪을 수 있다고 보는 입장에서는 향후 신체이식이 성공적인 결과를 얻을 경우에는 사회문화적 환경 그 자체에 의해서 정체성의 개념이 바뀔 수 있다고 보는 것이다(Pascalev 외, 2016).

신체이식과 관련하여 인간 정체성의 결정기준에 대해 아래와 같이 견해의 대립이 있다(Cuoco 외, 2016).

첫째, 머리를 이식하는 것은 인식이나 개인 인성과 기억을 포함하는 개인의 마음(mind)을 이식하는 것이라고 보는 견해가 있다. 머리를 가진 자의 정체성이 유지된다는 점을 강조하는 것이다.

둘째, 인간은 체화된 인지(embodied cognition)의 과정에 참여하고 있고, 인지과학에 의하면 인간의 인지는 단순하게 뇌의 실질조직 내에서만 형성되는 것이 아니라 인간의 몸이 자아 형성에 참여하는 내재된 인지능력을 보여준다고 보는 견해에 의하면, 다른 몸을 이식한 자는 머리를 가진 자의 정체성이 아닌 몸을 가진 자의 정체성을 가진 것으로 볼 수 있다고 한다.

셋째, 신체이식 후의 인간은 머리/뇌의 연속선상에서 신체를 기증한 자의 연속성을 함께 가지고 있다고 보는 견해에 의하면, 신체이식 후의 사람은 전혀 새로운 사람으로서 정체성을 인정할 수 있다고 한다.

3) 법률상의 정체성의 식별기준

현행 법률에서는 인간의 정체성에 대해서 구체적으로 정의하고 있지 않다. 법에 정의되어 있는 사람의 정체성의 유래가 머리인지 몸인지에 대해서 명확한 규정이 마련되어 있지 않다.

현재 개인을 식별하는 방법으로 통상 2가지 방법을 사용하고 있다(Suskin 외, 2018).

첫째는 DNA 검사방법이다. DNA는 친자를 확인하거나 범죄자의 신원을 확인하는 방법으로 사용하고 있다. 판례에 의하면 일반적으로 승인된 전문지식에 비추어 볼 때 피고인의 유전자형이 범인의 그것과 상이하다는 감정결과는 유전자형이 다르면 동일인이 아니라고 확신할 수 있다고 한다(대법원 2007. 5. 10. 선고 2007도1950 판결). 그러나 쌍둥이의 경우 DNA가 99.99%가 일치하는 것으로 나타나기 때문에 DNA만으로 정체성을 판단하는 데는 예외가 있을 수 있다. 신체이식의 성공 후 피시험자의 머리는 그가 가지게 된 새로운 몸과 다른 DNA를 가지고 있다는 사실에 따라서 다른 사람의 정체성을 인정하는 접근방법에 대해서는 전적으로 동의하지 않을 수 있다.

둘째는 뇌 또는 뉴런에 중점을 두는 신경중심적(neurocentric view) 방법이다. 미국 법률에서 자연인의 법적 인간성(legal personhood)을 정하는 방법은 신경중심적이라고 한다(Rogers, 2018). 예를 들고 있는 것이 결합쌍둥이의 사례이다. 미국 정부는 두 개 머리와 한 몸을 가진 샴쌍둥이에게 두 개의 여권을 발급하였다. 이러한 두 개의 여권을 발부하는 미국의 법률과 관행은 샴쌍둥이의 신체 분리 여부와 관계없이 두 개의 머리를 가진 두 명의 개체 정체성을 인정하고 있는 것이다.

신경중심적 방법에 의하면 신체이식 이후 머리를 가진 피시험자는 뇌의 모든 기능이 유지되고 있고, 일시 순환기와 호흡기의 기능이 상실되더라도 기증받은 몸을 부착하면 순환기와 호흡기의 기능이 회복되며, 여전히 뇌의 동일성이 유지되고 있으므로 수술 이전의 사람과 동일성을 유지하고 있다고 보는 것이다. 심신상실이나 치매 등으로 인하여 인지능력이 상실되었다고 하더라도, 예를 들어 뇌 손상이나 기억 손상 등으로 과거의 기억을 상실하고 앞으로도 기억할 수 없는 상황이라고 하더라도, 기억상실 장애를 가지고 있는 사람은 여전히 그 이전 건강하였던 사람과 동일한 취급하고 있다는 점에서 누구인가의 정체성을 결정하는 데에는 기능적 변화나 손상보다는 뇌/머리 중심으로 보아야 한다는 것이다(Suskin 외, 2018).

그런데 몸을 제공한 사람의 가족이나 대리인은 몸을 제공한 뇌사자의 신체에 대해서 법적으로 권리를 주장할 수 없다는 문제점을 지적하고 있다. 만약 머리를 가지고 있는 사람이 몸을 제공한 뇌사자의 이전의 법적 책임 유지에 동의를 할 수 있는지, 동의 여부에 따라 법적 책임이나 권리의 귀속 여부가 달라질 수 있음을 인정할 것인지에 대해서는 논란이 제기될 수 있다. 신체이식 이후의 사람은 몸을 제공한 자가 이전에 부담하였던 민사상 또는 형사상의 책임을 부담하지 않지만, 이와 관련된 분쟁이 야기될 수 있으므로 법률상으로 인간의 정체성의 기준 및 신체이식 후 이식받은 몸에 대한 책임귀속 또는 권리귀속 여부에 대한 명확한 규정을 마련해야 할 필요가 있는 것이다.

(3) 심리적 압박과 혼란의 야기

법적으로 정체성의 정의가 확립되어 머리를 가진 자가 새로운 몸을 이식하였다고 하더라도 이전의 자신과의 동일성을 유지하는 정체성을 가진다고 하여도 여전히 새로운 문제가 제기될 수 있다. 심리적 갈등이나 부담감의 문제이다.

한편으로 신체이식은 실패 가능성이 높은 수술에 해당하여 치명적인 실패로 사망확률이 높다는 점을 가정한다면 자원자의 심리적 부담감이 엄청나게 클 수 있다. 또한 신체이식 후 생명은 유지되지만 신경이나 척수 연결이 이루어지지 않아서 사지마비를 수반한다면 그에 따른 삶의 질이 저하되므로 이를 감수할 수 있을지 여부에 대한 심리적 압박이 야기된다.

다른 한편으로 신체이식 후 성공적인 결과를 가져온다고 하더라도 새로운 몸을 가진 자가 그 몸을 자신으로 이해하는데 심리적 갈등을 가질 수 있다. 이러한 문제는 안면이식을 행한 환자의 사례에서도 동일하게 나타난다. 안면이식의 경우 초기에는 많은 윤리적 논쟁들이 있었고, 특히 지속적으로 면역억제제를 사용해야 한다는 문제에서부터 잠재적인 신분 이전 등의 문제점들이 노출되었다. 최근 기술 개발이 더 진전되면서 윤리적 논쟁도 어느 정도 진화하여 안면이식은 심각한 안면 결함에 대처하는 실행 가능하고 필요한 치료 옵션으로서의 성격을 가진 것으로 평가되어 도덕적으로 전면 반대할 수 없는 이식술로서 인식되고 있다(Kiwanuka 외, 2013).[12)]

그에 반해, 신체이식은 안면이식과 달리 시술 후의 심리적 갈등의 정도가 더 클 수 있다는 문제점이 지적된다. 의학자들은 신체이식은 시술 전에 전혀 테스트를 하거나 경험할 수 없는 상황을 일어나게 하는 것으로서 신체이식 후 그들에게 제공되는 새로운 몸에 적응하는데 상당한 심리적 어려움에 직면할 수 있으며, 제어할 수 없는 심리적 갈등이 심한 경우에는 정신질환, 자살 경향, 정신분열과 같은 심각한 합병증을 초래할 수 있다고 지적하고 있다(Cuoco 외, 2016).

---

12) 안면이식은 얼굴 기형 등의 비정상적인 조건을 가진 사람들의 삶의 질을 향상하기 위한 치료방법으로서 사용되고, 실제 그 부작용이나 실패의 정도가 낮다는 점에서 긍정적인 인식을 가지게 되었다. 다만 안면이식은 노화된 얼굴 성형의 방법으로 이용하거나 외모 강화 또는 미용 향상의 방법으로 이용하는 경우 또는 범죄자의 자신의 은폐 목적으로 이용하는 것과 같은 부적절한 수요를 창출하는 부작용이 있을 수 있으므로 의학적·윤리적 한계 내에서 시술이 이루어져야 한다.

(4) 자원분배의 불균형성 야기

신체이식에 비판적인 시각을 가진 전문가들의 반응 중에서는 경제적 실현 가능성과 사회적 정의의 원칙에 근거하여 사회적 분배정의의 불균형 문제가 있다는 견해가 있다(Furr 외, 2017). 신체이식에서의 자원분배(cost and allocation of resources)와 관련하여 연구 자체의 실험적 성격에 비추어 연구결과 성공 가능성 또는 환자의 상태를 개선할 가능성이 극히 희박하므로 연구자원의 분배에서 우선순위가 낮은 연구에 해당한다. 이에 신체이식 연구에 막대한 치료비용를 투자하고 소수의 자원자들에게 집중적으로 사용하는 것에 대해, 일부 학자들은 연구비의 분배와 자원의 효율적 이용이라는 관점에서 비추어 보면 척수 손상의 기술 향상에 연구비를 투자하는 것이 신체이식 기술 향상에 연구비를 투자하는 것보다는 윤리적으로 더 타당하다고 지적하고 있다(Engelhaupt, 2015). 뇌사자로부터 각각의 장기의 이식을 할 때 더 많은 이식 대기자의 수혜를 가져올 수 있고, 심장이식이나 간이식 등의 여러 장기의 이식은 그 자체 성공률이 높아 이식 대상자의 위험성도 낮아진다는 점에서 뇌사자의 신체 전체를 이식 대상으로 하는 한 사람의 자원자를 위한 신체이식 연구와 비교될 수 있다(Gkasdaris 외, 2019).

▸ 제3장 참고문헌

Ⅰ.

Barnhart, A. J. & Dierickx K. (2022), "The Many Moral Matters of Organoid Models: A systematic review of reasons", *Medicine Heal Care Philosophy.* 25(3).

Boers, S. N. & Bredenoord, A. L. (2018), "Consent for governance in the ethical use of organoids", *Nat Cell Biol.* 20(6).

Boers, S. N., Delden, J. J. M. van and Bredenoord, A. L. (2019), "Organoids as hybrids: ethical implications for the exchange of human tissues", *J Méd Ethics,* 45(2).

Bredenoord, A. L., Clevers, H., and Knoblich, J. A. (2017), "Human tissues in a dish: the research and ethical implications of organoid technology", *Science,* 355.

Dang, J., Tiwari, S. K., Lichinchi, G., Qin, Y., Patil, V. S., Eroshkin, A. M. et al. (2016), "Zika Virus Depletes Neural Progenitors in Human Cerebral Organoids through Activation of the Innate Immune Receptor TLR3", *Cell Stem Cell.* 19(2).

Foster, C. (2014), "Dignity and the Ownership and Use of Body Parts", *Camb Q Healthic Ethics.* 23(4).

Greely, H. T. (2020), "Human Brain Surrogates Research: The Onrushing Ethical Dilemma", *Am J Bioeth.* 21(1).

Hubrecht, R. C. & Carter, E. (2019), "The 3Rs and Humane Experimental Technique: Implementing Change", *Animals.* 9(10).

Jongh, D. de, Massey, E. K., Berishvili, E., Fonseca L. M., Lebreton, F., Bellofatto, K. et al. (2022), "Organoids: a systematic review of ethical issues", *Stem Cell Res Ther.* 13(1).

Ⅱ.

김진경, "고령화 사회의 노인치료를 위한 윤리적 토대 구축", 『한국의료윤리학회지』, 15(3). 2012.

김효은, "인지향상약물의 윤리적 허용기준: 인지과학적 접근", 『생명윤리정책연구』, 3(2), 2009.

로버트 달, 조기제 옮김, 『민주주의와 그 비판자들』, 문학과지성사, 1999.

신상규, 『호모 사피엔스의 미래: 포스트휴먼과 트랜스 휴머니즘』, 아카넷, 2014.

심지원, "의료윤리에서의 향상(Enhancement)에 대한 고찰", 『철학·사상·문화』, 17, 2014.

______, "향상약물복용에 대한 윤리적 접근: 인지향상약물의 수단 및 방법을 중심으로", 『윤리연구』, 1(102), 2015.

______, "코르셋에 갇힌 인공지능: 사람들은 윤리적인 "이루다"를 원할까?", 『젠더법학』, 12(2), 2021.

______, "인지향상과 두터운 자율성 개념의 필요성에 대한 예비고찰", 『The Digital Ethics』, 한국인

터넷윤리학회, 7(1), 2023.
심지원·김진선, "'통합성'으로 연결된 '메타버스 윤리원칙'과 '윤리'", 『문화와융합』, 45(5), 2023.
스베냐 플라스펠러, 장혜경 옮김, 『우리의 노동은 왜 우울한가』, 로도스, 2013.
제롬 B. 슈니윈드, 김성호 옮김, 『근대 도덕철학의 역사: 자율의 발명 1』, 나남, 2018.
존 롤즈, 김주휘 옮김, 『공정으로서의 정의: 재서술』, 이학사, 2016.
탐 비첨/제임스 췰드리스, 박찬구 외 옮김(2014), 『생명의료윤리의 원칙들』, 이화여자대학교 생명의료법연구소, 2014.
톰 스탠디지, 차재호 옮김, 『역사 한 잔 하실까요?』, 세종서적, 2006.
최경석, "생명의료윤리에서의 '자율성'에 대한 비판적 고찰", 『한국의료윤리학회지』, 14(1), 2011.
한병철·김태환 옮김, 『피로사회』, 문학과 지성사, 2010.
허유선·이연희·심지원, "왜 윤리인가: 현대 인공지능 윤리 논의의 조망, 그 특징과 한계", 『인간·환경·미래』, 24, 2020.
스테판 뮬홀/애덤 스위프트, 김해성 외 옮김, 『자유주의와 공동체주의』, 한울아카데미, 2001.

Eric T. Juengst (1998), "What Does Enhancement Mean?", in Parens, E.(eds.), *Enhancing Human Traits: Ethical and Social Implication*, Washington D.C.: Georgetown University Press.
Feinberg, J. (1989), *The Moral limits of the Criminal Law: volume 3: Harm to Self*, Oxford University Press, chapter 18. Autonomy.
Sententia, W. (2004), "Neuroethical considerations: cognitive liberty and converging technologies for improving human cognition", *Annals of the New York Academy of Sciences*, 1013(1).
Hagendorff, Thilo (2019), "The ethics of AI ethics――an evaluation of guidelines", arXiv preprint arXiv:1903.03425.

Ⅲ.

공창진, "뇌－컴퓨터 인터페이스의 신경윤리학적 측면에서의 문제점 분석 및 개선 방향", 한국정보과학회 학술발표논문집, 2009.
남승민·최민영, "신경윤리의 주요 쟁점과 전망", 『생명윤리정책연구』, 제15권 제3호, 2022.
백선하·황재하·전범석, "뇌심부자극술: 기전, 수술방법, 임상적응증", 『대한의사협회지』, 제56권, 제8호, 2013.
윤준식·남승민, "인지향상과 신경윤리 - 뇌자극술과 뇌－컴퓨터 연결에서의 윤리적 고려사항 검토", 『의료법학』, 제23권 제2호, 2022.
최민영, "침습적 뇌자극기술과 법적 규제 – 뇌심부자극술(Deep Brain Stimulation)을 중심으로 –", 『의료법학』, 제23권 제2호, 2022.

Baylis, F. (2013), "'I Am Who I Am': On the Perceived Threats to Personal Identity from Deep Brain Stimulation", *Neuroethics*. 6(3).

Bluhm, R., Cabrera, L., and McKenzie, R. (2020), "What we (Should) Talk about when we Talk about Deep Brain Stimulation and Personal Identity", *Neuroethics*, 13.

Dings, R., de & Bruin, L. (2016), "Situating the self: understanding the effects of deep brain stimulation", *Phenom Cogn Sci*. 15(2).

Mitchell, P., Lee S. C. M., Yoo, P. E. et al. (2023), "Assessment of Safety of a Fully Implanted Endovascular Brain－Computer Interface for Severe Paralysis in 4 Patients: The Stentrode With Thought－Controlled Digital Switch (SWITCH) Study", *JAMA Neurol*. 80(3).

Miocinovic, S., Somayajula, S., Chitnis, S., and Vitek, J. L. (2013), "History, Applications, and Mechanisms of Deep Brain Stimulation", *JAMA Neurol*, 70(2).

Thomson, C. J., Segrave, R. A., Racine, E., Warren, N., Thyagarajan D., and Carter, A. (2020), ""He's Back so I'm Not Alone": The Impact of Deep Brain Stimulation on Personality, Self, and Relationships in Parkinson's Disease", *Qualitative Health Research*, 30(14).

Thomson, C. J., Segrave, R. A., and Carter, A. (2021), "Changes in Personality Associated with Deep Brain Stimulation: a Qualitative Evaluation of Clinician Perspectives", *Neuroethics* 14(Suppl 1).

Ⅳ.

김도영 외, "뇌파신호 및 응용 기술 동향", 『전자통신동향분석』, 제32권 제2호, 2017.

엄주희, "4차 산업혁명 시대의 과학기술 발전에 따른 공법적 과제 － 신경과학 발전과 기본권 보호의 지형 －", 『연세법학』, 제34권, 2019.

이인영, "뇌과학과 뇌법 관련 이슈에 대한 개관", 『의생명과학과 법』, 제22권, 2019.

정재승, "세계가 놀란 K7, 뉴로마케팅의 승리", 『동아비지니스리뷰』, 제58호, 2010. 6.

허영, 『한국헌법론』(전정14판), 박영사, 2018.

홍성욱, "기능성자기공명영상(FMRI)을 이용한 거짓말 탐지 증거의 정확도와 법적 시사점", 『서울대학교 법학』, 제52권 제3호, 2011.

https://dbr.donga.com/article/view/1202/article_no/2983.

Boire, R. G. (2000), "On Cognitive Liberty(Part 1)", 1 *The Journal of Cognitive Liberties* 1.

______. (2005), "Searching the Brain: The Fourth Amendment Implications of Brain－Based Deception Detection Devices", *Am J Bioeth*. 5(2).

Borbón, D. & Borbón, L. (2021), "A Critical Perspective on NeuroRights: Comments Regarding Ethics and Law", *Front Hum Neurosci*. 15.

Bublitz, J. C. (2013), "My Mind Is Mine!? Cognitive Liberty as a Legal Concept", In Elisabeth Hildt & Francke, A. G. (eds.), *Cognitive Enhancemnt: An Interdisciplinary Perspective*. 2013.

______. (2022), "Novel Neurorights: From Nonsense to Substance", *Neuroethics－neth* 15.

______. (2023), "What an International Declaration on Neurotechnologies and Human Rights Could Look Like: Ideas, Suggestions, Desiderata", *AJOB Neurosci.*(ahead－of－print).

Clausen, J., Fetz, E., Donoghue, J., Ushiba, J., Spörhase, U., Chandler, J. et al. (2017), "Help, hope, and hype: Ethical dimensions of neuroprosthetics", *Science*. 356(6345).

Farah, M. J. (2014). "Brain Images, Babies, and Bathwater: Critiquing Critiques of Functional Neuroimaging", *Hastings Cent Rep*. 44(s2).

Farah, M. J., Hutchinson, J. B., Phelps, E. A., and Wagner, A. D. (2014), "Functional MRI－based lie detection: scientific and societal challenges", *Nat Rev Neurosci*. 15(2).

Farah, M. J., Smith, M. E., Gawuga, C., Lindsell, D., and Foster, D. (2009), "Brain Imaging and Brain Privacy: A Realistic Concern?", *J Cognitive Neurosci*. 21(1).

Farahany, N. A. (2019), "The Costs of Changing Our Minds", *Emory L.J.* 69(1).

Farwell, L. A. (2011), "Brain fingerprinting: a comprehensive tutorial review of detection of concealed information with event－related brain potentials", *Cogn Neurodyn*. 6.

Farwell, L. A., Richardson, D. C., Richardson, G. M., and Furedy JJ (2014), "Brain fingerprinting classification concealed information test detects US Navy military medical information with P300", *Frontiers in Neuroscience*. 8.

Fins, J. J. (2022), "The Unintended Consequences of Chile's Neurorights Constitutional Reform: Moving beyond Negative Rights to Capabilities", *Neuroethics－neth* 15.

Glannon, W. (2017), "Some questions about brain－based mind reading in forensic psychiatry", *J Law Biosci*. 4(3), lsx024－.

Greely, H. T. (2015), "Neuroscience, Mindreading, and the Courts: The Example of Pain", *J. Health Care L. & Pol'y*. 18(2).

Hallinan, D., Schütz, P., Friedewald, M., and Hert, P. D. (2013), "Neurodata and Neuroprivacy: Data Protection Outdated?", *Surveill Soc*. 12(1).

Hertz, N. (2023), "Neurorights － Do We Need New Human Rights? A Reconsideration of the Right to Freedom of Thought", *Neuroethics－neth*. 16(1).

Hsu, M. (2017), "Neuromarketing: Inside the Mind of the Consumer", *Calif Manag Rev*. 59(4).

Ienca, M. & Andorno, R. (2017), "Towards new human rights in the age of neuroscience and neurotechnology". *Life Sci Soc Policy*. 13(1).

Jones, O. D., Wagner, A. D., Faigman, D. L., and Raichle, M. E. (2013), "Neuroscientists in court",

Nat Rev Neurosci. 14(10).

Jwa, A. S. (2022), "Poldrack RA. Addressing privacy risk in neuroscience data: from data protection to harm prevention", *Journal of Law and the Biosciences.* 9(2).

Ligthart, S., Douglas, T., Bublitz, C., Kooijmans, T., and Meynen, G. (2020), "Forensic Brain－Reading and Mental Privacy in European Human Rights Law: Foundations and Challenges", *Neuroethics－neth.*

Mobbs, D., Lau, H. C., Jones, O. D., and Frith, C. D. (2007), "Law, Responsibility, and the Brain", *PLoS Biol.* 5(4).

Naufel, S. & Klein, E. (2020), "Brain－computer interface (BCI) researcher perspectives on neural data ownership and privacy", *J Neural Eng.* 17(1).

OECD, Neurotechnology and Society: Strengthening Responsible Innovation in Brain Science, 2017. (OECD Science, Technology and Innovation Policy Papers No. 46).

Oullier, O. (2012), "Clear up this fuzzy thinking on brain scans", *Nature.* 483(7387).

Presidential Commission for the Study of Bioethical Issues, GRAY MATTERS－Integrative Approaches for Neuroscience, Ethics, and Society, Vol. 1－2.

Sententia, W. (2004), "Neuroethical Considerations: Cognitive Liberty and Converging Technologies for Improving Human Cognition", *Ann NY Acad Sci.* 1013(1).

Shen, F. X. (2013), "Neuroscience, Mental Privacy, and the Law", *Harv JL & Pub Pol'y.* 36.

Sjors Ligthart, Thomas Douglas, Christoph Bublitz et al. (2020), "Forensic Brain－Reading and Mental Privacy in European Human Rights Law: Foundations and Challenges", 2020 *Neuroethics* 1.

Susser, D. & Cabrera, L. Y. (2023), "Brain Data in Context: Are New Rights the Way to Mental and Brain Privacy?", *AJOB Neurosci.* 2023(ahead－of－print).

Willett, F. R., Avansino, D. T., Hochberg, L. R., Henderson, J. M., and Shenoy, K. V. (2021), "High－performance brain－to－text communication via handwriting", *Nature.* 593(7858).

Yuste, R., Goering, S., Arcas, B. A., Bi, G., Carmena, J. M., Carter, A. et al. (2017), "Four ethical priorities for neurotechnologies and AI", *Nature.* 551(7679).

Zuboff, S., Möllers, N., Wood, D. M., and Lyon, D. (2019), "Surveillance Capitalism: An Interview with Shoshana Zuboff", *Surveill Soc.* 17(1/2).

Anwar, Y., "Scientists Use Brain Imaging to Reveal the Movies in Our Mind", *Berkeley News*, Sep. 22, 2011.

Frazier, M., "Hidden Persuation or Junk Science?", *Advertising Age*, Sep. 10, 2007.

Harrell, E., "Neuromarketing: What You Need to Know", Harv. *Bus. Rev.* Jan. 23, 2019.

________, “MUSE – End User License Agreement”, https://choosemuse.com/legal/ (accessed June 30, 2020).
________, INTERAXON'S PRIVACY POLICY/Effective Date of Privacy Policy: April 27, 2019.
________, “Thomas Reardon Introduces CTRL–kit at Slush 2018”, https://youtu.be/D8pB8sNBGlE?t=654 (accessed June 30, 2020).
________, “How Technology May Soon “Read” Your Mind”, https://www.cbsnews.com/news/how–technology–may–soon–read–your–mind/ (accessed Jun. 30, 2020).
________, “Dead salmon, bugs and brain scans: Can we ever reach a consensus in neuroscience research?”, *Science Daily*, Oct. 4, 2016.
________, https://neurorightsfoundation.org/

Ⅴ.

김기영, “임상시험피험자와 자기결정”, 『한국의료법학회지』, 제18권 제1호, 2010.
김혁돈, “임상시험과 자기위태화”, 『법학연구』, 제21권 제2호, 2013.
이인영, “신체이식의 윤리적 법률적 쟁점에 관한 고찰”, 『홍익법학』, 제20권 제1호, 2019.

Assya Pascalev, Mario Pascalev and James Giordano, “Head Transplants, Personal Identity and Neuroethics”, *Neuroethics*, Vol. 9, Issue 1, April 2016.
Furr, A., Hardy, M. A., Barret, J. P., and Barker, J. H., “Surgical, ethical, and psychosocial considerations in human head transplantation”, *Int J Surg.* May 2017.
Giuliano Mori, “Head Transplants, Personal Identity and Neuroethics”, *CNS Neuroscience & Therapeutics* 22, 2016.
Joshua A. Cuoco & John R. Davy, “Operation Frankenstein: Ethical Reflections of Human Head Transplantation”, *Neurosurg.* 2016
Kiwanuka, H. 1., Bueno, E. M., Diaz–Siso, J. R., Sisk, G. C., Lehmann, L. S., and Pomahac, B., “Evolution of ethical debate on face transplantation”, *Plast Reconstr Surg.* Dec. 2013.
Kristof Van Assche & Assya Pascalev, “Where Are We Heading? The Legality of Human Body Transplants Examined”, *Issues in Law & Medicine*, Vol. 33, Issue 1, Spring 2018.
Ren, X. & Canavero, S., “Heaven in making; between the rock(the academe) and a hard case(a head transplant)”, *AJOB Neuroscience*, 8(4), 2017.
Ren, X., Orlova, E. V., Maevsky, E. I., Bonicalzi, V., and Canavero, S., “Brain protection during cephalosomatic anastomosis”. Surgery. 160(1). July 2016.
Sergio Canavero, “HEAVEN: The head anastomosis venture Project outline for the first human head

transplantation with spinal linkage(GEMINI)", *Surg Neurol Int* 13, June 2013.

Xiaoping Ren & Sergio Canavero, "The New Age of Head Transplants: A Response to Critics", *AJOB Neuroscience*, 8(4). 2017.

Zaev D. Suskin & James J. Giordano, "Body-to-head transplant; a "caputal" crime? Examining the corpus of ethical and legal issues", *Philos Ethics Humanit Med.* 2018.

제4장

Mind Reading

CHAPTER 4

Mind Reading

Ⅰ. 청소년의 뇌

1. 청소년 뇌에 대한 연구

(1) 청소년 뇌의 발달과정

갓 태어난 아이의 뇌의 전체적인 모습은 성인의 뇌와 상당히 유사하다. 뇌의 용량은 갓 태어났을 때와 성인이 되었을 때 비교하면 4배가 증가한다. 뇌의 발달과정은 아동기를 거치면서 구조적, 기능적 조직화 모두에서 극적인 변화를 거치는데, 진보적 과정과 퇴행적 과정이 동시에 일어나는 역동적인 과정이라고 할 수 있다. 뇌 전체의 크기는 6세가 되면 성인 뇌의 90%에 이르지만, 뇌는 계속해서 청소년기를 거쳐 성인이 될 때까지 발달한다. 태아기 동안의 증식과 이주, 태생 후 시냅스 밀도의 영역별 변화, 성인까지의 긴 발달과정, 인지 조정 과정 등이 포함된다. 성인에서 배외측 전전두엽 피질(DL-PFL)은 인지 조절기능을 건드리는 과제들에서 중요한 피질 영역이라고 알려졌는데, 아동들에 대한 조직학적, 신경해부학적 연구들로부터 전전두엽 피질이 청소년기 중·후반에 이르기까지는 성인과 같은 성숙한 단계에 이르지 못한다고 알려졌다(Bernard 외, 2010).

뇌가 발달하는 동안 많은 자극을 받지 못하거나 거의 사용되지 않은 뉴런이나 연결은 사라지며, 결과적으로 뇌가 환경에 잘 적응하고 전문화할 수 있도록 한다. 포유류의 신경계 발달에서 한 가지 중요한 특징은 뉴런의 초기 증식 및 그 연결과 그 이후에 수반되는 가지치기 과정이다. 인간의 대뇌피질이 발달하는 동안 가지치기는 뉴런들 간 연결 수가 감소하는 시냅스 제거(elimination of synapses)에 의해서 발생한다. 신경원 간의 연결을 가지치기하는 속도는 경이적이며, 사람의 경우 원숭이보다 더 많이 초당 200개나 되는 축색(axon)이 상실되고 있다고 추정하였다. 사람에 있어서 시냅스 제거가 발생하는 시기는 피질영역에 따라서 다른데, 예를 들어 시각피질에서는 10세까지만 일어나지만, 전두엽 피질에서는 청소년기까지 지속된다(Banich, 2008). 뇌의 발달 연구의 많은 데이터에 의하면 아동기와 사춘기의 언어발달, 집행기능, 사회적 인지의 발달에 관한 한 가지 공통된 발견은 이러한 고차원적인 인지기능들과 관련성을 가지고 있는 피질 영역들이 사춘기 중후반에도 상당히 지연된 발달과정을 보여주고 있으며, 사춘기 후반이 될 때까지도 성인 수준에 이르지 못할 정도로 발달하지 않는다고 한다(Banich, 2008).

(2) 청소년 뇌 연구 성과

초기에는 과학자들은 자폐증의 원인과 과잉활동장애의 원인을 찾기 위해서 소년의 뇌를 조사하였다. 새로운 기술인 뇌 MRI를 사용하여 행한 연구는 10대 소년들의 뇌에 대한 놀라운 연구결과를 보여주었다. 국립 정신보건원의 Jay Giedd 박사는 뇌의 신경학적인 발달을 그리기 위해서 고성능의 MRI 스냅 촬영을 사용하여 1,800명의 어린이와 10대 소년들의 뇌를 종단적으로 일정한 간격을 두고 13년 동안 찍었다. Giedd 연구진은 MRI 영상으로 청소년들의 뇌를 관찰한 결과 종단적 연구결과를 통해서 그들의 뇌가 일정한 발달단계를 거쳐 성숙하고 있고 특히 청소년기 동안 뇌의 전두엽이 계속 발달한다는 것을 밝혔다(Shepherd, 2005). 뇌의 실행기능에서 중요한 역할을 담당하고 있는 전두엽(frontal lobes) 전부피질이 전두엽이 발달과정 중 성숙에 도달하는 가장 마지막 부위이며, 청소년 시기의 전두엽의 발달과정은 인지기능이 일어나는 뇌 부위에서 뚜렷한 변화를 보여주고 있다(Shepherd, 2005).

특히 소년기에서의 전두엽의 크기는 큰 차이가 있을 정도로 변화하지 않지만, 그 구성적 측면에서 눈에 띄게 변화가 진행되고 있다. Sowell 연구진의 연구에 의하면 가장 뚜렷한 중요한 변화는 회백질(gray matter)이 얇아진다는 것이다(Sowell 외, 2001). 회백질을 얇게 하는 과정은 남아있는 뉴런 사이의 연결을 강하게 해주는 가지치기(pruning)가 이루어지는 것을 보여준다. 또한 MRI 연구는 회백질이 얇아지는 같은 부위에서 흰백질(white matter)이 청소년기 동안에 눈에 띄게 증가하는 것을 보여주었다. Reiss 연구진의 연구에 의하면 15세~17세의 청소년의 연구에서 전두엽의 전부 부위에 있는 흰백질이 나이에 따라 신경섬유의 수초형성 작업이 가속화되는 것을 반영하면서 꾸준히 증가하고 있음을 보여주었다. 위 Giedd의 종단적 MRI 연구에서도 10대에서 적어도 22세까지 계속해서 흰백질이 증가하는 것으로 보고하였다(Giedd, 1999).

위의 뇌 이미징 연구는 청소년의 뇌가 학습의 과정에 있다는 것은 보여주고, 청소년의 뇌가 아직까지 발달되지 않았다는 강한 증거들을 제시하고 있으며, 뇌의 성숙의 과정은 성인 연령인 18세를 넘어서도 진행되고 있음을 말해준다. 인간을 윤리적으로 책임 있는 주체로 만드는 충동 억제, 판단, 미래에 대한 계획, 결과에 대한 통찰 그리고 다른 특성들을 관련되는 부위의 발달과 관련해서 초기 20세까지 뇌가 성장을 멈추지 않는다고 한다. 법적인 성인연령인 19세보다는 21살이나 22살이 성숙의 생물학적 연령에 더 가깝다고 말하는 연구결과도 찾아볼 수 있다(Sowell 외, 2001).

전두엽은 어떤 상황이 위험한지 아닌지의 여부를 결정하는 데 중요한 역할을 한다. 또한, 전두엽은 동기부여를 줘서 주의집중을 하게 하고, 계획을 세우거나 결심을 하는 등의 목표 지향적인 행위를 주관하며, 인간성과 도덕성을 관장한다. 따라서 전두엽이 손상을 받거나 망가지면 계획을 세우고 복잡한 행동을 하거나 아이디어를 구상하는 일이 불가능해질 뿐만 아니라, 새로운 환경에 적응하지 못하고 비합리적인 자극에 예민해지게 된다. 전두엽의 구조적인 손상은 통찰력, 전략적 사고, 위기관리 등에서 장애를 가져오고, 전두엽의 기능적인 장애도 동일하게 낮은 충동 통제, 집중, 주의, 자기관리의 어려움과 의사결정의 장애를 가져온다. 소년기의 전두엽에 대한 연구를 통해서 아동기에서의 신경심리학적 결함은 자기통제의 수준에 중요한 영향력을 미친다는 것 그리고 낮은 자기통제는 생물학적 요소와 사회적 요소의 결과라는 것을 보여주었다(Green 외, 2010). 신경과학의 뇌 이미징을 이용한 위의 연구들은 청소년의 전두엽의 미성숙 또는 미발달의 정도가 성인에 비하여 인지기능에서, 성숙한 판단을 실행하는 데에 있어서 충동을 통제하고, 행위의 결과를 신중하게 생각하고, 동료의 영향력을 참아내고, 더 책임 있게 행위하는데 구별되는 차이가 있음을 분명하게 보여주고 있다.

2. 청소년 뇌 연구의 정책적 함의

(1) 청소년 뇌 연구에 대한 수용적 시각

범죄행위를 한 자가 정신질환이나 결함으로 인하여 자신의 행위가 잘못되었다는 것을 전혀 알지 못하면 처벌하지 않는다. 특히 그 정신질환이 뇌의 손상이나 기능장애로 인한 경우에는 사물변별능력이나 의사결정능력이 있는지 여부를 심사하여 책임조각 또는 책임감경을 인정한다(Erickson, 2010). 심한 정신적 질환을 앓고 있는 행위자의 뇌는 그의 진정한 마음이나 인지능력을 보여주므로 행위자의 손상된 뇌가 입증되면 면책될 수 있다. 일부의 신경과학자와 지지자들은 뇌와 마음, 사람을 구별하는 것은 불필요하다고 주장하며, 문제의 핵심은 뇌에 있다고 주장하고 있다. 주장의 바탕에는 뇌의 손상이나 기능장애는 형사책임을 정하는 중요한 기준으로 작동할 수 있음을 말한다. 청소년의 뇌의 미성숙은 뇌의 미발달된 전두엽 피질로 인하여 그들의 장기적인 행위의 결과에 대해서 예측하거나 고려하지 못하고 범죄행위로 나아갈 수 있으므로, 미발달 상태의 뇌를 가진 청소년의 경우 책임능력에 대한 방어가 충분히 가능할 수 있다는 것이다. 성인의 뇌와 구별될 수 있는 미성숙 뇌 영상을 통한 방어기제를 활용하여 배심원으로 하여금 해당 청소년의 형사책임과 관련하여 그 책임의 정도에 대해서 숙고하게 만들고, 인지적 뇌 기능과 관련해서 전문가 증언이나 뇌영상 증거를 제출하여 항변할 경우에는 이러한 방어기제가 더 효과를 가질 수 있다(Green 외, 2010). 이러한 방어가 성공적으로 이루어지면 책임감경을 인정받을 수 있다고 한다.

예를 들어 Rightmer 교수는 뇌과학 기술, 특히 뇌영상 증거를 청소년 뇌의 성숙 정도와 형사적으로 책임 있는 행위에 대해 상당한 영향력을 밝혀주는 과학의 진보된 영역으로 평가하였다. 그는 새로운 뇌영상 기술로 인해 소년의 뇌는 성인의 뇌와 다르다는 것을 이해하였고, 그들의 행위에 대해서 감소된 형사책임을 인정할 수 있으므로 그들의 범죄경력이나 저지른 범죄가 중죄라고 하더라도 성인 형사법체계로 이송해서는 안되다고 주장하였다(Rightmer, 2005).

Green 교수는 14세에서 18세까지의 상당수의 소년들이 소년법체계가 아니라 형사법체계로 이송되어 성인으로 취급되고 있는 현실에 비추어 볼 때 청소년의 뇌과학 연구를 받아들이는 것은 청소년을 위한 의미 있는 방어를 위해서 특별히 필요한 것이라고 주장하였다. 청소년의 뇌 이미징 기술은 성인들이 어떻게 의사결정을 하는지와 비교하여 소년과 상당한 차이점이 있다는 정보를 제공하여 성인과 청소년은 각각 다른 제재를 부과할 수 있다는 근거를 제시하였다고 보았다(Green 외, 2010).

Elizabeth S. Scott와 Laurence Steinberg 교수는 소년사법의 개혁을 주장하면서 뇌과학에 근거하였다. 첫째, 정상적인 청소년의 전두엽에서 보여주는 뇌의 미성숙은 그들 행위의 장기간의 결과를 포함해서 미래를 예측하는 것과 관련된 결함을 설명할 수 있다. 둘째, 뇌보상회로와 호르몬 생산에서의 사춘기와 관련된 변화는 색다른 것을 추구하여 위험에 처한다는 생각보다는 위험한 행위로부터 얻는 보상에 더 많은 가치를 부여하려는 성향이 나타난다. 셋째, 전두엽과 대뇌 피질과 뇌의 부위 사이의 신경 연결망의 상대적

허약함은 소년의 부족한 충동조절과 정서조절에 기여하는 사회적 그리고 정서적 과정에 관련되어 있다. 넷째, 실행기능과 관련된 뇌의 부위가 청소년의 후반기나 성인의 초반기에 완전히 성숙되기 때문에 10대들은 인식하거나 통제하는 능력이 결여되어 있는 성숙도 공백(maturity gap)을 경험하며, 결국 이와 같은 청소년의 뇌의 특징은 범죄행위와 같은 나쁜 선택도 하게 만든다는 것이다. 청소년 뇌 연구를 받아들여서 소년의 뇌 발달의 특징들을 인정하는 것은 결국 소년 범죄자에게 법적 대응을 완화해야 한다는 결론을 도출하게 만든다. 결국 소년사법체계는 이러한 완화이론을 반영하고 있어야 한다고 주장하였다(Scott 외, 2008).

Sheperd 교수는 소년사법 내에 있거나 또는 형사사법 체계 내에서 성인처럼 취급되는 소년들을 관리하는 변호사, 법관 그리고 다른 사람에게 소년의 뇌 연구의 결과에 대한 정보를 제공하는 것이 필요하며, 이를 바탕으로 형사정책적 배려들이 필요하다고 주장하였다. 청소년들은 경찰수사의 과정과 기소, 판결의 과정에 취약하며, 특히 정신심리학적 그리고 신경학적 취약성을 가지고 있기 때문에 미란다 고지를 한 후 자백을 얻는 과정이나 압수·수색의 과정에서 증거를 확보하는데 신중하게 접근해야 한다고 주장하였다(Shepherd, 2005).

(2) 청소년 뇌 연구에 대한 비판적 시각

Morse 교수는 "뇌는 범죄를 저지르지 않으며, 사람이 범죄를 저지른다"고 주장하면서 뇌 연구 성과가 형사책임의 경감으로 이어지는 것에 대해 비판하였다. 그는 뇌신경 관련 입법을 하는 과정에 단순한 과학적 정보를 제공하려는 역할을 담당하려는 것이 아니라 결정주의적 입장을 취함으로써 형사정책을 입안하는 과정에 패권을 가지려고 하는 것처럼 보인다고 지적하였다. 책임능력 유무에 대한 판단은 행위주체가 인지하고 그것을 통제할 수 있는 능력이 있는지가 중요하기 때문에, 행위주체가 그러한 사물변별능력이나 통제능력을 가졌는지 여부는 뇌과학 증거가 말해주는 것이 아니라 이를 바탕으로 윤리적, 사회적, 규범적 판단을 법관이나 배심원이 하는 것이라고 지적하였다. 미성숙한 뇌 연구는 청소년의 범죄행위를 자유의지를 가진 주체의 고의적인 선택의 실행으로 보지 않도록 하는 잘못된 정보를 제공하고 있다고 주장하면서, 뇌과학 연구결과는 정보만을 제공하고 나머지는 침묵해야 한다고 주장하였다(Morse, 2006).

Feld 교수는 청소년의 뇌 연구가 미성년자의 행위와 자기통제에 관한 사회과학적 관찰에 자연과학적 설명을 제공하고 있다고 보았다. 하지만 연구에 참여한 뇌과학자들은 소년의 미성숙한 뇌의 구조와 기능과 실생활에서의 의사결정의 영향 사이에 직접적인 연관이 있다고 보지 않았다고 한다. 소년의 미성숙의 뇌와 형사책임을 완화해야 한다는 생물학적인 결정주의를 연결할 수 없다고 보았다. 형사책임은 규범적 판단으로 이루어지고, 판사가 책임에 상응하는 처벌의 정도를 정할 때 여러 정황을 종합하여 법률적인 판단을 하므로 청소년 뇌의 미성숙 정도에 따라서 책임의 정도가 수치화하여 양으로 측정할 수 있는 것은 아니라고 주장하였다. 그는 청소년의 뇌 연구는 어떻게 그리고 왜 미성년자들이 성인과 다르게 생각하고 행동하는지에 대한 이해를 증진하고, 처벌의 정도를 완화할 수 있다는 기초 정보를 주고 있을 뿐이라고 비판하였다(Feld, 2008).

Maroney 교수는 미성년자의 뇌과학은 전통적인 사법정책을 재검토할 만큼 독립적인 근거를 제공하지 않는다고 주장하였다. 다만 청소년의 뇌 연구 결과로부터 사법정책을 개선하기 위한 지혜를 얻는 것이 아니라 소년을 위해 우리가 만든 법적이고 사회적 환경의 영향을 이해함으로써 변화를 얻을 수 있다고 보았다. 그는 소년사법에서 소년의 보호와 사회복귀를 위해 법률 개정을 통해서 소년사법에 변화를 가져다주어야 하는 새로운 시대를 열어야 한다면 그것은 청소년의 뇌 연구 성과에 기인한 것이 아니라고 주장하면서, 최근 국가재정상의 위기로 인하여 예를 들어 형사재판의 처분보다 감독 하의 석방, 가족치료 등의 비용이 덜 드는 정책대안이 동일한 효율성을 가진다면 이를 취하는 것일 뿐이라고 주장하였다. 뇌과학의 성과가 변화를 전제하는 것까지 진전된다면 그것은 잘못된 약속이라고 비판하였다(Maroney, 2010).

Erickson 교수는 뇌와 마음 모두 동일한 주체에 속해 있고 하나라고 할 수 있으므로, 뇌는 마음을 면책할 수 없다고 주장하였다. 청소년의 경우 행위에 대한 책임이 뇌로 인한 것이고 이에 따라 형사책임을 면할 수 있다고 판단하는 것은 터무니없어 보인다고 지적하면서 미성숙한 뇌로 인해 책임이 감소될 수 없다고 주장하였다(Erickson, 2010).

3. 청소년 뇌 연구의 성과와 영향

(1) 미국 연방대법원의 청소년 뇌 연구 수용

미국의 경우 Roper 사건 이전에도 미성년자의 형사사건에서 발달뇌과학(developmental neuroscience)의 연구성과를 수용하자는 주장이 있었지만 그 영향력은 그리 크지 않았다. 2005년 미국 연방대법원은 Roper v. Simmons 사건에서 5대 4의 판결로써 청소년의 사형집행이 수정헌법 제8조에 위배한다고 판결하였는데, 그 판결의 다수의견은 전 세계적으로 사형 폐지의 최근 경향을 반영해야 하고, 청소년과 성인의 차이점이 분명히 존재한다는 점에 근거를 두었다(Roper v. Simmons, 543 US 551 (2005)). 연방대법원은 행위 당시 17세인 피고인이 두 명의 공범과 함께 강도와 살인 범행을 저질렀지만 18세 미만의 소년이 저지른 범죄에 대해 사형을 선고할 수 없다는 결론을 취하면서 최근의 청소년 뇌과학 연구결과를 증거로 받아들인 것이었다. 피고인 측 변호인의 16개의 답변서 중 일부에서 과학적 자료가 포함된 법정 의견서, 즉 청소년의 발달정신심리학적 그리고 신경생물학적 연구자료를 인용하고 제출하였고, 연방대법원은 청소년의 경우 인지적으로 그리고 심리학적으로 미발달, 미성숙되어 있다는 과학적 변론서에서 기재된 뇌과학 연구결과 및 의견서를 수용하였다(Katt, 2009).

미국의 연방대법원은 Roper v. Simmons 사건에서 책임무능력의 판단기준으로서 변별능력과 통제능력의 유무 및 인지능력이 있는지 여부를 판단하는 방법을 취하기보다는 소년의 미성숙 뇌의 연구결과를 반영하여 책임감경을 인정하고 있다는 데에 초점을 맞추었다고 평가받고 있다(Feld, 2008). 청소년의 뇌는 특히 전두엽 부분이 충분히 발달되지 못했고, 이러한 흠결은 자기통제능력을 포함하는 청소년의 정신능력 그리고 더 나아가서 행위에 관한 책임에 영향을 미친다고 보았으며, 따라서 발달단계에서의 성숙성 및 책임능력의 미약상태에 놓인 미성년자에게 사형을 부과하는 것은 잔혹한 형벌에 해당한다고 판단하였다(Rivkind 외, 2005).

연방대법원이 판결문에서 밝힌 청소년의 미성숙한 뇌와 관련된 논거는 다음과 같다(Rivkind 외, 2005).

첫째, 미성숙한 의사결정능력을 들고 있다. 과학적 변론서에 의하면 청소년기에는 성숙도의 결여와 책임에 대한 미발달된 감각들이 성인들보다 더 자주 보이고 있음을 밝혔다. 이것은 성급하고 무분별한 행동이나 결정으로 이어지며, 통계적 특징으로 청소년의 연령대는 모든 부주의한 행동이 가능한 시기의 범주에 해당한다고 보고되어 있다.

둘째, 소년은 동료와 환경에 대한 부정적인 영향에 대한 감수성이 상당히 취약하고 민감하다는 점을 근거로 들고 있다. 소년기가 심리적 손상에 가장 민감한 시기이고 이러한 점은 부분적으로 덜 통제적이고 통제에 대한 경험을 덜 가지고 있음을 설명해준다.

셋째, 청소년의 성격적 특성으로 과도기적인 주체성을 들고 있다. 즉, 청소년의 성격은 더 일시적이고 덜 확고하므로 성인의 성격과 비교해서 성숙하게 형성되어 있지 않으므로 그들의 무책임한 행동에 대해서 성인과 동일한 척도로써 비난받을 것은 아니라는 것을 말해준다. 한편으로 그들의 자기통제에 대해 취약할 뿐 아니라 상대적으로 통제력이 결여되었다는 사실은 환경이 주는 부정적인 영향을 극복하고 스스로 이를 회피하는 데 실패하였음을 항변할 수 있으며, 다른 한편으로 청소년에게는 성격적 결함을 극복하고 개선될 가능성이 있으므로 성인과 같은 수준으로 평가할 수 없다고 보았다. 소년기의 주요한 특징들, 즉 일시적인 성격, 개인적 미성숙, 성급함과 무모함의 특징들은 형사책임의 영역에서 감경적 요소로 작용할 수 있는 것이다.

(2) Roper 사건 이후 뇌과학적 논거의 수용

2005년 Roper 판결 이후 사형 판결의 위헌결정에 국한하지 않고 소년사법의 여러 영역에서 변화의 움직임이 있었다. 2009년 이후 소년범에 대한 가석방 없는 종신형 사건들도 이전의 Roper 사건에서 제시된 논거들을 수용하였다. 이들 주장은 발달심리학과 뇌과학의 융합연구에 기초를 두고 있었으며, 뇌과학 연구결과는 발달심리학의 신뢰성을 지지하는 데 적용되었다. 가장 일반화된 주장들은 10대 청소년의 인구특성적 성격인 뇌의 미성숙의 증거에 따라 소년들을 위한 판결과 처우의 분리된 시스템을 만들고 이러한 시스템을 시행하도록 하는 것이다(Maroney, 2010).

2009년 Sullivan v. Florida 사건에서 Sullivan은 13세 때 강간을 저질렀고, 플로리다 주의 경우 13세의 소년이라고 하더라도 강간죄가 중죄이므로 성인범죄자와 같이 형사재판에 처하였고, 가석방 없는 종신형 판결을 받았다. 그 당시 플로리다 주 법령에 의하면 강간과 같은 중죄를 저지른 미성년자의 경우 성인으로 취급하여 가석방 없는 종신형과 같은 형벌을 부과할 수 있었다. Roper 판결 이후 Sullivan 피고인은 항소를 하였고, 플로리다 주 대법원은 가석방 없는 종신형이 허용된다고 판단하였으며, 이에 피고인은 연방대법원에 제소하였다. 이 사건의 쟁점은 살인 이외의 범죄를 저지른 미성년자에게 가석방 없는 종신형 판결이 수정헌법 제8조에서 금지하고 있는 잔인하고 비정상적인 형벌에 해당하는지 여부이다. 플로리다 주 정부는 가석방 없는 종신형은 사형과는 그 성격이 다르므로 미성년자에게 사형 판결을 금지한 Roper 판결을 적용하는 것이 타당하지 않고, 성인과 같은 흉악범죄를 저지르는 미성년자의 경우 법률이 소년사법절차가 아닌 일반 형사절차를 적용할 수 있으며 이에 따라 중한 형을 선고하는 것이 허용된다고 하면서, 개별 주마다 주의 특성에 맞는 판결을 할 수 있는 입법권이 있음을 존중해야 한다고 주장하였다. 그러나 연방대법원은 피고인의 하급심 재판부가 Sullivan 사건을 소년사법 재판이 아니라 일반 형사재판으로 이송하였던 그 당시의 이송명령 영장이 적정하지 않았다고 판단하였다.

2010년 Graham v. Florida 사건에서도 연방대법원은 살인 이외의 범죄를 저지른 소년 범죄자에 대한 가석방 없는 종신형 판결이 위헌이라고 결정하였다. 주거침입죄와 무기를 소지한 강도죄를 저지른 16세의 소년에게 가석방 없는 종신형을 부과하는 것은 수정헌법 제8조에 위배된다고 판단하였다. 연방대법원은 Roper 판결의 논거를 따랐고, 뇌과학 연구결과로서 소년의 뇌의 발달과정이 청소년기 이후에도 계속되고 있다는 것과 이와 관련하여 형사책임의 완화 또는 제한을 언급하였다(Green 외, 2010). Graham v. Florida 사건의 Kennedy 대법관은 미국심리학협회와 미국의사협회의 법정 제출의견서(amicus briefs)를 인용하면서 "심리학과 뇌과학의 발달은 소년과 성인의 정신상태(minds) 사이의 근본적인 차이점을 보여주고 있으며, 행동통제와 관련된 뇌의 영역은 후기 청소년기를 통해서 발달하고 있다"고 판결문에 적고 있다(Graham v. Florida, 130 S. Ct. 2011). 대법관 Kennedy의 의견은 Roper 사건에서의 모호한 입장으로 남겨 두었던 것을 보다 명확하게 밝힌 것이었으며, 청소년의 정상적인 발달과정에 관한 일반명제에 관련된 뇌과학 연구를 신뢰하였고, 그 연장선상에서 일반명제를 통해 소년의 특별한 법적 지위의 인정이라는 결론을 이끌어 냈다고 평가받았다(Maroney, 2010).

2010년 당시 미국의 37개 주와 컬럼비아특별구에서는 주법령에 근거하여 살인 이외의 범죄를 저지른 소년 범죄자에 대해서 가석방 없는 종신형을 선고하는 것이 가능하였는데, Graham v. Florida 사건의 연방대법원 판결 이후 그러한 주법령이 위헌임을 확인할 수 있는 계기가 되었다. 따라서 살인 이외의 범죄를 저지른 미성년자에 대해 가석방 없는 종신형을 선고하는 사례가 더 이상 존재하지 않게 되었다.

(3) 과학적 제한점과 한계

뇌과학의 발달로 인해 도덕적, 법적 주체로서 온전히 기능할 수 있는 책임능력을 감소시킬 수 있는 정신장애가 뇌신경계의 손상이나 장애의 산물이라는 것이 밝혀지고 있다(Sasso, 2007). 그러나 특정한 뇌의 비정상적인 기능에 관한 결정적인 증거를 발견하였다고 하더라도 그 자체만으로 무죄 또는 형사면책의 결론으로 연결되지 않는다(Aharoni 외, 2007). 비정상적인 뇌 영역의 활성화를 인식할 수 있더라도 이것은 필연적으로 뇌의 비정상적 기능을 의미하지 않으며, 더 나아가 비정상적인 뇌기능이라고 하더라도 필연적으로 비정상적인 행위와 연결되지 않기 때문이다. 이와 같은 비정상적인 기능을 가진 대부분의 개인들이 범죄를 저지르지 않는다는 사실에 비추어보면 섣부른 추론은 뇌과학의 신뢰성을 떨어뜨릴 수 있을 것이다.

그러나 뇌과학 연구는 청소년들이 왜 성인과 다르게 생각하고 어떻게 다르게 행동하는 지에 대해서 우리의 이해를 도모하고, 완화된 처벌의 또 다른 논거를 제공하고 있다는 점을 부인하기 어렵다(Feld, 2008). 뇌과학자들과 달리 법학자들은 형법상의 행위책임을 판단함에 있어서 소년의 미성숙의 뇌라는 생물학적 결정주의를 취할 수 없다고 반론을 제기하였다. 책임 판단은 규범적 판단으로서 책임능력에 부합하는 판결은 책임에 상응하는 처벌에 관한 규범적 판단을 포함하고 있다. 따라서 판사, 배심원들이 피고인이 형사미성년자에 해당하지 않는 한 소년이라는 법적 지위만으로 그의 뇌의 미성숙성에 따라서 책임의 정도가 어느 정도인지 수량화하거나 양을 측정할 수 있는 것은 아니다. 청소년이더라도 사물변별능력과 통제능력을 가졌는지 여부는 뇌과학 증거가 말해주는 것이 아니라 행위 당시의 정황상으로 청소년에게 책임능력을 인정할 수 있는지에 대한 윤리적, 사회적, 규범적 판단을 법관이나 배심원이 행하는 것이다. 물론 Roper 판결은 소년에 대한 극단적인 처벌의 가능성을 제거함으로써 의심할 여지없이 소년사법에 대한 변화의 계기를 마련해 주었다. 하지만, 미성년자의 뇌과학은 전통적인 사법정책을 재검토할 만큼 독립적인 근거를 제공하지 않았다는 논거의 배경에는 청소년 뇌과학의 연구결과가 구조적 미성숙의 뇌라는 측면에서 집단의 성향을 나타내고 있을 뿐 개별적인 행위의 성숙도 및 개별적 행위 평가의 정보를 제공하지는 않는다는 점이다(Maroney, 2010).

이에 따라서 뇌과학 연구결과는 정보만을 제공하고 나머지는 침묵해야 한다는 주장이 제기되었다. 책임의 영역에서 뇌과학 연구결과는 미성년자의 행위와 자기통제에 관한 사회과학적 관찰의 영역 문제에 대해서 자연과학적 설명과 이해를 제공할 뿐이며, 소년의 미성숙한 뇌의 구조와 기능과 실생활에서의 의사결정의 영향 사이에 직접적인 연관관계가 있는지를 확인할 방법이 없다는 비판에 근거를 두고 있다. 예를 들어, Morse 교수는 뇌과학이 입법과정에서 과학적 정보를 제공하려는 역할을 담당하려는 것이 아니라 결정주의적 입장을 취하려는 태도는 자칫 형사정책을 입안하는 과정에 패권을 가지려고 하는 것처럼 보인다는 비판의 목소리를 내고 있다(Morse, 2006).

Ⅱ. 약물중독자의 뇌

1. 뇌질환으로서 약물중독

(1) 약물의존, 약물남용, 약물중독의 진단

지속적이고 주기적인 약물의 사용으로 인한 약물의존(drug dependence)과 약물남용(drug abuse)의 상태를 약물 관련 장애라고 한다.[1] 미국 정신의학회 진단기준인 DSM－Ⅳ에 의하면 물질의존(substance dependence)은 임상적으로 유의한 수준의 손상이나 고통을 유발하는 비적응적인 양상의 물질 사용이다. 약물의존의 진단기준에는 내성, 금단증상, 강박적인 사용이 포함되며, 약물남용에는 필수적으로 심리적인 문제들이나 비적응적인 행동, 예를 들어 사회적, 직업상 책임을 다하지 못하는 것이 포함된다(Volkow 외, 2004). 정신의학회 진단기준에 의한 약물남용은 다음 네 가지 중에서 한 가지 이상을 1년 이상 지속시켜 임상적으로 의미 있는 장애나 고통을 초래하는 것을 말한다. ① 약물 사용으로 인해 가정, 직장, 학교 내에서 자신의 임무를 수행하지 못할 경우, ② 약물 사용 직후 운전 및 기계조작 등으로 인해 신체적으로 위험한 상황임을 알면서도 이를 사용하는 경우, ③ 체포나 구금 등 약물 사용과 관련된 법적 문제를 발생하거나, ④ 가정불화, 분쟁 등 사회적 혹은 대인관계상의 문제에도 불구하고 계속해서 약물을 사용하는 경우 등을 기준으로 하고 있다.

위와 같은 반복된 약물의 사용은 스스로 통제기능을 상실하고 약물에 대한 강렬한 욕망으로 발현되는 중독의 결과를 가져올 수 있다. 어떤 물질을 주입한 직후 심각한 행동적, 심리적, 생리적 증상이 유발될 수 있는데, 약물중독(drug addiction)은 지속적으로 나타나는 약물 사용에 대한 강한 갈망과 통제 불가능성으로 특징 지워지는 강박적인 약물 사용 상태를 말한다(김주일, 2012). 약물중독의 증상은 한번 사용하기 시작하면 자꾸 사용하고 싶은 충동을 느끼는 의존성을 갖고 있으며, 사용할 때마다 양을 늘리지 않으면 효과를 느낄 수 없는 내성(tolerance)을 갖고 있고, 사용을 중단하면 온 몸에 견디기 힘든 육체적, 심리적 이상증상을 일으키는 금단증상을 갖는 것으로 개인에 한정되지 않고 사회에도 해를 끼치는 물질로서 사회적 피해를 가져오는 것을 말한다. 약물이 중추신경계에 영향을 미친 결과로 나타나는 비적응적인 행동적, 심리적 변화가 임상적으로 유의미한 수준에서

---

1) 약물이라는 용어는 엄격하게 과학적 관점에서 볼 때 식품 이외의 물질로서 그 화학적 성질에 의하여 생명체의 구조 또는 기능에 영향을 미치는 일체의 물질(substance)을 의미한다.

드러나야 하며, 지각의 장애, 명료하게 깨어 있지 못하는 것, 주의의 장애, 사고 및 판단과 운동행동의 장애, 대인관계 행동의 장애 등의 현상을 수반하는 것이다. 다만, 신체적 의존성(physical dependence)은 내성이 생긴 상태로서 물질을 중단하면 특징적인 금단증후군이 나타나며, 그런데 알코올 및 헤로인과 같은 약물을 중단하면 상당한 기간이 지나면서 그 증상이 사라지게 된다(Volkow 외, 2004).

(2) 뇌질환으로서 약물중독에 대한 새로운 접근

뇌과학은 뇌가 어떻게 활동하는가를 알아내는 것이 가장 중요한 관심사였고, 지금도 그 관심은 지속되고 있다. 뇌과학자들은 뇌가 사람으로 하여금 인지하고, 생각하고, 행동하게 하는지에 대한 물음을 제기하여 왔고, 뇌영상(Brain imaging, Neuroimaging)의 다양한 기법을 사용해서 직접 또는 간접적으로 뇌의 구조, 기능, 약리학 구조를 연구하고 있다(제럴드 에델만, 2009). 뇌영상기법의 가장 큰 장점은 뇌의 기능과 구조를 비침습적으로 영상화할 수 있다는 데 있다. 우리가 특정 생각을 하고 있을 때 그 생각과 관련된 뇌가 활성화되고 이를 통해 기능과 관련된 뇌의 구조를 알 수 있게 되었으며, 최근에는 도덕적 판단 등의 의지적 결정 등의 영역에까지 그 연구 범위를 확장하고 있는 실정이다. 이러한 연구성과와 관련해서 중독을 과연 뇌의 질병(brain disease)으로 볼 수 있는지에 물음을 제기하고, 이에 따라서 형사사법절차가 중독된 범죄를 어떻게 취급할 것인지를 논해야 하며, 동시에 약물중독자에게 볼 수 있는 뇌의 기능장애 또는 손상의 변화로 인해 약물중독자의 위해한 행동이나 범죄행위가 유발되는 것인지에 대한 물음을 제기하고 있다(Bonnie, 2009).

기술적으로 뇌영상을 통해서 단백질과 뇌의 회로 수준에서 약물 남용의 효과를 평가하고 이러한 효과가 어떻게 행동과 관계를 가지는지를 평가할 수 있게 하고, 환경적 요소의 영향력뿐 아니라 이러한 생물학적 수준에서 단백질 발현 및 뇌 기능에 유전자 다형성의 영향 평가가 기술적으로 가능하게 되었다. 뇌영상을 통해서 환경적 요인이 어떻게 뇌에 영향을 미치는지를 조사할 수 있고 더 나아가 이러한 요인들이 순차적으로 약물남용에 대한 반응행동에 어떻게 영향을 미치는지를 조사할 수 있고, 생물학적 요소가 어떻게 서로 통합하고 어떻게 행동으로 연결되는지 그리고 약물중독에 있어서 생물학적이고 환경적인 변수들이 상호작용을 하는지를 조사할 수 있다(Volkow 외, 2004). 특히 양전자 방출단층촬영(PET)과 기능적 자기공명영상(fMRI) 등의 첨단 뇌영상기술은 약물중독과정의 다양한 상태인, 예를 들어 중독, 금단, 갈망(craving)과 연관되어 있는 뇌의 영역과 회로를 특징화하고 그리고 신경회로의 활동과 행동 사이를 연결하는 과정을 볼 수 있게 한다.

예를 들어 코카인 만성중독 환자에 대한 도파민 D2 수용체에 관한 PET 연구에서 코카인 중독에 관련된 뇌의 회로(brain circuits)의 중요한 정보를 얻게 해주었다. PET 연구결과 코카인 만성중독환자들은 정상 대조군에 비해 도파민 D2 수용체가 지속해서 감소하는 것으로 나타났고, 흥분제 투여 후 도파민 분비가 정상 대조군에 비해 현저히 감소하는 것으로 나타났으며, 단백질의 재흡수를 방해함으로써 손톱 물어뜯기와 느리게 걷기를 포함한 병적 쾌감과 틀에 박힌 행동을 하게 만들었다. 암페타민 중독도 도파민의 분비를 증가시키고 재흡수를 방해한다고 한다. 이러한 약물중독의 PET 연구에서 약물남용이 뇌의 도파민(DA) 시스템을 강화하여 직접적으로 연접이전(presynaptic) 신경세포에서 도파민의 재흡수를 방해함으로 인해 도파민 신호통로에 영향을 미친다는 것을 밝혔다(김종만 외 공역, 2009).

또 다른 PET 연구에 의하면 급성과 만성의 약물 사용은 도파민 시냅스 전달에 포함된 단백질 그 자체에서 다른 차원의 변화를 가져왔다. Koob 등의 연구에 의하면 만성적인 약물 노출이 도파민의 뇌 전달에 관여하는 그리고 뇌기능에 관여하는 다양한 단백질에 영향을 미친다는 것을 보여주었다(Koob 외, 1988). 마취제(opiates), 정신자극제(psychostimulants), 에탄올(ethanol)의 세 가지 범주의 약물과 관련해서 분자와 세포 차원에서의 대응과 변화의 모습을 추적하였으며, 초기의 약물에 대한 즉각적인 반응은 장시간의 노출 후에 관찰되는 것과 뚜렷하게 구분되며, 약물의존의 신경생물학적 기반(neurobiological basis)은 이러한 약물이 세포와 행동적 효과 사이에 연관성이 있음을 알 수 있다(Koob 외, 1988).

2. 약물중독 유형별 뇌 연구

(1) 코카인 중독자에 대한 뇌 연구

코카인은 코카나무 식물에서 추출되는 알칼로이드로 강력한 중독성이 있는 흥분제이다. 코카인의 흥분성은 일반적으로 연접이전 도파민 말단(presynaptic dopamin terminal)의 도파민 전달체를 방해하는 능력 때문에 일어나는 것이다. Volkow 등 연구진의 1988년의 연구에 의하면 코카인 만성중독환자에 대한 PET 연구에서 커다란 국소적인 혈류 감소를 확인하였다. 정상인과 비교했을 때 만성 코카인 사용자는 전두엽 피질에서 상대적으로 뇌혈류량(cerebral blood flow: CBF)이 감소했다. 일부 코카인 사용자의 반복 검사는, 코카인을 중단한 10일 이후 전두엽 피질에서 상대적으로 뇌혈류량이 상대적으로 감소된 것을 계속 보여주고 있다(Volkow 외, 1988).

Wallace 등의 1996년의 연구에 의하면 코카인 사용은 순환계에 직접적인 영향을 미쳐 혈압을 높이고 심근경색 및 뇌졸중의 위험을 동반하며, 몇몇 연구는 상대적으로 대뇌의 혈류량(rCBF)이 감소하는 것으로 보고 있는데 반해, 이 연구에서는 코카인의 사용은 전 영역에서 전체 뇌혈류량에서 30% 정도로 의미 있는 감소가 일어난다고 보고하였다(Wallace 외, 1996).

Volkow 등의 1997년 연구는 시냅스 도파민의 증가를 가져오는 중추신경 통제에 대한 코카인 중독자와 정상 대조군의 반응을 비교하기 위해 양전자 방출 단층 촬영(PET)을 사용했다. 중독자는 선조체(striatum), 중격의지핵(nucleus accumben)이 위치한 뇌 영역에서 도파민의 방출이 감소되었다고 한다. 이에 비하여 감각 입력을 전달하는 영역인 시상부(thalamus)에서는 증가된 반응을 보였다. 약물중독자에게 도파민 D2 수용체의 감소와 도파민 분비의 감소가 함께 일어남으로써 보상회로의 억제가 일어나게 되어 이를 보충하기 위해서, 그리고 일시적으로 이 보상회로를 활성화하기 위해서 약물 자극을 찾게 될 위험이 더 커질 수 있다는 사실을 알려준다(Volkow 외, 1997).

한편, 도파민 D2 수용체의 감소와 관련된 Volkow 등의 연구는 코카인 만성중독 환자들에서 코카인 사용을 중지하였을 경우, 도파민 D2 수용체와 포도당 대사를 F−18 N−methylspiroperidol과 F−18 FDG를 사용하여 PET을 통해 연구한 결과 정상적인 통제능력을 가진 일반인과 비교하여 코카인 중독자는 도파민 D2 수용체의 감소가 있었으며, 코카인 중단 이후 3~4개월 동안 이러한 현상이 계속되었다(Volkow 외, 1993). 도파민 D2 수용체의 감소는 변연 관련 도파민계(mesolimbic dopamine system)에 투사되는 영역인 전대상회(anterior cingulate gyrus)와 안와전두피질(orbitofronntal cortex)의 활성 감소와 관련이 있었다. 이러한 뇌 영역에서의 도파민 조절장애(dopamin dysregulation)는 강박적인 약물 사용 행동을 초래할 수 있다.

Volkow와 Fowler의 연구에서도 코카인의 습관성 중독은 정신적으로 집중곤란이나 도덕감정의 황폐를 보이는 보상회로(reward circuits)의 붕괴가 일어난다고 보았다. 영상연구를 통해서 이차 보상회로의 간헐적인 도파민 활성화는 striato −thalamo −orbitofrontal 회로를 통해 안와전두피질(눈확이마겉질, orbitofrontal cortext)의 기능장애가 된다고 가정하였다. 약물남용자의 안와전두피질은 약물 사용 후 또는 약물에 기인한 갈망상태에서 갈망의 정도에 비례해서 대사항진(hypermetabolic)이 되었다. 이와 같이 안와전두피질이 강박적이고 반복적인 행동에 관여하기 때문에 약물중독자의 약물에 대한 자기관리 조절이 왜 힘든지를 설명할 수 있으며, 이러한 뇌 영역에 연관되어 있는 의욕이나 감정적인 반응을 통제하는 기능에 장애가 있어서 중독자의 약물 사용을 통제할 수 있는 제어능력을 상실하게 만든다고 보았다(Volkow 외, 2000).

(2) 메탐페타민 중독자에 대한 뇌 연구

중독물질인 메탐페타민은 신종마약 '엑스터시'의 화학적 이름으로서, 화학물질을 합성해 만든 인공마약으로 성적 충동을 느끼게 하며 황홀경에 빠지게 하는 기분전환용의 강한 환각제이다. 화학적으로나 약리학적으로 암페타민이나 에페드린과 밀접하고 그 약리학적 작용은 모노아민(monoamine)을 분비하는 기능을 통해 일어나며, 지속적으로 강한 흥분반응을 일으켜 모노아민성 신경세포에 독성을 만들어 낸다고 보고되었다(Iyo 외, 1997). 1997년의 Iyo 등의 연구진은 염증스캔 백혈구(technetium－99m－hexamethylpropyleneamine oxime: HMPAO)와 단일광자 단층촬영(SPECT), 자기공명영상(MRI)를 사용하여 메탐페타민 중독자의 대뇌 혈류량을 조사하였다. 그 결과 뇌 위축이나 경색증이 없더라도 대뇌피질에 다수의 국소 관류 결핍이 관찰되었고. 오랫동안 약물을 절제한다고 하더라도 대뇌 관류의 결함이 여전히 존재하고 이러한 혈관성 변화는 어느 정도까지는 회복 불가능한 것으로 나타났다. 이와 같이 HMPAO과 SPECT 연구는 마약 중독자의 뇌 관류 이상의 검출에 민감한 것으로 나타났다(Iyo 외, 1997).

1999년의 Buffenstein 연구에서도 메탐페타민 사용경력의 정신증적 증상이 있는 21명의 환자를 대상으로 SPECT을 시행하였는데 76%에서 국소적인 관류 결핍이 있었으며 특히 전두엽, 측두엽, 두정엽에서 심하였다. 이러한 유사한 대뇌관류의 결함은 폭력적이고 공격적인 행위성향을 보여주는 사람들에게서 나타났다. 이러한 대뇌관류의 기능적 비정상성에 따라서 메탐페타민 남용자들이 폭력성과 연관되어 있음을 보여준다(Buffenstein 외, 1999).

2001년 Volkow 등의 연구에서 15명의 메탐페타민 중독환자들과 18명의 정상 대조군의 운동능력과 인지능력을 검사하기 위한 뇌심리 테스트를 비교분석한 결과에 의하면 메탐페타민 중독자들은 정상적인 사람들과 비교해서 무의식 운동의 중계를 담당하는 선조체(striatum)에서 상당한 도파민 전달체의 감소가 있었다. 도파민 전달체의 감소는 운동 수행과 기억의 손상과 관련성이 있는 것으로 나타났다. 이러한 감소는 적어도 11개월 동안 약물을 중단한 사람에게도 나타났다. 이 연구결과는 약물중독이 도파민 전달체의 감소를 가져오고 이것은 운동과 인지능력의 손상과 관계가 있다는 증거를 보여주었으며, 무엇보다 약물중독의 증상을 완화하기 위해서 뇌의 도파민 기능을 개선시키는 치료가 무엇보다 필요하며, 이를 통해서 환자의 운동기능과 인지기능을 향상시킬 수 있음을 알려준다(Volkow 외 a, 2001). 2001년의 연구에서도 메탐페타민을 남용하는 환자들이 적어도 9개월 동안 약물을 중단할 경우 도파민 전달체가 상당 부분에서 회복되었고, 기간이 길어질수록 도파민 전달체는 더 많이 회복되는 것을 보여주었다. 이로써 도파민 전달체의 회복은 약물 중단 기간에 비례한다는 것을 알 수 있고, 장기간에 걸쳐 약물을 복용하지 않는 것이 메탐페타민으로 유발된 도파민 말단 변화를 반전시킬 수 있다는 사실을 보여주고 있다. 뇌의 도파민 전달체에서 일어난 메탐페타민으로 인한 변화는 지속적인 절제를 통해서 상당히 완화 또는 역전시킬 수 있으므로, 이러한 관점에서 치료방안을 모색하는 의미를 찾을 수 있었다(Volkow 외 b, 2001).

또 다른 연구에 의하면 PET을 이용하여 6개월 미만과 12~17개월의 지속적인 약물 중단을 행한 5명의 메탐페타민 중독자를 간격을 두고 검사하였고, 8명의 중독자에 대해서는 약물 중단 이후의 뇌의 포도당 대사를 측정하였다. 그 결과 메탐페타민을 사용한 환자들에서 9개월 이상 약물을 복용하지 않아도 선조체의 대사는 지속적으로 감소되었고 대조군과 비교해서 메탐페타민 중독자는 대뇌 반구 깊은 곳의 세포군으로, 무의식 운동의 중계를 담당하는 선조체(striatum)에서 더 낮은 신진대사(활동성)를 보여주었다. 선조체의 신진대사의 꾸준한 감소는 도파민 세포 활동의 오랜 지속적인 변화를 반영하였으며, 약물 중단을 하였다고 하더라도 뇌의 기능과 관련된 신진대사에 기인한 변화를 일부 복구시킬 수 있겠지만, 여전히 다른 결함들은 남는다는 것을 말해준다(Volkow 외, 2004).

3. 약물중독자 뇌 연구의 정책적 함의

(1) 약물중독에 대한 인식 변화

약물중독에 대한 인식은 비도덕적 행위로서의 평가에서 부적응행동으로, 그리고 뇌과학의 발달로 인하여 이제는 뇌질환이라는 인식으로 변화를 보여주고 있다. 19세기까지 약물중독은 의지나 자기절제와 같은 도덕성의 부족이나 윤리적 결핍으로부터 기인한다고 보았으며, 약물의 남용과 위반행위는 사회의 도덕률을 무너뜨리는 의도적 범죄행위라고 평가하였다. 이와 같이 중독을 비도덕적 행위로 보는 견해에 의하면 개인이 스스로 윤리와 규범을 위배하는 것이므로 비도덕적 행위를 저지르기로 선택한 것에 대한 책임을 져야 하고 구금, 벌금 등의 일련의 처벌은 당연하고 적절하다고 받아들였다(박소연 외, 2007).

하지만 인간의 행동에 대한 심리학적 접근방법에서 약물중독은 부적응(maladaptive)한 행동으로 평가해야지 도덕적이냐 아니냐의 기준에 근거한 행위로 판단할 수 없다는 주장이 제기되었다. 즉, 중독은 학습장애 등을 가진 질병으로 판단해야지 개인의 통제능력에 좌우되는 행동으로 볼 수 없다는 주장이다. 부적응한 행동이란 스트레스나 삶의 질곡을 제대로 소화하지 못함으로 인해 파괴적인 결과를 가져오는 일단의 행동으로서, 행위자가 처해진 상황, 강화된 학습, 기대심리, 생리적 영향 등에 의하여 배우고 학습되는 행동으로 중독을 평가할 수 있다. 이러한 관점에서 볼 때 중독 치료는 학습의 원칙에 근거하여야 하며, 중독성을 변화시키고 재발을 방지하는 것에 중점을 두어야 한다.

그런데 최근 뇌과학 및 뇌신경 연구의 발달은 중독을 유발하는 뇌의 기능장애를 구체적으로 설명하기 시작하였으며, 특히 뇌영상 연구들(brain imaging studies)에 의하면 중독된 개인에게서 동기부여, 보상, 그리고 억제제어의 정상적인 과정을 위한 중요한 뇌의 부위에 근원적인 분열(underlying disruption)이 나타나는 모습을 보여주고 있다(Volkow 외, 2003). 뇌과학의 발달은 중독에 대한 기존의 인식에 변화를 보여주고, 중독 중에 발생하는 비정상적인 행동 발현이 중독된 개인의 선택으로 간주하던 것을 이제는 약물중독은 뇌의 변화를 가져오는, 특히 구조적으로 그리고 기능적으로 손상을 가져온 뇌질환으로서 인식하도록 하였다(Leshner, 1997).

(2) 뇌질환으로서의 약물중독의 특징

세계보건기구(WHO)는 2004년 보고서를 통해 중독을 다른 신경질환, 정신질환과 유사한 뇌질환으로 정의하였다. 여러 가지 환경적, 심리 사회적, 문화적 요인이 중독에 영향을 미치지만, 중독은 많은 부분이 생물학적, 유전적 요인에 의하여 좌우된다고 보았다(WHO, 2004).

뇌질환으로서 정의되는 약물중독이 가지는 주요 특징을 살펴보면 다음과 같다.

첫째, 약물중독으로 인해 뇌 영역 중에서 판단, 의사결정, 학습, 기억과 행위통제와 관련된 부위의 물리적 변화를 보여주고 있다(National Institute on Drug Abuse, 2010). 뇌과학자들은 중독성 약물을 사용함으로써 활성화된 신경회로들, 즉 중독과 관련된 뇌의 공통경로를 찾았으며, 그 결과 약물은 직접 또는 간접적으로 도파민 회로를 범람하여 뇌의 보상 시스템(reward system)을 표적으로 삼아 도파민 시스템에 영향을 미친다는 것을 밝혔다. 도파민은 운동을 조절하는 뇌, 감정, 인지, 동기 부여, 즐거움의 감정영역에 존재하는 신경 전달 물질인데, 도파민에서의 크고 빠른 증가가 약물 남용을 강화하는 효과를 가져오고, 만성적인 약물 남용 상태에서는 뇌의 도파민 기능을 눈에 띄게 감소시키고 이러한 감소가 기억과 행위통제와 관련된 부위인 전두엽 영역(prefrontal regions)의 기능장애와 연관되어 있음을 밝혀냈다(Volkow 외, 2003).

둘째, 약물의 장기간 복용은 뇌의 기능적 측면에서도 광범위한 변화를 가져온다. 약물에 중독된 자는 도파민의 수가 적어지거나 신호를 받을 수 있는 수용체의 수가 감소함으로써 도파민과 다른 신경전달물질의 압도적인 양을 요구하게 되고, 그 결과 중독자 뇌의 보상회로에 대한 도파민의 영향으로 이전의 즐거움을 주었던 것에 대해 느낄 수 없게 되자 도파민의 기능을 정상으로 돌려놓으려고 하고, 그 결과 약물의 양을 증가시켜 도파민을 높게 만들어 내게 하여 이것이 반복적으로 행해져서 중독의 상태가 유지되는 것이다. 약물의 만성적인 사용의 중요한 효과는 모든 수준, 즉 분자적, 세포적, 구조적, 그리고 기능적 수준의 변화를 보여주고 있고, 이에 따라서 중독된 뇌는 중독되지 않은 뇌와 뚜렷하게 구별이 된다는 것을 뇌영상을 통해 보여주고 있다(Leshner, 1997).

셋째, 뇌 연구에 따르면 중독 증상에는 당뇨병과 고혈압과 같이 간헐적인 소강상태와 재발을 특징으로 하는 만성질환의 성격이 있다. 약물중독의 현상은 급성적인 조건 현상이 아니라 발병과 재발이 반복되는 성격의 만성질환이다. 뇌영상에 의해서 이와 같은 설명을 뒷받침하는 여러 중요한 증거들이 제시되었는데, 뇌의 PET 영상자료에 의하면 포도당 신진대사를 보여주는 코카인 중독자의 뇌에서 금욕 10일 후 더 나아가 금욕 100일 후에도 뇌의 포도당 대사가 정상 수준으로 돌아오지 않았음을 보여주고 있다(Bonnie, 2002).

(3) 또 다른 원인으로 유전적 기여와 약물중독

다른 질환과 마찬가지로 약물중독에 따른 취약성은 사람마다 각자 차이가 있음을 부인하기는 어렵다. 더 많은 위험요소가 있을수록 약물에 남용되거나 중독에 빠질 기회가 더 많을 수 있다. 단일 요소에 의해서 중독으로 되는 것이 아니라 생물학적 기질(biological makeup)과 사회환경적 요소에 의해 영향을 받고 있는 것이다. 최근 연구결과에 의하면 개인의 약물중독에 대한 취약성의 40~60% 정도가 유전적 요소에 의해서 영향을 받는다고 평가하고, 약물중독을 유전자 베이스를 가진 질병으로 보고 있다(National Institute on Drug Abuse, 2010). 다만 이것은 헌팅턴 병과 같은 단일유전자 질병을 말하는 것이 아니라, 약물중독에는 향후 중독자가 될 수 있는 변수에 영향을 미칠 수 있는 다원적인 유전적 기여가 있다는 것이다. 2004년 Uhl 등의 연구에 의하면 약물중독의 취약성의 40~60%는 유전적 요인에 기인하는 것으로 추정하였다(Uhl 외, 2004). 두 개의 데이터에서 뇌질환의 사회환경적 영향에서의 40% 이상에 유전적 요인이 중재되어 있음을 밝혔으며, 약물중독과 관련성이 있는 염색체 영역이 있고 몇 가지 특정 유전자가 약물중독의 성향을 보이거나 약물중독으로부터 보호하는 다형성(대립유전자) 유전자가 있음을 발견하였다. 이러한 다형성 유전자 중 일부는 약물의 대사를 방해하고 있다(Volkow 외, 2004).

뇌과학의 발달로 인하여 약물중독 등이 유전자, 단백질 발현, 신경회로와 같은 생물학적 요인에 어떠한 영향을 미치는지에 대한 지식을 넓혀주고 있지만, 이러한 생물학적 요소가 인간의 행동에 어떠한 영향을 미치는지는 규명되지 않았고, 환경적 요소가 이러한 생물학적 요소에 어떻게 영향을 미치는지도 정확하게 확인되지 않고 있다. 다만, 환경적 요소의 영향력에 대한 정확한 정보가 주어져 있지는 않지만, 다수의 과학자는 약물중독으로 인한 질병의 야기는 복잡한 다중유전자 유전학에서뿐만 아니라 환경의 영향과도 관련성을 가지고 복합적으로 작용하고 있다고 한다. 특히 자기관리 약물(self-administer drugs)의 성향과 관련성을 가지고 있는 환경적 요인으로는 낮은 사회-경제적 계층, 가난한 부모의 지원과 약물의 이용 가능성 등의 변수가 영향력을 가지고 있다고 평가하였다(Volkow 외, 2004).

4. 약물중독의 뇌와 형사책임

(1) 뇌기능장애와 형사책임 논란

형사사법체계 내에서 중독의 형사책임을 다루는 것은 여전히 모험으로 남아있다. 이러한 배경으로 약물중독의 뇌과학적 또는 뇌생물학적 이해를 제공하는 것은 법원 그리고 사법체계에 법적 행위자(legal actors)의 관점에서 최선으로는 그들의 행위를 불완전한 행위로 평가받게 하거나, 최악으로는 지배적인 과학적 합의에 맞서는 개인의 의지적, 심리학적인 행위라고 설명해주는 역할을 하고 있는 것이다. 중독에 대한 뇌과학적 이해가 가져올 수 있는 가장 우려가 되는 부분은 결정론(determinism)적인 접근방법이다. 뇌의 기능장애와 관련된 연구 결과가 있을 때마다 언론은 과장된 언어로 '증오회로', '보상센터'라는 표현을 써가며 증오나 보상에 대한 반응이 뇌에 각인된(hard-wired) 것처럼 보도하는 경향이 있으며, 이는 인간의 다양한 행동이 이미 뇌에 존재하는 회로의 작동 때문이며, 뇌의 그 부위가 자극될 때에는 특정 행동을 낳는다는 뇌결정론적(neuro-determinism) 입장으로 접근하였다(Baertschi 외, 2011).

알코올이나 약물 등에 의한 피고인의 손상된 뇌와 범죄행위의 연관성, 예를 들어 테스토스테론과 폭력행위의 호전성과 유사한 상관관계를 가진다고 볼 수 있는지에 대해서는 확신이 있지 않다. 뇌과학자들 중 일부는 심한 정신적 질환을 앓고 있는 피고인의 뇌는 그의 진정한 마음 또는 인지능력을 보여준다고 말한다. 즉, 이러한 주장을 하는 신경과학자와 지지자들은 뇌와 마음, 사람을 구별하는 것은 불필요하다고 주장하며, 문제의 핵심은 뇌에 있다고 주장하고 있다. 뇌과학자인 Sapolsky는 형사사법체계는 전두엽 손상의 효과에 대해서 알아야 한다는 점에서 행위자에게 책임능력이 있음을 전제로 하는 책임의 추정에 대해서 반박해야 하고, 그 대신 자기통제를 규제하는 개인적 능력의 연속체(continua)의 성격을 가지고 있다고 주장하였다. 뇌과학자인 Redding 교수는 자신의 범죄행위를 통제할 수 있는 제한된 생리적 능력을 가지고 있는 피고인들은 손상된 충동조절에 근거한 책임의 흠결을 입증하는 증거를 통해 정신이상 항변을 가능하게 할 수 있어야 한다고 주장하였다 다만, 뇌 손상이나 질환에 기인하는 상당한 기능장애가 있을 것을 요구함으로써 뇌 손상의 증거 없이 전두엽 손상의 단지 '소프트한' 신경 증상에 근거를 둔 정신이상 항변과는 차이를 두고 있다. 이러한 전두엽 기능장애(FLD: frontal lobe brain dysfunction)에 근거를 둔 정신이상 항변은 거의 제기되지 않으며, 법원에서도 이 항변을 거의 받아들이지 않는다(Sapolsky, 2004).

뇌는 반응을 조절하기 위한 규칙을 학습하는 방식으로 환경과 상호작용하는 진화된 의사결정 도구에 불과하다(마이클 S. 가자니가, 2009). 따라서 인간행동에 대한 신경과학적 설명만으로 형사책임을 규명할 수 없을 뿐 아니라, 뇌의 메커니즘에 대한 설명만으로 또는 기능장애의 현상만으로 고의조각이나 책임조각을 주장하는 것에는 한계가 있을 수밖에 없다(이인영, 2010). 특히 최근까지 뇌과학 연구에 근거한 뇌 손상이나 기능장애, 그리고 정신상태에 관한 뇌의 특정된 영역이 피고인의 정신상태의 정상적인 기능과 관련해서 필요하거나 충분한 근거가 된다는 증거를 제시해주지 못하고 있으며, 형사책임능력을 면하게 할 정도로 충분하고 분명하게 드러나는 뇌의 기능적 비정상성이 규명된 것도 아니다(Aharoni 외, 2008). 궁극적으로 형사책임은 행위에 기초하여 성립되는 것이지 뇌의 상태에 기초를 두고 있는 것은 아니라고 할 수 있다(Morse, 2006). 개인이 왜 범죄행위를 하는지에 대해서 행위 당시의 의사결정능력과 판단능력에 대한 심사과정을 거쳐서 그에 따라 책임의 근거를 고찰하는 것이지, 개개인의 뇌의 상태에 근거하여 그 범죄행위에 대한 책임을 논할 수 없는 것이다. 뇌의 상태에 책임을 근거한다면 이는 과학적 계산과 결정주의에 정의를 던져버리는 것과 같다고 지적할 수 있다(Erickson, 2010).

(2) 감경책임, 부분책임론 논의

약물중독 상태가 만성적이고 재발이 일어나는 뇌질환이라는 현상을 인정한다면 뇌질환을 앓고 있는 중독자의 범행 당시의 상태에 따라 심신미약 감경을 인정할 수 있다. 약물중독 범죄자에 대한 적정한 비난과 처벌에 대해서 Morse 교수는 사회 내의 중독 관련 소요비용을 줄이기 위해서 세 가지의 개선방안을 제안하였다. 첫째, 약물 관련 범죄에 대해서 적용할 수 있는 통칭하는 부분적인 책임(부분적 항변)을 형법이 채택하는 것이다.[2] 둘째, 형법의 영향력의 범위 내의 중독에 대한 강제적인 치료는 적정하며 효과적이라는 주장이다. 셋째, 중독 관련 범죄의 대응정책과 관련해서 실용적인 범죄화정책(sensible criminalization policy)의 효과성을 검토할 필요가 있다고 주장하였다(Morse, 2006).

일부 뇌과학자들은 전두엽 손상 또는 기능장애를 가지고 있는 피고인에게 유죄이지만 부분책임(Guilty but Partially Responsible: GPR)을 인정하자는 입장을 제시하고 있다. 예를 들어, 중독으로 인하여 뇌 손상이 발생하였고 그로 인해 피고인의 이성적 판단 또는 인지과정의 기능장애가 일어나고 이로 인해 범죄를 유발하였다면 저지른 범죄의 전부 책임이 아닌 감경된 책임을 인정하자는 주장이다. 2008년 State v. Holmes 사건에서 정신질환임을 말하는 맥노튼의 기준에 미치지 못하는 피고인의 정신적 결함에 대한 증거는 피고인이 행한 범죄의 특수고의를 부정할 수는 없지만 범죄의 등급을 낮출 수 있다고 하였다(State v. Holmes, 5 So. 3d 42). 2012년 Lamasters v. State 판결에서 기소된 범죄의 요소로서 피고인에게 특수고의가 있음을 입증해야 하는 사건의 경우 특수고의에 대한 피고인의 능력과 관련하여 감경책임능력의 항변을 허용하였다(Lamasters v. State, 821 N. W. 2d 856).

하지만, 감경책임을 인정하는 경우에는 이를 입증하기 위한 전문가 증언을 많이 유입시켜서 일부의 경우 관련성이 없는 전문가 증언을 부당하게 허용할 가능성이 있고, 법정에서 전문가들이 의뢰인의 이익을 위해서 증언내용을 왜곡시킬 우려가 있으며, 이 사건의 배심원들이 뇌기능장애와 관련된 정신과 의사 또는 심리학자의 전문가 증언의 내용을 제대로 이해하지 못하는 경우가 있을 수 있다(Morse, 2006).

---

2) 영미법에서는 한정책임능력의 개념을 감경책임능력(diminished capacity defence) 또는 부분책임능력(partial responsibility)으로 설명하고 있다. 미국에서의 감경책임능력 또는 부분책임능력은 정신장애가 있는 피고인에 대하여 공소가 제기된 죄보다 등급이 낮은 죄에 대하여 유죄를 인정한다는 결과에서 유래하여 부분책임 또는 감경책임능력 또는 부분적 정신이상(partial insanity defence)이라고도 한다.

(3) 뇌질환 그리고 치료의 원칙

중독치료란 중독된 사람이 스스로 변화하고자 하는 동기화가 되었을 때에 가장 효과적이라고 할 수 있다. 그러나 심각한 약물의존의 문제를 가지고 있는 집단들에게 일시적인 개별상담이나 집단상담 정도의 낮은 수준의 치료는 그리 효과적인 결과를 얻을 수 없었으며, 교도소 내의 치료나 교도소 외에서의 치료를 막론하고 중독자에 대한 강제치료는 임상적으로 그 효과가 상당하다는 것을 보여주고 있다. 일부에서는 강요된 치료가 효과가 있을 것인가에 대해 의구심을 나타내고 있지만, 법적으로 중독치료에 임하도록 압력을 받은 환자는 치료에 참여할 수밖에 없고, 실제 치료에 강제로 들어온 환자라고 하더라도 자발적으로 참여한 환자와 같은 치료효과를 보여주었다는 연구결과가 있다(김성이 외, 2004).

미국 국립약물남용연구소(National Institute on Drug Abuse)는 형사사법 관련자에 대한 약물중독 치료의 원칙(Principles of Drug Abuse Treatment for Criminal Justice Populations)을 마련하면서 첫째로 제시하고 있는 것이 '약물중독은 인간 행동에 영향을 미치는 일종의 뇌질환'이라는 인식 변화이다. 뇌질환이기 때문에 약물중독으로부터 회복하기 위해서는 효과적인 치료가 이루어져야 하며, 치료는 행동변화를 일으킬 수 있을 만큼의 충분한 시간 동안 실시해야 한다는 점을 강조하였다. 둘째, 중독에 대한 정확한 사정이 치료의 첫 단계이며, 치료의 효과를 높이기 위해서는 개인별 치료욕구에 적합한 맞춤형 치료서비스가 필요하고, 치료기간 중 약물의 재사용 여부에 대해서 점검하여야 한다. 형사사법기관의 감시·감독이 중독치료 절차에 필수적으로 이행되어야 하고, 치료 제공자와의 협력관계를 가지고 관리하여야 한다. 약물중독과 정신질환 문제를 동시에 가지고 있는 중독자들에게는 통합적인 치료가 필요하며, 중독의 정도에 따른 약물치료가 중요한 치료방법이라고 할 수 있다. 셋째, 중독자에게는 사회 재통합을 위해서 치료의 지속성이 필수적이며, 중단의 성과를 가지기 위해서는 균형감 있는 보상과 처벌을 통해서 자발적 치료 및 친사회적 행동 촉진이 이루어져야 한다.

Ⅲ. 사이코패스의 뇌

1. 범죄에 대한 이해와 뇌과학

(1) 뇌 손상 사례 연구

뇌 손상 사례연구나 병변법(lesion method) 연구를 통해서 뇌조직의 특정 영역이 정확히 어떤 측면과 연결되어 있는가를 확인할 수 있다. 이것이 이 연구방법의 장점이며, 이러한 연관성을 이해하고 인식함으로써 인간의 인지와 정서를 이해하는 데 큰 도움을 얻을 수 있는 매우 중요한 연구방법이다(Marie T. Banich, 2008). 특정 부위의 손상이 특정한 기능상의 문제를 일으킨다는 것을 관찰하는 것은 그 부위가 그 기능과 관련이 된다는 추론을 가능하게 할 수 있다. 예를 들어, 오른쪽 측두엽의 부위 영역에 종양이 생긴 이후에 얼굴을 알아보지 못하는 문제가 생겼다는 것을 알게 되면, 바로 이러한 인지과정과 특정 두뇌 영역의 관련성을 추론할 수 있다. 이러한 연구방법은 범죄자나 비행자를 대상으로도 이루어지고 있다. 뇌 손상의 위치, 원인, 그 정도가 유사한 집단으로 연구 참가자를 모집하여 조사·분석하는 뇌 손상 사례연구에 의하면 일정한 행동적 결함이나 반사회적 행동성향이 특정 뇌 부위와 연관성이 있는지를 추론할 수 있게 해준다.

1848년 피니어스 게이지는 철도노동자로서 철로확장공사를 하던 중 폭발사고로 쇠막대기가 그의 왼쪽 뺨으로부터 뇌의 앞부분을 통과하는 상해를 입었다. 이 사고에서 그는 기적적으로 생존하였고 그의 지적 능력이나 언어능력도 전혀 손상이 없었으나, 사회적 관습이나 윤리적 기준을 준수하는 능력, 즉 인격이 이전과는 다르게 변화하였다. 그는 충동적이 되었고, 정상적인 억제능력을 잃었으며 부적절한 사회적 행동을 보였다. 게이지 사례에 착안하여 1994년 다마지오(Damasio)는 유사한 뇌 손상을 가지고 있는 게이지류의 환자들을 조사하였다. 다마지오는 잘못된 행위를 하거나 잘못된 의사결정을 하는 원인은 행위자가 이성적이고 합리적인 사고를 하지 못하는데 있거나 지적 교육이 결여되었기 때문이라는 기존의 생각에 문제를 제기하면서, 게이지 사례에서와 동일하게 전두엽 전전두(ventromedial prefrontal)의 손상을 입은 환자들도 공통된 인격변화의 증상이 나타났다는 조사결과를 발표하였다(Damasio 외, 1994). 전두엽 부위가 도덕적 행위나 의사결정을 하게 하는 영역이고 이러한 영역에 손상이 일어나는 경우 정상적인 감정 통제능력을 상실하거나 비행을 유발할 수 있다고 한다.

또 다른 연구에 의하면 눈 위쪽의 겉질영역에 손상을 입으면 부적절하면서 위험한 행동을 보인다고 발표하였다. 눈확이마(orbitofrontal) 영역의 병변은 지능에서 별다른 문제를 보이지 않지만 판단력이 저하되어 있고 사회적 관습을 따르는데 어려움을 가지며, 이러한 손상을 입은 환자는 행동 조절에 문제를 가지고 있으며, 사회적으로 받아들일 수 없는 행동을 할 수 있다고 한다. 그들의 행동은 종종 충동적이며 조금만 불만이 있어도 폭발하며 행동이나 언어적 공격성을 보일 수 있고, 그 결과 폭력적인 행동을 만들거나 상호

관계를 손상시키고, 일자리를 얻을 수 없는 상황을 유발한다는 연구결과를 발표하였다(Kringelbach 외, 2004).

(2) 신경생물학적 접근

지난 반세기 동안 뇌기능과 행동에 대한 지식이 늘어났고 경험적 자료가 축적되었고, 뇌해부학과 행동 연구자들은 뇌 발달의 미성숙 정도, 약물남용으로 인한 뇌 손상, 외상 또는 사고로 인한 기능장애 또는 비정상성에 관한 연구결과를 발표하기 시작하였다. 예를 들어, 마음과 뇌와 관련된 이슈의 이해를 위해서 Aspen Neurobehavioral Conference가 1998년과 1999년 두 번 개최되었고, 이 회의 주최로 합의그룹(consensus group)이 만들어졌다. 합의그룹은 신경학자, 신경심리학자, 정신의학자, 진화심리학자, 의료윤리학자, 법학자 등의 전문가로 구성되었고 폭력적인 행동에 대한 뇌의 역할에 대한 문헌 검토를 거쳐서 합의문을 작성하였다. 합의문에 의하면 폭력성은 비록 사회적, 진화적 요인들 또한 기여하지만, 뇌기능 장애로 인해 발생할 수 있다. 폭력성의 신경행동학적 측면에 관한 연구, 특히 전두엽 기능 장애, 세로토닌 신진대사 변화, 그리고 유전적 영향에 대한 연구는 폭력과 관련된 문제의 원인과 해결책을 찾는 데에 더 깊은 이해를 가져다 줄 것으로 전망한다고 밝혔다(Filley 외, 2001).

범죄행위가 단일의 생물학적, 심리학적, 사회학적 원인에만 근거를 두고 있지 않다는 점은 일반적으로 인정되고 있다. 그러나 뇌과학자들은 인지상태와 정신적 예측의 상관관계를 포함하여 감정 및 폭력적 행동과 연관된 뇌의 메커니즘을 밝히려고 하였다. 특히 뇌 부위의 기능에 대해 새로운 사실들이 규명됨에 따라서 초기의 범죄학자들이 언급했던 생물학적 근거에 따라 범죄원인론을 규명하는 것이 더욱 용이해졌다고 할 수 있다. 뇌과학자와 정신의학자들은 이를 범죄의 정신병리학(psychopathology of crime), 폭력성에 대한 신경생물학(neurobiology of violence)이라는 용어로 설명하고 있다(Redding 외 2006).

이와 같이 뇌과학의 성과를 생물학적 환원론(biological reductionism)으로 설명하려고 하는 환원주의적 입장은 사회적 행동에 대한 원인 규명에 대해 인간 정신의 신경학적 근거를 밝힘으로써 범죄 예측 등의 사회문제를 해결해 주리라는 기대를 불러일으켰다. 더 나아가 일시적인 혹은 영구적인 비정상적 뇌 상태 때문에 자신의 행동에 책임이 없다고 주장하는 방어기제로 신경생물학의 연구결과를 인용하기도 하였다(Krakauer 외, 2017). 신경생물학적 접근방법을 주장하는 일부 학자들은 신경생물학적 연구를 토대로 신경화학적 불균형이나 뇌 손상을 가진 사람이 폭력을 야기한다면 이는 폭력의 신경학적 메커니증에 따른 뇌기능장애로 인한 행위로 인한 것이기 때문에 그 행위에 대해서 형사법적 책임을 물어서는 안 된다고 주장하였다.

(3) 신경범죄학적 접근

신경범죄학(neurocriminology)은 신경과학을 사용하여 범죄자가 왜 범죄를 반복적으로 저지르는지를 이해하도록 돕는 새로운 분야이다(Raine, 2013). 즉, 신경범죄학은 범죄에 대한 이해를 증진시키고, 재범의 가능성을 예측하게 하고 궁극적으로 범죄를 예방하기 위해 신경과학의 기술과 원리를 적용하고 있다(Glenn 외, 2014). 이러한 접근방법은 범죄행위가 신경생물학적 기초를 가지고 있다는 것을 보여주며, 형법에 신경과학을 적용하는 사법적 관심을 강화시켰다. 초기의 연구들은 반사회적 행동과 생물학적 기능 사이의 연관성을 논의하였는데, 최근에는 호르몬 수준, 신경전달물질 수준, 생리학적 지수 또는 뇌 손상과 같은 특정 생물학적 요인의 존재가 미래의 범죄 발생을 예측할 수 있는지 여부를 밝히는 장기간의 추적 연구가 증가하고 있다.

신경범죄학은 사법 시스템과는 세 개의 영역인 처벌, 예측, 예방과 연결된다. 범죄와 폭력에 대한 뇌과학의 지식이 급격하게 증가할수록 위의 세 영역에 대한 재검토를 요구하고 있다. 신경범죄학의 연구가 형사법체계에 즉각적인 변화를 가져올 수 있는 것은 아니지만, 뇌과학적 증거들이 사형범죄에서 감경요소로 작용하거나 뇌생물학적 요소가 개인의 범죄 예측에 사용될 가능성이 있다. 글렌(Glenn)과 레인(Raine) 교수는 신경범죄학의 연구원과 실무자들이 1) 범죄 예방을 위한 혁신적인 생물학적 프로그램 개발, 2) 신경생물학적 예측인자를 포함하여 재범 예측을 높이는 시도, 3) 부분책임(partial responsibility)의 개념을 채택하는 것을 고려함으로써 법적인 책임을 개념화하는 데 인식에 따른 감정을 포함하는 것, 4) 신경생물학적 원인으로 인하여 개인의 행위가 심리학적 결함에 근거한다든지 또는 생물학적 예측인자에 의해 결정된다는 낙인과 표시로 인하여 생길 수 있는 신경윤리학적 의미를 고려해야 한다는 것에 노력을 집중하여야 한다고 주장하였다(Glenn 외, 2014).

그런데 개인의 폭력성은 정치적이고 사회경제적, 문화적, 의학적, 심리학적 원인 등의 복합적인 원인을 가지고 있음에도 불구하고 생물학적 원인에만 근거하여 설명한다는 비판을 피할 수 없다는 한계를 가지고 있다. 재범 예측 관련 범죄 예방에 경제적이고 사회적인 이득을 얻기 위해서는 신경과학적 연구가 과학적으로 입증되고 객관적 신뢰성을 확보하여야 한다(Reid, 2014).

2. 사이코패스의 뇌영상, 진단

(1) 사이코패스의 개념 정의

사이코패스의 근대적 개념 정의는 프랑스의 심리학자 피넬(Pinel)에 의해 형성되었으며, 40년간 임상사례 연구를 해 온 미국의 심리학자 클렉크리(H. Cleckley)에 의해 재정립되었다. 사이코패스의 개념적 본질에는 인격적, 감정적, 명백하고 절대적인 사회적 원칙을 침해하는 행위의 질적 요소가 포함되어 있다(Anne-Marie 외, 2008). 클렉크리에 의하면 사이코패스란 경험이나 처벌에 의해서도 결코 개선될 수 없는 항상 문제를 야기하는 반사회적인 성격의 소유자라고 정의한다. 모스(Morse) 교수도 사이코패스는 공감의 결여, 다른 사람들에 대한 인식과 배려의 결여라는 정서적인 비정상성과 반복적으로 행해지는 반사회적 행위와 같은 비정상적인 행위를 행하는 특징을 가지고 있다고 보았다(Morse, 2006). 사이코패스는 죄책감을 거의 혹은 전혀 가지지 아니한 상태에서 자주, 반복적으로 범죄행위를 하는데, 그들은 개인, 그룹 혹은 사회에 대한 공감과 충실함이 없으며, 자신의 행동에 대해 다른 이들을 비난하거나 자기합리화를 하는 경향이 있다.

사이코패스와 반사회적 인격장애(APD: Antisocial Personality Disorder)는 구별되며, 동일한 진단명이 아니다. 반사회적 인격장애는 극단적인 반사회적 행위에 의존한다는 점에서 구별된다. 반사회적 인격장애는 사이코패스의 특성인 요소를 가지고 있는 것처럼 보이지만, 사이코패스의 경우 정서적이고 대인관계의 요소가 중요한 특성인 것은 아니다. 예를 들어, 수형자 중 40~60%는 반사회적 인격장애와 사이코패스의 특성을 중복적으로 가지고 있으나, 수형자의 15%만이 사이코패스의 기준을 충족한 것으로 나타났다(Morse, 2006).

(2) 사이코패스의 진단

사이코패스를 특정화하기 위해서 먼저 개인에서의 성격특징과 행위의 수준을 양적으로 측정하는 PCL-R과 같은 정신심리학적 검사를 시행하고 있다. 캐나다의 헤어(Hare) 교수는 정신병질자/사이코패스를 주장한 제창자이고, 정신병질적 성격을 측정하기 위해서 가장 폭넓게 사용되는 검사도구인 사이코패스 체크리스트(psychopathy checklist: PCL-R)를 만들었다. 그리고 사이코패스성격장애 종합평가(Comprehensive Assessment of Psychopathic Personality Disorder: CAPP)는 사이코패스성격장애(Psychopathic personality disorder: PPD) 증상을 임상적으로 평가하기 위해 개발되었다(Hare 외, 1990). 그러나 정신심리학적(psychometric tests) 검사들은, 예를 들어 주의집중의 어려움 또는 기억 또는 언어능력에서의 장애와 같은 정신과정의 문제점 발견에 초점을 맞추고 있었다. 사이코패스의 경우 이 부분이 비정상이거나 손상되어 있지 않으므로, 정신심리학적 검사만으로는 사이코패스를 진단하는 것에 한계가 있다.

최근 뇌과학의 발달은 사이코패스의 특정에 대한 방법론적 변화를 가져왔다. 인지적 그리고 정서적 장애와 그로 인한 반복적인 반사회적 행위가 있는지에 따라 사이코패스를 진단하는 것에서 탈피하여 유전학적, 신경생물학적 또는 심리학적 방법을 사용하여 상당히 신뢰할 수 있게 진단하는 방법을 선택하고 있다. 사이코패스는 도덕적 주체로서 기능할 수 있는 개인적 능력을 감소시키는 뇌신경계의 손상이나 장애의 산물이라는 연구결과가 발표되었다(Sasso, 2007). 따라서 사이코패스의 증후를 이해하기 위해서 과학자들은 죄책감 또는 양심의 가책의 결여와 같은 증상을 보여주는 신경계의 변화를 정확하게 정량화하는 방법을 제시하였다. 사이코패스 특정을 위한 정신심리학적 검사를 통해 뇌의 기능장애를 측정할 수 있지만 이것은 대체적이고 간접적인 방법에 해당하기 때문에, 보다 직접적인 방법인 생체 내에서 뇌영상기술을 이용하여 뇌 활동을 정확하게 측정하는 방법을 사용하여 사이코패스를 특정화하는 것을 선호하였다(Kiehl, 2007).

한편 상당수의 연구들에서 사이코패스가 집중 자극, 정서적 언어자극, 구체적 또는 추상적 언어자극의 과정에 따라오는 비정상적인 뇌 전기적 반응과 관련되어 있음을 보여주였다(Kiehl, 2006). 뇌과학자들은 MRI 또는 SPECT와 같은 뇌영상 도구를 사용하여 뇌파 기록 및 사건 관련 가능성을 측정하기 위해서 뇌의 전자적 활동을 검사하였다. 실제 이러한 비정상적인 뇌의 전기적 반응의 존재는 사이코패스의 특징이라고 하면서, PCL-R의 30점 이상을 받은 사람 중 사이코패스로 진단받은 대상자 41명 중에서 40명은 비정상적인 뇌의 전기적 반응이 있었지만, 대조군인 사이코패스가 아닌 사람들 40명 중 어느 한 사람도 이러한 반응이 나타나지 않았다는 연구가 있다(Kiehl, 2006).

최근까지의 뇌과학의 연구 성과에 비추어보면 사이코패스를 가진 사람들을 명확하게 특정화하고 진단하기 위하여 뇌과학을 사용할 수 있는 지점까지 도달하였다. 뇌의 전기적 반응이나 기능적 뇌영상(fMRI), 사건관련적인 잠재성 검사에서 뚜렷한 패턴이 나타나면 이러한 패턴들이 사이코패스적 특성에 대한 높은 예측 가능성을 가지고 있으므로 뇌과학적 진단방법이 사이코패스 진단을 위해 필수적으로 사용할 수 있을 것으로 판단된다. 사이코패스의 뇌가 구조적으로 기능적으로 비정상적이라는 것을 보여줌으로써 사이코패스를 어떻게 정의하고 어떻게 형사책임을 부과하여야 하는지 더 나아가 향후 처우의 내용이 어떻게 달라져야 하는지의 물음에 상당한 영향을 미칠 수 있을 것이다(Aharoni 외, 2008).

3. 사이코패스의 뇌 연구 성과

뇌영상기술의 발달은 사이코패스의 개념정의 변화를 가져왔으며, 정신심리학적 검사 외에도 뇌의 구조와 기능을 이용하여 사이코패스를 특정화하려는 연구가 시도되었다. 뇌과학의 발달로 인해 사이코패스는 도덕적 주체로서 기능할 수 있는 개인적 능력을 감소시킬 수 있는 뇌신경계의 구조적 손상이나 기능장애의 산물이라는 연구결과가 발표되었고, 상당수 많은 연구결과에 의해서 뇌과학자들의 가설들이 검증되었다(Sasso, 2007).

(1) 좌반구 활성화 가설 검증 연구

사이코패스에게 보이는 기능 손상에 대한 설명으로 좌반구 활성화 가설(left hemisphere activation: LHA)이 있다. 사이코패스의 증후를 이해하기 위해서 뇌과학자들은 죄책감 또는 양심의 가책의 결여와 같은 증상을 생기게 하는 신경계를 정확하게 정량화할 수 있는 방법을 개발하였다. 뇌 활동을 정량화하는 통상적인 방법인 신경심리학적 검사들을 통해서 주의집중의 어려움 또는 기억 또는 언어능력에서의 장애를 가지고 있는 경우와 같은 정신적 과정의 문제점을 찾아낼 수 있다. 사이코패스들은 언어기능이 약하거나 비정상적인 편측화를 보이는데, 이는 사이코패스가 일반인보다 좌반구의 결함으로 인하여 언어적, 인지적 처리과정에 결함을 보인다는 것이다. 베른스타인(Bernstein) 연구진은 21명의 수감된 사이코패스와 21명의 대조군인 일반인들을 조사한 결과, 뇌의 좌반구 자원들이 적극적으로 활성화하는 상황에서 사이코패스에서 충분하지 않은 반응 정도를 분명하게 볼 수 있었다고 밝혔다(Bernstein 외, 2000).

(2) 전전두엽 기능이상 가설 검증 연구

뇌의 전두엽 피질에 손상을 입은 환자들은 다행감(euphoria), 무책임감, 애정결핍, 현재나 미래에 대한 염려 부족, 공격성 증가 같은 정서적 변화와 인격변화를 보일 수 있는 것으로 나타난다. 이러한 주장을 전두엽 장애 가설이라고 하는데 사이코패스를 이해하기 위해서는 감정기능의 저하 혹은 장애가 상당히 중요한데, 그 신경해부학적 위치로는 복내측 전전두엽(ventromedial prefrontal cortex)을 포함한 전전두엽 장애가 가장 일관되게 보고되었다(Blair, 2007). 안와 및 내측 전두엽의 피질에 손상이 있는 사람들은 공격성을 나타낼 가능성이 더 크며, 일반적으로 공격적인 사람들은 수행력의 장애를 보이고, 일반인과 비교하여 휴식상태에서 전두엽 활동이 덜 활성화되어 있는 것을 볼 수 있다.

도란(Dolan) 연구진은 2002년 연구에서 16명의 교도소에 수감된 실패한 사이코패스(unsuccessful (caught) psychopaths), 13명의 교도소에 수감되지 않은 사이코패스(successful (uncaught) psychopaths)와 23명의 대조군인 일반인의 뇌를 MRI를 통해서 비교한 결과 전두엽의 회백질의 부피가 차이가 있었으며, 수감된 사이코패스의 경우 회백질이 22.3% 감소한 상태였다고 보고되었다(Dolan 외, 2002). 2005년 레인(Raine) 연구진은 반사회적 인격장애를 가진 21명의 사람들의 뇌를 영상으로 찍어서 두 대조 집단, 즉 건강한 피실험자 집단과 약물의존 장애를 가진 사람의 집단의 뇌를 비교하였다. 연구진이 발견한 것은 반사회적 인격장애가 있는 사람들은 대조군과 비교하여 회색질의 부피가 줄어들어 있었고 뇌의 전전두엽 부위의 자동적 활동량이 덜 활성화되어 있다는 것이었다. 반사회적 인격장애를 가진 범죄자의 뇌와 정상인의 뇌를 비교한 결과 전전두엽의 회색질 부피 차이가 사회적 행동의 차이로 이어질 수 있다는 점을 암시하였다(Yang 외, 2005).

키일(Kiehl) 연구진의 2006년 연구에서도 PCL-R 검사를 통해서 사이코패스와 비사이코패스를 구분하였던 80명의 수감자들에 대해서 사건 관련 전위(event-related potentials) 검사를 시행했는데, 사이코패스로 진단받은 수감자들에서는 목표를 탐지하는 과정에서 뇌 정면 중앙부위에 더 큰 음성도(frontocentral negativities: N550)가 나타났다. 그리고 사이코패스는 목표를 탐지하는 동안 N2가 확장되고 P3가 감소되는 것을 보여주었다. 이러한 데이터를 통해서 사이코패스는 측두엽과 전두엽의 부위를 포함하는 변연계의 기능장애(dysfunction of the paralimbic system)를 가지고 있다는 것을 보여주었다(Kiehl 외, 2006).

2010년 보카르디(Boccardi) 연구진의 연구는 26명의 범죄자, 즉 중증(12명)과 중간 정도의 사이코패스를 가지고 있는 범죄자(14명)와 건강한 대조군 25명의 MRI 영상 결과를 비교하면 높은 사이코패스 그룹에서 해마의 부피와 형태(hippocampal volume and morphology)가 차이가 있음을 밝혔다(Boccardi 외, 2010). 2012년 마티나(Martina) 연구진의 연구도 교도소에 수감되어 있는 20명의 사이코패스 진단 성인남성 수감자와 비사이코패스 수감자의 MRI 데이터를 비교한 결과 사이코패스들은 좌뇌 내부와 전두엽, 좌뇌 전두엽, 좌뇌와 우뇌 전두엽을 포함한 많은 부위에서 피질이 상당히 더 얇았으며, 좌뇌 내부와 좌뇌 전측척추 피질 사이의 기능적 연결성이 덜 활성화된 것을 밝혔다(Martina 외, 2012). 2015년 필리피(Philippi) 연구진은 142명의 성인남성 교도소 수감자를 대상으로 fMRI를 사용하여 전두엽 피질 네트워크에 대한 특이성을 확인하기 위해서 시각과 청각 네트워크 간의 연결성에 대해서 조사하였으며, 사이코패스의 경우 측면 정수리 피질과 등쪽 전방 피질 사이의 기능적 연결성이 상당히 감소되어 있다는 것을 밝혔다(Philippi 외, 2015).

(3) 편도체 기능이상 가설 검증 연구

뇌의 편도체는 공포와 즐거움과 같은 감정과 관련되어 있으며, 기억 강화를 통해 감각 자극이 긍정적 또는 부정적으로 결합하는데 관여하는 것으로 알려져 있다. 이러한 편도체의 기능은 인간이 사회적인 존재가 되기 위해 필수적인 기능이라고 할 수 있다. 우리가 다른 사람의 마음을 이해하고, 상과 벌에 의한 학습을 통해 도덕적 틀이 형성되는 것이 위와 같은 편도체의 기능과 관련이 깊은 것이다. 편도체의 기능이상과 관련하여 사이코패스의 경우 감정적인 자극에 대한 편도체의 반응성이 저하되어 있다고 한다(Marsh 외, 2011). 편도체 기능이상은 혐오 조건화, 도구적 학습, 그리고 공포스럽고 슬픈 표정들의 처리과정에 장애를 일으킨다. 이러한 장애들은 사회화를 방해하여 다른 사람들에게 해를 끼치는 행동을 피하게 하는 학습을 하지 못하게 한다. 만약 이러한 기능장애를 가지고 있는 사람들에게 범죄를 유발할 환경이나 사유가 있으면 그들은 건강하게 발달한 사람들보다 범죄를 저지를 확률이 더 높게 나타날 수 있다.

2009년 양(Yang) 등의 연구진은 27명의 사이코패스와 32명의 정상인 대조군과의 MRI 영상에서 사이코패스는 정상인에 비해 전전두엽의 기능과 구조가 유의미하게 감소되었다고 보고하였다. 특히 편도체 이상이 정신질환의 정서적, 행동적 증상에 기여한다는 것을 나타내었으며, 편도체의 이상과 사이코패스 점수 사이에 상당한 상관관계가 있음을 보여주었다(Yang 외, 2009). 2011년 보카르디(Boccardi) 연구진도 26명의 폭력범죄를 저지른 남성(연령 32±8)을 조사한 결과 안와 전두 피질의 부피가 20% 정도 줄어들어 있었고 편도체의 구조 이상이 있는 것으로 밝혔다(Boccardi 외, 2011).

(4) 신경전달물질 가설 검증 연구

초기에는 신경전달물질 중에서 세로토닌 시스템의 기능 이상이 사이코패스의 공격성과 관련이 있다고 주장되었지만, 최근에는 노르에피네프린 시스템의 이상이 주장되었다. 노르에피네프린(norepinephrine)은 자율신경계에서 발견되는 신경전달물질로서 노르아드레날린(noradrenalin)이라고 부르기도 하며, 노르에피네프린 수용체는 흥분성과 억제성 작용에 모두 관련되지만, 일반적으로 행동에 대한 노르에피네프린의 작용은 흥분성과 관련이 있다고 한다. 뇌의 변연계, 편도체, 전두엽에서의 신경물질 또는 화학물질의 과잉이나 결핍과 뇌 손상이 결합하여 발생한 기능장애는 폭력적 경향성에 기여하는 인자의 하나라고 보고되었다. 테스토스테론의 양은 남성 수감자에게 공격성과 호전성에 상당한 연관성을 가지고 있으며, 세로토닌은 테스토스테론 과잉에 의해 자극된 폭력적 충동에 제동을 가하는 호전적 충동성향의 억제제 기능이 있다고 한다. 1995년의 댑(Dabbs) 연구진에 의하면 남성 교도소 수감자 692명의 타액을 조사한 결과 폭력범죄와 성범죄를 저지른 수감자들이 다른 범죄를 저지른 수감자들에 비해 테스토스테론의 양이 많다는 사실을 밝혔다(Dabbs 외, 1995). 2001년 아이제네거(Eisenegger) 연구진은 여러 유형의 범죄 중 살인을 저지른 수감자에게 테스토스테론의 과다량이 연관되어 있다는 것을 밝혔다(Eisenegger 외, 2001).

4. 사이코패스의 뇌 연구와 형사책임

(1) 형사책임 감경 논란

사이코패스의 뇌 연구의 정책적 함의로서 형사책임을 경감하자는 주장이 있다. 사이코패스가 뇌구조적 장애나 기능장애, 신경화학물질적 결함으로 인해 사회행동적 현상을 보여준다는 뇌과학적 연구결과는 사이코패스를 뇌손상환자나 뇌기능장애자와 유사하게 취급할 수 있다는 점을 상기하고 있다. 사이코패스에 대한 지나친 경각심이 있다면 이에 대한 완화를 통해 일반인들이 갖는 두려움을 경감시켜 줄 필요가 있다는 점에서 사이코패스를 다루고 치료하는 측면에서 재범 방지의 높은 요구를 드러낸다고 볼 수 있다(서종한 외, 2018).

리튼(Litton) 교수의 경계이론(border theory)에 의하면 사이코패스는 후회하지 않고 양심의 가책이나 부끄러움, 죄책감들을 느끼지 않아서 자신의 행위를 평가하고 통제할 수 있는 상태에 있지 않으므로 심각한 사이코패스는 보통의 사회적 현실감을 느끼지도 못한다고 하였다(Litton, 2008). 아로니(Aharoni) 교수도 사이코패스가 자신의 행위들이 도덕적으로 잘못되었다는 것을 알지 못하거나 적어도 이해하지 못하였다는 몇 가지의 증거들이 있다고 한다. 첫째, 사이코패스는 폭력에 의해 손상을 입은 피해자의 사진에 대해서 무반응적 태도와 피부자극 반응이 전혀 나타나지 않았다는 연구결과는 공감의 결여를 강조하고 있으며 비도덕적 행위에 대한 의사결정능력이 상당히 저하되어 있음을 보여준다. 둘째, 사이코패스가 도덕적 의사결정과 관련해서 그들은 무엇이 행위를 잘못된 것으로 만드는지와 행위가 잘못되었다는 것이 무엇인지에 대해서 종종 혼동을 보여준다는 점을 들고 있다(Aharoni 외, 2008).

(2) 병리적 사이코패스의 형사책임

반사회적 인격장애 등의 정신병질자는 정신병이나 정신장애자에 해당하지 않는다. 미국의 연방대법원은 반사회적 인격장애는 정신이상 항변이 가능한 정신의학적 진단 수준의 충분한 심각한 질병의 유형으로 볼 수 없다고 하였다(Tradella, 2007). '충분히 심각하지 않은' 개념은 독일 형법 제20조에서 규정하고 있는 다른 중대한 정신이상이라는 개념과 동일한 의미이다. 독일 형법 제20조에 규정된 '다른 중대한 정신이상'의 해석에는 인격장애(Persönlichkeitsstörungen), 신경증(Neurosen) 및 충동장애(Triebstörungen)를 포함하고 있다. 다만, 이와 같은 정신이상만 존재하면 되는 것이 아니라 '중대한' 것이어야 하고, 여기서 중대하다는 의미는 한마디로 앞에서 열거한 정신병의 유형에 상응하는 질병으로서의 가치를 가진 것이어야 한다는 의미로 해석되고 있다. 우리나라 대법원 판례[3])도 '매우 심각하여 원래의 의미의 정신병을 가진 사람과 동등하다고 평가할 수 있는 정도'라는 개념을 사용하고 있다. 이와 같은 분류 방법처럼 사이코패스도 정신병과 동등하다고 평가될 정도로 충분히 심각한 정도인지 여부에 따라 정신이상의 항변이 가능하지 않느냐는 주장들이 제기되고 있다. 사이코패스의 특징으로 도덕적 관심과 타인에 대한 배려를 결여하였다는 점에서 출발하고 있는데, 만약 행위자가 자신의 행위로 인해 피해자가 고통을 가질 수 있고 그러한 행위를 하지 않는 동기로서 피해자의 고통에 전혀 관심이나 배려를 기울일 수 없는 병리적 상태, 즉 뇌구조적이나 기능장애로 인해 통제 불가능할 정도에 해당한다면 사이코패스 진단을 받고 전혀 도덕적 근거에 반응하지 않는 단계에 이른다면 그런 점에서 형사책임 유무에 대한 논란이 제기될 수 있을 것이다.

---

3) 대법원은 정상인에게도 자신의 충동을 억제하지 못하여 범죄를 저지르게 되는 현상은 얼마든지 찾아볼 수 있는 일로서, 특단의 사정이 없는 한 위와 같은 성격적 결함을 가진 사람에 대하여 자신의 충동을 억제하고 법을 준수하도록 요구하는 것이 기대할 수 없는 행위를 요구하는 것이라고는 할 수 없으므로, 원칙적으로 충동조절장애와 같은 성격적 결함은 전형적 질병인 정신병의 일종으로 볼 수 없다고 한다. 다만, 병적 도벽 또는 소아기호증의 경우 그러한 성격결함이 매우 심각하여 원래의 의미의 정신병을 가진 사람과 동등하다고 평가할 수 있다든지 또는 다른 심신상실사유와 경합된 경우에는 심신장애를 인정할 여지가 있다고 판시하였다. 또한 성범죄에서의 충동조절과 관련해서 범행 당시 피고인이 정신질환을 앓고 있었는지 여부와 그 정도, 피고인의 범행충동억제능력이 정상인에 비하여 떨어지는 것인지 여부 및 만약 떨어진다면 그것이 단순한 성격적 결함에 불과한 것인지 아니면 피고인이 앓고 있던 정신질환과 관련이 있어 병적인 정도에 이른 것인지 여부 등을 좀 더 밝혀 본 후에 피고인의 심신장애 주장의 당부를 판단해야 한다고 판시하였다. 대법원 2009. 2. 26. 선고 2008도9867 판결; 대법원 2011. 2. 10. 선고 2010도14512 판결.

모스(Morse)는 사이코패스를 사회화된 사이코패스(acculturated psychopath)와 병리적 사이코패스(pathological psychopath)로 구분하고 있다. 사회화된 사이코패스는 병리적 사이코패스와는 다르게 인류애라는 선한 이성을 이해하고 반응하는 것을 배우기 때문에 도덕적 공동체 인식과 공감에 관한 일반적인 능력이 있으므로 충분히 책임능력이 있는 것이다(Morse, 2006). 그런데 병리적 사이코패스라고 한다면 달리 접근할 수 있을 것이다. 일정 유형의 정신이상만 존재하면 되는 것이 아니라 '중대한' 것이어야 하고, 여기서 중대하다는 의미는 그 결함의 정도가 충분히 심각하여(severe enough) 변별능력과 의사결정능력을 제대로 행사할 수 없어서 도덕적 이성의 결여 정도가 심각한 경우에는, 즉 정신병의 유형에 상응하는 병리적 사이코패스의 단계에는 정신이상 항변이 가능할 수 있을 것이다. 심각한 정도의 사이코패스는 도덕적 공동체(moral community)의 일원으로 볼 수 없으며, 그러한 자들을 비난하거나 처벌하는 것은 도덕적으로 무의미할 수 있는 것이다. 따라서 병리적 사이코패스의 경우 형벌 이외의 치료감호처분 등의 대체형벌로서 접근할 수 있을 것이다. 구체적인 형사정책적 대응으로서 도덕적 이성을 결여한 정도가 심한 경우인 인식과 공감의 능력을 전혀 가지고 있지 않은 중증의 병리적 사이코패스는 형벌 이외의 비자발적인 시민구금(involuntary civil commitment)을 부과하는 것이 적정하다고 한다.

(3) 사이코패스에 대한 형사정책적 대응

사이코패스는 죄책감을 거의 혹은 전혀 가지지 아니한 상태에서 자주, 반복적으로 범죄행위를 하는 사람들과 관련이 있다. 그들은 개인, 그룹 혹은 사회에 대한 공감과 충실함이 없으며, 자신의 행동에 대해 다른 이들을 비난하거나 그럴 듯한 합리화를 하는 경향이 있다. 한 개인이 사이코패스의 징후를 갖고 있다고 진단받은 경우 그가 사이코패스이므로 향후 범죄자일 것이라고 예측할 수 있는가? 또한 상습적이고 잔혹한 강력범죄자라면 사이코패스라고 진단할 수 있는가?의 물음이다.

사이코패스는 단일의 원인이 아니라 생물학적 요인과 사회적 요인의 상호작용을 통해서 형성될 수 있다. 한편으로 신경생물학적 결정주의나 환원주의적 시각을 탈피하고, 다른 한편으로 그 내용적 연구결과를 수용하면서 사이코패스의 뇌기능의 비정상성의 특성을 고려하면 형사정책적 접근방법을 달리 모색할 수 있을 것이다. 뇌손상이나 기능장애가 있다는 뇌영상 증거는 행위 시에 그러한 기능장애로 인하여 변별능력이나 행위조종능력의 결함을 야기하였다고 증명되지 않는 한 뇌영상 기반의 특질을 가지고 있는 사이코패스라는 진단결과가 형사책임의 책임능력을 경감하거나 면제하지 않는다. 그러나 좌반구 활성화 결함이나 전전두엽 기능이상, 편도체 기능이상의 특성을 가진 사이코패스를 일반적인 유형과 도덕적 이성을 결여한 정도가 심각하여 인식과 공감의 능력을 전혀 가지고 있지 않은 중증의 병리적 사이코패스를 구분하여 그 중증의 정도에 따라 평가·분석하여 각각 처우의 내용을 달리하는 형사정책적 대응방안을 모색할 필요가 있다.

Ⅳ. 치매자의 뇌

1. 치매의 진단, 유형

치매(dementia)는 독립적이고 일상적인 기능을 방해할 만큼 중요한 인지기능 저하를 말하며, 특정 질환이기보다는 여러 가지 가능한 원인이 있는 후천성 증후군의 성격을 가지고 있다. 대부분의 노인 치매는 신경 퇴화로 인해 발생하며, 노인에게 흔한 퇴행성 치매의 유형으로는 알츠하이머병 및 루이소체 치매(dementia with Lewy bodies), 혈관성 치매(vascular dementia), 전두측두엽 치매(frontotemporal dementia) 등이 있다. 외상성 뇌 손상 및 뇌종양은 젊은 성인층의 치매의 흔한 원인이다(Gale 외, 2018). 치매는 통상 만성적이거나 진행성의 성격을 가지고 기억력, 사고력, 이해력, 계산력, 학습능력, 언어 및 판단력을 포함하는 복합고등피질기능(multiple higher cortical functions)에 장애가 생기는 뇌질환으로 인한 증후군이다.[4] 치매는 지속적인 뇌기능 저화와 관련된 증후군으로서 인지적 기능에 장애를 가져오는 다양한 신경정신병적 요건을 포괄하는 것이라고 할 수 있다(Haußmann 외, 2022).

알츠하이머병은 치매를 일으키는 많은 질환 중에서 가장 흔한 유형이며, 전체 치매 환자의 60~70%를 차지하고 있다(WHO, 2012). 알츠하이머 치매의 초기 증상은 가벼운 건망증이며, 그 이후에 병이 진행하면서 언어 구사력, 이해력, 읽고 쓰기 능력 등의 장애를 가지고 오게 되고 불안과 공격성을 띨 수도 있다. 루이소체 치매(DLB)는 알츠하이머에 이어 두 번째로 흔한 퇴행성 뇌질환으로서, 일반인구의 약 5%, 전체 치매 환자의 약 31%까지 이르는 것으로 보고되고 있다(김태희, 2016). DLB 환자의 보호자가 흔히 보고하는 증상은 인지기능 저하이고 가장 부담스러워하는 증상은 환시나 망상 등의 정신행동 증상이다(Olney 외, 2017).

전두측두엽 치매는 드물지만 중요한 형태의 퇴행성 질환이며, 60세 이전에 나타나는

---

4) 미국 신경정신과학회의 DSM-5의 치매진단기준에 의하면 치매는 인지기능의 저하가 있고 인지기능 저하가 검사에서 보일 정도이고, 인지기능의 저하로 일상생활에 어려움이 있을 때 치매라고 진단할 수 있다.

치매의 50%를 차지하고 있다. 전두측두엽 치매는 행동, 언어, 실행 제어 및 운동증상의 변화를 포함하는 임상장애를 포함한다(Talaslahti 외, 2021). 알츠하이머 치매는 주로 뇌의 측두엽과 두정엽이 위축되는 것과 비교하여, 전두측두엽 치매는 전두엽과 측두엽이 위축되는 것을 알 수 있다. 알츠하이머 치매가 기억능력과 감각통합능력에 장애가 먼저 발생하는데, 전두측두엽 치매는 성격의 변화나 언어기능의 문제가 먼저 발생한다.

2019년을 기준으로 60세 이상 인구의 약 5~8%가 전 세계적으로 신경인지장애를 앓고 있으며, 2019년에는 총 5천만 명의 환자가 있다는 보고가 있다. 우리나라의 경우 중앙치매센터 2021년 보고서에 따르면, 2020년 65세 이상의 노인인구수는 8,134,675명으로 우리나라 전체인구 51,349,259명 중 15.8%를 차지하였다. 전국 65세 이상 노인인구 추정치매환자수는 2020년 약 84만명으로 추정치매유병률은 10.33%이다. 65세 이상 고령자 10명 중 1명이 치매상병자임을 알 수 있다. 추정치매환자의 추이로 65세 이상의 추정치매환자수는 2020년 약 84만명, 2030년 136만명, 2040년 217만명, 2050년에는 300만명을 넘을 것으로 예상된다(국립중앙의료원, 중앙치매센터 보고서, 2021).

2. 전두측두엽 치매와 충동적 행동장애

(1) 전두측두엽 치매의 의의

치매의 초기 단계에서 발생하는 사회적 인지의 결함, 상황을 도덕적으로 평가하는 능력의 손상이 일어날 수 있으며, 일부 치매환자에게는 범죄를 유발하는 심각한 행동장애 및 심리적 증상이 나타날 수 있다(Cipriani,, 2016). 노년의 인지기능의 저하는 연속적으로 이루어지고 임상적으로 정도에 따라 크게 정상노화, 경도인지장애, 치매로 구분한다. 경도인지장애는 인지기능이 저하되었지만 일상생활에 크게 지장이 없는 상태로 치매에 이르기 전에 반드시 거치는 중간 단계이다. 경도인지장애를 가진 고령자는 치매 고위험군으로 분류되기 때문에 조기 발견 및 치매 예방대책을 수립하기 위해서는 경도인지장애에서 치매로 이환되는 시점을 정확히 파악해야만 한다(박대우 외, 2022).

치매가 범죄와 비행을 유발하는 빈도에 대해서는 알려진 바가 거의 없었다. 그런데 최근 치매환자의 공격성과 충동적 행동장애가 범죄와 연관성을 가지고 있다는 연구가 상당히 진행되고 있다. 이러한 공격성과 관련해서 문제가 되는 치매의 유형은 전두측두엽 치매(FTD)이다(Barak 외, 1995). 전두측두엽 치매는 전두엽과 측두엽의 국소적인 위축과 질병 초기에 진행성의 행동 이상, 실행 장애, 그리고 언어문제를 특징으로 하는 신경퇴행성

장애이다. 전두측두엽 치매 증상의 시작은 40대부터 80대까지 다양하지만 50대에 나타나는 경우도 많이 찾아볼 수 있다. 이와 같이 전두측두엽 치매는 일찍 나타나는 치매 중의 하나이며, 대부분 증상이 정신과적 증상과 겹치기 때문에 가장 과소 진단되는 치매 중 하나이다(Puppala 외, 2021).

전두측두엽 치매 환자는 알츠하이머 치매 환자 및 정상 대조군에 비해 즉각적이고 정서적으로 도덕적 판단을 내리는 능력이 손상되어 있다는 점에서 특징을 가지고 있다(Mendez 외, 2005). 전두측두엽 치매는 처음 증상이 기억력 감소보다는 행동증상이 먼저 나타나기 때문에 조기에 진단이 되지 않는 경우가 많다. 전두측두엽 치매는 초기 및 우세한 증상에 따라 세 가지 임상 증후군, 즉 행동변이 전측두엽 치매(bvFTD: behavioral-variant frontotemporal dementia), 의미 변이 원발성 진행성 실어증(svPPA: semantic-variant primary progressive aphasia) 및 비유동 변이 원발성 진행성 실어증(nfvPPA: nonfluent-variant primary progressive aphasia)으로 분류할 수 있다. 그러나 위의 유형별 전두측두엽 치매에 대한 치료방법은 현재까지 밝혀진 바가 없다(Shinagawa 외, 2015).

(2) 행동변이 전두측두엽 치매와 범죄행위

전두측두엽 치매 중에서 범죄와 연관성이 있다고 거론하는 유형이 행동변이 전두측두엽 치매이다. 행동변이 전두측두엽 치매(bvFTD)는 무관심, 탈억제, 공감 상실, 새로운 강박 행동, 과구술 및 실행 기능장애와 같이 본질적으로 정신과적으로 간주되는 성격 및 행동 변화를 나타내는 신경퇴행성 증후군이다(Pressman 외, 2021). 뇌의 구조적 및 기능적 영상 연구에 따르면 bvFTD 환자는 전대상, 안와전두피질 및 전두엽 피질을 포함하는 내측 변연계 네트워크에 초기 변화가 있는 것으로 나타났고, 질병이 진행됨에 따라 신경퇴행성 과정은 운동 피질을 제외한 전두엽 피질 전체와 측두엽 및 정수리 영역으로 퍼져 있는 것을 볼 수 있다.

행동변이 전측두엽 치매(bvFTD)의 중요한 특징으로서 사회적, 도덕적 의사 결정의 방해, 법적 및 도덕적 규범을 준수하는 것에 대한 심각한 어려움이 있고, 다른 사람의 감정에 대한 공감 또는 인식의 상실, 자신의 행동과 그 결과에 대한 통찰력의 상실을 통해 종종 사회적 또는 법적 규범을 위반한다고 한다. bvFTD는 주요 우울 장애, 양극성 장애, 정신분열증, 강박 장애, 자폐 스펙트럼 장애 및 심지어 성격 장애를 포함한 비퇴행성 일차 정신장애와 상당한 증상 중복을 보여주고 있으며, bvFTD 환자의 약 50%가 이전에 정신과 진단을 받았으며 이에 대한 정확한 진단은 몇 년 동안 지연되는 경우가 많다

(Pressman 외, 2021).

bvFTD를 정신장애(Primary Psychiatric Disorders: PPD)와 구별하는 것은 상당히 어렵다고 한다(Ducharme 외, 2020). bvFTD 환자를 초기에 양극성 장애 또는 조현병과 같은 정신장애로 진단하거나 PPD를 가진 사람을 때때로 bvFTD로 부정확하게 진단하는 경우도 많다(Shinagawa, 2016). 2020년 초반에 전두측두엽 치매를 위한 신경정신의학 국제 컨소시엄(Neuropsychiatric International Consortium for Frontotemporal Dementia)은 최고의 임상 관행을 결정하고 향후 연구를 위한 공통 데이터 세트 공유의 국제 협력을 구축하기 위해 최근 설립되었으며, 국제컨소시엄에서는 임상의가 bvFTD와 PPD를 구별하는 데 도움이 되는 최초로 권고 사항을 발표한 바가 있다(Pressman 외, 2021). 진단 도구로서 뇌영상(Neuroimaging)은 이미 bvFTD 진단의 필수 구성 요소이다. 뇌 PET는 신경퇴행성 장애, 특히 다양한 다른 신경퇴행성 및 정신 장애와 중복되는 증상으로 인해 전두측두엽 치매(FTD)를 진단하는 데 사용된다. FTD 진단에서 Tau−PET 및 아밀로이드−PET를 사용하는 것은 알츠하이머 치매와의 자별화이다(Ward 외, 2023). MRI와 PET를 사용한 뇌영상은 다양한 신경퇴행성 장애에서 뇌 위축과 낮은 대사의 차별적 패턴을 잘 보여주고, 이는 정확한 진단에 유용할 수 있다. 확산 기반 영상 및 fMRI의 뇌영상기술은 치매의 근본적인 생물학적 변화에 대한 중요한 정보와 향후 임상 사용을 위한 새로운 조치 개발을 위한 새로운 방향을 제공하고 있고, 분자영상(molecular imaging)의 발전으로 인하여 치매 관련 단백병증 및 신경전달물질 수준을 시각화하여 관찰할 수 있다(Risacher 외, 2023).

(3) 전두측두엽 범죄행위 빈도(Diehl-Schmid 외, 2013)

Diehl−Schmid J. 연구진은 행동변이 전두측두엽 치매(bvFTD), 의미론적 치매(SD: semantic dementia) 및 AD(Alzheimer disease) 환자의 범죄행위 빈도를 비교하였다. 대상자 83명 중 FTLD(bvFTD 및 SD)로 진단받은 환자 50명(bvFTD 32명, SD 18명), AD 환자 33명이며, 외래환자에 대한 간병인 인터뷰를 통해서 연구를 진행하였다. 표준화된 간병인 인터뷰를 통해서 83명의 외래환자의 범죄행위를 조사·분석하였다. 이 연구결과에 의하면 FTLD 그룹 내에서 bvFTD 환자의 17명(53%)과 SD 환자의 10명(56%)이 범죄를 저질렀으며, 그 유형은 절도, 재산에 대한 고의적 손상, 가택 침입, 폭행 또는 외설적인 행동이다.

연구결과에 의하면 FTLD 환자의 54%와 AD 환자의 12%에서 범죄행위를 발견했으며, FTLD 환자가 범죄를 저지르는 이유는 명확하지는 않았다. 다만 FTLD 환자가 자신의 행동이 사회적 규범을 위반하지 않도록 충분히 걱정하지 않는다는 관찰 결과와 일치하게 응답한 환자 7명 누구도 양심의 가책이나 수치심을 보이지 않았다고 한다. 연구진은 치매환자의 범죄행위에 대한 죄책감 또는 수치심의 결여는 전두엽과 전측두엽에 국한된 신경도덕 네트워크를 방해하는 신경 퇴행성 과정으로 인해 발생할 가능성이 있다고 보았다.

3. 치매와 범죄행위에 관한 연구성과

(1) 개 요

치매환자를 대상으로 그들의 범죄이력을 중심으로 진행한 연구는 최근 각국에서 연구대상자의 수를 확대하여 진행하고 있으며, 범죄자 중 치매유병률 및 치매유형별로 범죄발생률을 비교분석하는 연구가 진행되었다. 스웨덴의 2002년 연구에서 연구대상자 중 치매유병률은 7%였으며, 미국의 2006년 연구에서는 99명의 법의학적 정신감정을 받은 대상자 중 44.4%가 치매를 앓고 있음을 알 수 있다. 미국의 2015년 연구에서는 연구대상 노인 범죄자 중 치매환자 진단을 받은 자 중 8.5%가 범죄이력이 있었으며, 전두측두엽 치매환자가 그 중에서 가장 많은 비중을 차지하고 있었다. 전두측두엽 치매환자의 3분의 1 이상이 범죄행위를 저지르는 것으로 나타났다. 2018년 대만의 연구에서는 범죄자 중에서 치매진단을 받은 자의 비율이 1.04%이며, 치매유형으로 노인성 치매의 경우가 31.9%, 외상성 치매가 23.4%, 비외상성 치매가 19.1%의 순으로 나타났다. 2019년 스웨덴의 연구에서도 치매 진단을 받은 환자 중 범죄행위를 유발한 경우가 29.5%로 나타났으며, 범죄행위를 한 이력이 있는 전두측두엽 치매환자가 42.0%를 차지하고 있다. 2020년 핀란드 연구에서도 치매 진단을 받은 연구대상자 중에서 전두측두엽 치매환자의 범죄발생률이 가장 높게 나타났다.

치매 진단을 받은 범죄이력을 가진 노인 범죄자가 저지르는 범죄유형은 각국의 연구에서 어느 정도 일치를 보여주고 있다. 2002년 스웨덴 연구에서는 살인범죄와 성폭력범죄에서 유의한 차이를 보여주고 있으며, 2002년 미국의 연구에서도 가중폭행죄 32.3%, 살인죄 26.3%의 순으로 나타났다. 2015년 미국의 연구에서는 전두측두엽 치매그룹에서 저지르는 범죄유형은 절도, 교통사고, 성범죄, 무단침입 등의 순서로 나타났다. 2018년 대만 연구에서는 치매환자가 저지르는 범죄유형은 재산범죄 53.2%, 대인범죄 36.2%, 반사회적 범죄 10.6%의 순이었다. 2019년 스웨덴 연구의 경우에도 전두측두엽 치매환자의 경우 기물 파손이나 스토킹 등의 기타 범죄가 21.8%. 교통위반이 18.5%, 절도 13.4%, 성적 접근이 9.2%의 순서였다. 2020년 핀란드 연구에서는 치매질병이 진행되는 동안 전두측두엽 치매환자가 교통, 재산, 폭력, 음주, 성범죄 등의 범죄행동이나 사회적으로 부적절한 행위를 하는 빈도가 가장 많이 나타났다. 다만 각국의 연구의 제한점으로서 범죄기록에 대한 접근의 어려움으로 인해 신경퇴행성 질환의 환자의 범죄행위에 대한 법적 결과를 분류하는데 한계를 가지고 있으며, 환자의 가족 구성원이 법적 결과를 가져올 사건에 대해서 보고하기를 주저하기 때문에, 연구대상자의 범죄보고의 과소편향이 존재할 수 있다.

(2) 스웨덴의 노인 범죄자 연구(Fazel 외, 2002)

Fazel 등의 연구진은 스웨덴에서 1988년~2000년 동안 노인 범죄자의 법의학적 정신감정(forensic psychiatric evaluations: FPE)을 위해서 법원에 회부된 7,297건을 대상으로 연령, 성별, 정신과 진단, 범죄이력, 법적 정신이상 판단 등에 관한 데이터를 분석하였다.[5] 15세에서 89세으로 구성된 7,297건 중 60세 이상이 210건(3%)을 차지하고 있고, 65세 이상이 103건(1%)이다.

대상자 중 60세 이상의 경우 210명 중 법의학적 정신감정 결과 치매 진단을 받은 범죄자는 15명으로 7.1%이다. 범죄자 중 치매유병률은 0.3%이다. 강력범죄자 그룹에서 매우 낮은 치매유병률을 가지고 있는 것은 스웨덴에서 살인이나 강간과 같은 심각한 범죄를 저지른 범죄자들만이 구속되고 법의학-정신과 감정을 받고 있지만, 이러한 강력범죄를 저지르는 노인 범죄자의 수가 많지 않기 때문이다. 다만 일반범죄자 중에서 65세 이상에서는 치매유병률이 9%로 증가하는 것을 관찰할 수 있다. 전체 연령층의 범죄와 관련해서 노인범죄는 성폭력범죄(sexual index offence), 살인범죄의 발생률과 관련하여 차이가 있다. 7,297건 중 살인사건의 경우 전체 연령대상자의 범죄발생률은 14.6%인데 반해 60세 이상의 대상자 중 살인범죄율은 22.9%, 65세 이상의 경우는 25.2%이다. 성폭력범죄의 경우에도 전체 연령대상자의 범죄발생률은 11.9%인데 반해 60세 이상의 대상자의 범죄율은 25.7%, 65세 이상의 경우는 32.0%이다.

60세 이상의 경우 치매나 정서적 정신증(affective psychosis)으로 진단받을 가능성이 더 높게 나타났다. 60세 이상의 대상자 절반 이상이 정신질환을 앓고 있고 15%는 약물남용과 약물의존을 가지고 있고 10명 중 1명은 치매를 앓고 있다. 법의학적 정신감정을 거친 60세 이상의 범죄자 중에서 법적인 정신이상 항변을 한 사례가 62.6%이며 이는 60세 미

5) 법의학적 정신감정(FPE)은 특화된 법의학 정신과에 4주간 입원하여 여러 조사를 받는 것을 말하며, 법의학 정신과의사, 임상심리학자 및 사회복지사가 있는 학제간 팀에서 정신상태검사, 심리조사, 성격검사를 시행한다. 1988년~2000년 살인죄의 94%의 피고인은 정신감정을 받았고, 성폭력범죄의 경우 73%, 방화범죄의 경우 87%에 대해서 피고인의 정신감정이 이루어졌다.

만의 50.5%보다 상당히 높은 것이다. 65세 이상의 피고인의 정신이상 항변 사례는 64.5%이다. 법적인 정신이상 사례의 주요 정신장애 유형을 살펴보면 60세 이상의 전체 97명 중 치매 12명(12.4%), 조현병 12명(12.4%), 조현병을 제외한 다른 정신질환 42명(43.3%), 성격장애 7명(7.2%), 알코올/약물 남용 및 의존 6명(6.2%), 우울증 또는 불안장애 4명(4.1%)으로 구성되어 있다.

(3) 미국의 노인 범죄자 연구(Lewis 외, 2006)

Lewis 등의 연구진은 미국 사우스캐롤라이나 주의 사건을 대상으로 하여 책임능력과 소송능력의 문제가 제기되었을 때 정신과 감정을 위해 의뢰된 컬럼비아 지역의 William S. Hall 정신과연구소(Psychiatric Institute)의 1960년부터 1991년까지 환자의 의무기록을 조사대상으로 하였다. 폭력 및 비폭력 범죄로 체포되어 범죄능력이나 소송능력을 평가하기 위해 법의학적 정신과 감정을 받은 60세 이상의 범죄자 99명을 연구대상으로 하였다. 대상자 99명 중 폭력범죄로 체포된 사람은 60명(60.6%), 비폭력범죄로 체포된 사람은 39명(39.4%)이었다. 남성이 차지하는 비율이 87.9%이고 연령 분포는 60세에서 82세였으며 평균연령은 66.8세이다. 대상자의 67.7%는 알코올 의존성이었고, 44.4%는 치매를 앓고 있었고, 32.3%는 반사회적 인격장애를 가지고 있었다. 약물남용/의존성을 가진 경우가 17.1%, 조현병의 경우가 14.1%였다. 대상자들은 신경학적 문제의 유병률을 가지고 있었고 25.3%는 의식상실로 인한 이전 두부손상이 있었으며, 12.1%는 발작이 있었고, 13.1%는 뇌혈관 사고의 병력을 가지고 있었다.

혐의가 있는 범죄의 일반적 특징으로 26명(26.3%)은 살인 혐의로 기소됐고, 2명(2%)은 무장강도, 32명(32.3%)은 가중 폭행 혐의, 9명(9.1%)은 성범죄 혐의로 기소됐다. 범죄 혐의 당시의 증상으로 대상자의 1/3 정도(28.3%)가 범행 당시 술이나 약물을 사용하고 있었다. 모든 사건의 31.3%에서 범행 당시에 편집증(Paranoia)이 있었으며, 이는 폭력행위와 강하게 연관되어 있다. 범행 당시 편집증을 보여준 대상자 중 61.2%가 정신장애를 가지고 있고, 유형별로는 조현병(29.0%), 분열정동장애(schizoaffective disorder) 12.9%, 망상장애(delusional disorder), 알코올 유발 정신병적 장애와 같은 원발성 정신병적 장애(primary psychotic disorder)가 있었다. 편집증을 보이는 나머지 대상자들은 치매(22.6%), 편집성 인격장애(3.2%), 또는 정신병적 특징을 동반한 우울증(12.9%)이 범행 당시에 있었다. 소송능력 또는 책임능력의 평가결과 대상자의 32.3%가 재판을 받을 능력이 없는 것으로 나타났고 10.1%가 형사책임이 없는 것으로 나타났다. 이와 같이 재판에 응할 수 없는 상태가 높게 나타난 것은 인지능력과 의사능력에 결함이 있는 치매 진단과 밀접한 관련을 가지고 있다고 할 수 있다.

(4) 미국의 치매와 범죄행위에 관한 연구(Liljegren 외, 2015)

Liljegren M. 연구진은 신경퇴행성 질환은 판단·실행 기능, 감정 처리, 성적 행동, 폭력 및 자기 인식과 관련된 신경 구조의 기능장애를 일으킬 수 있으며, 이러한 기능장애는 반사회적 및 범죄 행동으로 이어질 수 있다는 데에 주목하고, 치매 진단을 받은 환자의 범죄행동의 빈도와 유형을 조사하였다. 1999년에서 2012년 사이에 캘리포니아 대학교 샌프란시스코 기억 및 노화 센터에서 진료를 받은 2,397명의 환자에 대한 후향적 의료기록 검토를 수행하였다. 대상자 2,397명 중 알츠하이머 치매(AD) 545명, 행동변이 전두측두엽 치매(bvFTD) 171명, 원발성 진행성 실어증의 의미 변이가 있는 환자(svPPA) 89명, 헌팅턴병 환자 30명이다.

대상자 2,397명 중 204명(8.5%)이 병을 앓는 동안 나타난 범죄행위 이력이 있었다. 주요 진단군 중 알츠하이머 치매환자 545명 중 42명(7.7%), bvFTD 171명 중 64명(37.4%), svPPA 89명 중 24명(27.0%), 헌팅턴병 환자 30명 중 6명(20%)은 이전 전과경력을 가지고 있었다. 전두측두엽 치매(FTD) 환자의 3분의 1 이상이 범죄행위를 저지르는 것으로 나타났다. 전두측두엽 치매환자의 14%는 알츠하이머 치매환자와 비교하여 통계적으로 유의하게 범죄를 저지를 가능성이 상당히 높게 나타났다. bvFTD 환자의 6.4%는 질병을 앓는 동안 폭력(절반은 언어폭력, 절반은 신체적 폭력)의 성향을 보인 반면 svPPA 환자는 3.4%, AD 환자는 2.0%에서 이러한 성향을 보여주었다. bvFTD 환자의 4.1%가 초기 증상으로 폭력을 행사한 이력을 가지고 있는데 비해, svPPA 환자는 2.3%, AD 환자는 0.7%에 불과하였다.

전두측두엽 치매 그룹에서 저지르는 빈도수가 높은 범죄유형은 절도, 교통사고, 성적 접근(sexual advances), 무단침입(trespassing), 공공배뇨(public urination) 등이며, 알츠하이머 치매 환자들의 범죄유형은 인지장애와 관련된 교통위반(traffic violations)을 흔히 저지르는 것으로 나타났다.

(5) 대만의 코호트 연구(Wang 외, 2018)

대만의 이전의 연구에서 나타난 범죄자 중에서 치매 또는 기질성 뇌증후군을 앓고 있는 환자의 비율은 4~11.3%였는데, 2018년 연구에서는 4,484명 범죄자 중 치매 진단을 받은 자는 47명(1.04%)으로 나타났다. 이 연구는 대만 사법부인 Judicial Yuan에서 2000년 12월부터 2009년 11월까지 형사판결에서 선고된 모든 수준의 법원 판결문 4,484건을 검색하여 치매 진단을 받은 범죄자 47명(1.04%)을 조사하였다. 치매 진단을 받은 범죄자 47명 중에서 남성이 40명(85.1%)이고, 여성이 4명(8.5%), 성별미상이 3명(6.4%)이었다. 치매유형으로 노인성 치매 15명(31.9%), 외상성 치매 11명(23.4%), 비외상성 치매 9명(19.1%), 혈관성 치매 9명(19.1%), 알려지지 않은 유형 3명(6.4%)이다. 치매환자가 저지른 범죄유형은 대인범죄 17(36.2%), 재산범죄 25(53.2%), 반사회적 범죄 5명(10.6%), 부패 1명(2.1%)이었다. 범죄유형별 구체적 내용으로 중죄살인/살인(Homicide/manslaughter) 4/2명(12.8%), 살인미수 4(8.5%), 폭행 또는 성폭력 3명(6.4%), 협박 2명(4.3%), 악의적 기소(Malicious prosecution) 1명(2.1%), 보호명령 위반 1명(2.1%), 절도 20명(42.6%), 강도 3명(6.4%), 사기 2명(4.3%), 총기·무기소지 2명(4.3%), 공공안전 위반 1명(2.1%), 위조 1명(2.1%), 부패 1명(2.1%)이다.

치매환자 47건 중 법원 판결에서 전부 책임을 인정한 경우가 7건(14.9%), 부분책임 27건(57.5%), 책임조각의 경우가 13건(27.6%)이다. 정신감정의 평가에서 얻은 전문가 의견의 수락비율은 47건 중에서 43건으로 91.5%였다.

다만, 이 연구의 한계점으로 연구진은 공공 데이터뱅크를 사용하였기 때문에 범죄자의 기초자료가 부족한 부분이 있으며, 데이터 자료에는 치매의 유형은 기재되어 있었지만, 행동 및 심리적 증상의 심각성 또는 치매의 단계에 대한 구체적인 내용이 포함되어 있지 않다는 점이며, 대상자 중 33.75%만 정신감정을 받기 때문에 이 연구의 모집단이 모든 정신감정 관련 형사사건을 대표한다고 할 수 없다는 점을 밝혔다.

(6) 스웨덴의 코호트 연구(Liljegren 외, 2019)

Liljegren M. 등 연구진의 스웨덴 코호트 연구는 1967년 1월 1일부터 2017년 12월 31일 사이에 사후 신경병리학적 진단을 받은 알츠하이머 치매(AD) 환자 101명과 전두측두엽 치매(FTD) 환자 119명을 연구대상으로 하였다. 대상 환자의 뇌 조직은 스웨덴 Skåne 지역 Lund의 유전학 및 병리학, 의료 서비스학과의 뇌 은행에서 수집하였다. 이 연구를 통해서 알츠하이머 치매 및 전두측두엽 치매 신경병리학적으로 진단된 대상자의 사후 부검자료를 통해서 대상자의 관련 질병과 범죄 및 사회적으로 부적절한 행동의 유병률과 유형, 범죄행동의 재발 여부를 조사하고, 전두측두엽 치매(FTD) 환자의 범죄행동과 더 밀접하게 관련된 특정 유형의 단백질 병리가 있는지를 검토하고자 하였다. 따라서 FTD 환자의 지배적인 단백질 병리학 데이터뿐만 아니라 범죄 및 사회적으로 부적절한 행동에 대한 보고서가 포함된 환자의 의무기록을 검토하고 기록하였다.

범죄행위 유발은 220명의 환자 중 65명(29.5%)으로서, AD그룹의 101명에서 15건

(14.9%), FTD그룹의 119명 중 50건(42.0%)으로 통계적으로 유의한 차이를 나타냈다. 범죄행위의 재발은 진단그룹마다 달랐는데, 범죄행위를 행한 AD 환자 15명 중 7명(46.7 %)은 초범으로 범죄를 저질렀고 8명(53.3 %)은 범죄경력이 2회 이상인 경우였다. FTD 환자 50명 중 초범인 경우가 9명(18.0%), 범죄경력이 2회 이상인 경우 41명(82.0%)으로 나타났다. 사회적으로 부적절한 행동 사례는 AD 환자 57명(56.4%)과 FTD 환자 89명(74.8%)에서 발견되었다.

범죄를 저지른 대부분의 치매환자는 질병 경과 전반기에 사회적으로 부적절한 행동(socially inappropriate behavior)을 보였으며, AD 환자 15명 중 13명(86.7%) 및 FTD 환자 50명 중 47명(94.0%)으로 거의 절반으로 나타났다. 범죄행위를 보인 FTD 환자 50명 중 9명(18.0%)은 증상이 나타나기 전에 정신과적 문제를 경험했으며 우울증(5명), 알코올 남용(3명) 및 경계성 인격장애(1명)로 진단받았다. 치매 유형별로 AD 환자보다 FTD 환자에서 범죄행위와 사회적으로 부적절한 행동이 더 만연할 수 있고, 재범률이 높은 것으로 나타났다. 이는 FTD 환자가 충동제어기능을 가지고 있는 전두엽의 손상이 그 원인이 될 수 있다고 밝혔다.

(7) 핀란드의 치매환자 연구(Talaslahti 외, 2020)

Talaslahti T. 연구진은 1998년부터 2015년까지 알츠하이머 치매환자 80,540명, 전두측두엽 치매환자 1,060명, LBD(Lewy body dementias) 환자 10,591명으로 구성된 총 92,191명의 치매 진단을 받은 자를 연구대상으로 하였다. 핀란드의 환자에 대한 데이터는 퇴원 등록부에서, 범죄통계 데이터는 경찰 등록부에서 수집하였다.

치매 진단 시 평균 연령은 AD그룹의 경우 81세, FTD그룹의 경우 71세, LBD그룹의 경우 73세였다. 여성은 대상 그룹별 비율은 66%, 57% 및 50%를 차지하고 있다. AD 환자의 경우 여성 1.6%, 남성 12.8%가 최소 한 건의 범죄를 저질렀다. FTD 환자의 경우 여성은 5.3%, 남성의 경우 23.5%가 최소 한 건의 범죄를 저지르며, LBD 환자의 경우 여성은 3.0%, 남성은 11.8%로 나타났다.

핀란드 연구는 신경인지장애 진단 전에 범죄행위가 경찰 등록부에서 수집되어 있고 대상자의 수가 대규모로 구성된 광범위한 공식기록 연구라고 할 수 있다. 이 연구에서 대상 범죄유형은 교통, 재산, 폭력, 음주, 성범죄 기타 등 6가지 범주로 구분하였고 공공장소에서 소음을 발생하는 경미한 범죄는 제외하였다. 남성의 경우 모두 최소 한 가지 범죄를 저지른 환자의 비율은 AD 2.8%, FTD 7.2%, LBD 환자 4.8%로 나타났으며, AD그룹보다 FTD 및 LBD 그룹에서 유의하게 높았다. 치매 진단 후 10년간 추적 관찰한 남성의 초범 누적 발생률은 FTD그룹이 24.6%으로 가장 높았고, 그 다음이 LBD그룹으로 12.6%였으며, AD그룹은 5.7%로 나타났다. 치매질병이 진행되는 동안에 범죄행동이나 사회적으로 부적절한 행위를 행하는 유형을 FTD그룹에서 가장 많이 일어났으며, 이는 FTD 환자에게 인지능력의 손상 및 통제능력의 상실 등으로 인한 신체적 공격성이 증가하여 더 많은 빈도수를 보여준다고 밝혔다.

4. 치매범죄 연구와 형사책임

(1) 뇌 손상, 기증장애로서의 치매 특성

2008년 우리나라 치매 수감자의 연구에서 치매 진단을 위해 뇌파 검사, 뇌영상 검사를 행한 결과 상당한 전두엽 기능장애를 가지고 있었고, 치매환자들의 뇌 MRI는 두부외상, 뇌졸중, 치매로 인한 뇌위축성의 변화를 뚜렷이 보여주고 있다(Kim 외, 2011). 치매와 관련하여 비행 및 부도덕한 행동은 뇌의 세 가지 인지영역의 손상으로 인해 발생한다. 첫째, 외모, 얼굴 표정 및 자세와 같은 미묘한 사회적 신호 및 제스처를 해독하는 능력과 같은 사회적 인지 영역의 결함이며, 관련 뇌 구조는 편도체, 후상 측두엽 및 측두정맥 연결부이다. 둘째, 행동 및 충동 조절의 손상이 현저하며 주로 하전두회와 내측 및 하안와 전두피질의 손상으로 인해 발생한다. 셋째, 전대상회(anterior cingulate gyrus) 및 전방 섬영역(anterior insular region)의 기능적 장애에 의해 매개되는 감정적 공감 장애와도 연관되어 있다. 복내측 전두엽 피질은 정서적 공감, 특히 사회적 인지 측면에도 중요하다. 치매로 인한 전두엽 영역뿐만 아니라 전두측두엽 영역의 신경퇴행성 과정이 성격 변화에 취약하고 비행 행동을 저지르는 원인이 되는 것임을 보여주고 있다(Darby 외, 2018).

전두측두엽 치매는 MRI와 CT에서 전두엽과 측두엽의 현저한 위축을 보이며 특히 전두섬(fronto-insular) 부위의 위축은 전두측두엽 치매를 시사하는 특징이다. MRI 일종인 diffusion tensor imaging(DTI)는 뇌의 조직 내 수분의 분산 정도를 측정하여서 뇌의 백질 기능을 평가하고 시각화하여 전두측두엽 치매의 임상적 아형을 구별하는 데 이용될 수 있다. 행동변이 전두측두엽 치매의 경우 주로 양측성으로 백질의 손상이 보이나 의미 치매의 경우 백질의 손상은 좀 더 국소적이며 주로 좌측 전두측두엽을 침범하며 진행성 비유창성 실어증의 경우 좌측 전두－측두－두정엽의 백질 손상을 특징적으로 보인다(전병선 외, 2016).

(2) 심신장애에 해당하는지 여부

우리 형법 제10조 제1항의 심신장애는 생물학적 요인으로서 정신장애를 뜻한다. 신체적 장애를 제외한 정신장애를 의미하지만, 우리 형법은 구체적으로 무엇이 이에 해당하는지에 관한 규정을 두고 있지 않다.[6] 대법원 판례는 심신장애의 유형을 통상 정신병, 정신박약 또는 비정상적 정신상태의 유형으로 구분하고 있다.

치매의 평가와 관련해서 논의가 제기되는 것은 치매가 심신장애로 인정될 수 있는지의 문제이다. 치매로 진단하기 위해서는 기억력을 포함하여 다른 인지기능 중 한 가지 이상의 장애가 있어야 하며, 치매 진단에 사용되는 MMSE(Mini Mental State Exam) 검사는 지남력(시간), 세 단어 기억등록, 집중력과 계산, 세 단어 기억회상, 언어 및 공간구성으로 이루어진 30점 만점의 검사이고, GDS(Global Deterioration Scale) 검사는 인지장애를 정도에 따라 7단계로 나누어 평가하는 검사이다. MMSE 검사는 간이검사로서 그것만으로는 치매의 중증도 및 정도 여부를 적절히 평가할 수 없고, 종합심리평가, 뇌자기공명영상을 통한 뇌 위축 등의 확인, 피 검사를 통한 이차성 치매 원인 확인 및 PET-CT 검사와 뇌척수액 검사 등을 통하여 정확한 치매의 진행 정도를 확인할 수 있다. 서울중앙지방법원 2016. 5. 31. 선고 2015나31512 판결에 의하면 의사인 피고가 MMSE 최초 결과가 25점이었음에도 원고를 치매환자로 오진하였고 이후 MMSE 점수가 더 높아졌음에도 치매약을 처방하였지만, 치매는 MMSE 검사로 진단하는 것이 아니라 문진, 진찰소견 등을 종합하여 진단한다고 밝히고 있다.[7]

전두측두엽 치매의 경우 기억장애는 심하지 않고 성격조절장애, 불안증, 우울증, 행동장애 등이 먼저 나타나는 경우가 많다. 인지기능의 객관적 저하가 있으면 경도인지장애라고 정의하고, 저하된 인지기능 때문에 일상생활이나 사회생활에 지장을 줄 정도일 때 치매라고 정의한다(김희진, 2019). 임상적으로 치매를 진단하는 경우 MMSE 점수뿐만 아니라 문진, 진찰소견 등을 종합하여 판단하게 되는데, 경도인지장애와 알츠하이머 치매의 경계가 모호하여 동일한 환자에 대해서도 의사별로 진단의 편차가 크다고 한다(서

6) 다른 국가의 입법은 정신장애의 유형을 예시 또는 열거하는 형태의 규정을 두고 있다. 예를 들어 독일 형법 제20조는 정신장애의 유형을 병적 정신장애, 심한 의식장애 또는 정신박약, 기타 중한 정신이상으로 규정하고 있으며, 프랑스 형법 제122-1조는 정신장애 또는 신경성 정신장애로, 오스트리아 형법 제11조는 정신병, 정신지체, 심한 의식장애 또는 이에 상응하는 다른 중한 정신이상으로 유형을 제시하고 있다.

7) 인지기능 정도를 측정하기 위하여 행해진 K-MMSE 검사는 세계적으로 이용되는 인지기능장애 평가검사이나, 환자의 상태를 간단하게 평가하여 즉각적인 결과를 얻기 위한 방법이기 때문에 정밀성이 떨어질 뿐만 아니라 그 방식에 있어서도 검사 문항의 답변을 점수화하여 총점을 계산하기 때문에 피검사자가 의도적으로 대답을 거부할 경우 제대로 된 결과가 나오지 않을 수 있고, 교육수준에 따른 변동성도 심한 것으로 알려져 있다. 서울중앙지방법원 2019. 1. 24. 선고 2017가합37732 판결.

울중앙지방법원 2016. 5. 31. 선고 2015나31512 판결). 그러므로 치매 진단만으로 책임능력 유무가 결정되는 것은 아니며 행위자의 비정상적인 상태를 책임무능력의 기초로 규정하고 이러한 생물학적 요소가 행위자의 변별력과 판단능력에 영향을 미쳤는가 하는 심리학적 문제를 검토하는 방식으로 심신상실, 심신미약 판단이 이루어져야 한다. 치매의 임상증상으로서 인지장애 정도를 단계별로 구분하여 초기, 중기 단계별의 정도에 따라 치매에 해당한다는 전문가의 진단이 있는 경우에는 원래 의미의 정신병으로서 심신장애에 포함할 수 있다고 할 것이다(Morse, 2008).

(3) 전두측두엽 치매와 형사책임

앞에서 살펴본 외국의 연구결과에 의하면 알츠하이머 유형의 치매는 통상 폭력적이거나 공격적인 경우가 적고 오히려 인지장애로 인해 범죄가 발생하지만, 전두측두엽 치매, 특히 행동변이 전측두엽 치매의 경우 질병의 초기단계에 비행 행동이 나타나므로 법의학－정신장애 관련성이 높으며 경미한 범죄뿐 아니라 강력범죄자 중에서 치매환자가 상당수 있고 범죄유형별로 재범률이 더 높게 나타났다(Strikwerda－Brown, 2019).

전두측두엽 치매의 임상 증상은 2013년 미국 정신의학회가 발간한 DSM－5에서는 주요 신경인지장애뿐만 아니라 경도 신경인지장애 상태에서도 전두측두엽 치매의 진단을 내릴 수 있다고 한다. 전두측두엽 치매의 증상이 서서히 시작하여 점진적으로 진행되고, 행동변이나 언어변이를 보이며, 학습과 기억 및 지각－운동기능은 상대적으로 보존되어 있다고 한다.

bvFTD(행동변이 전두측두엽 치매)를 가진 개인은 자신의 행위가 불법적이거나 부도덕한 것으로 간주된다는 것을 인식할 수 있지만 처벌에 대해서는 신경 쓰지 않는 경향을 보이고 있다고 한다. 다만 범죄행위를 하는 bvFTD 환자는 목표 지향적 공격성을 보이는 사이코패스와 달리 범죄를 묵인하거나 음모를 꾸미는 경우가 거의 없다고 한다. 또한 bvFTD는 탈억제 및 충동 조절에 문제를 일으킬 수 있지만, 대부분 bvFTD 환자의 경우 신경 위축 등의 증상으로 인해 개인이 범죄행위를 저지르려는 충동에 저항할 수 없을 정도로 행동 통제에 영향을 미치지 않는다고 한다(Mendez 외, 2011). 이러한 점에서 일부 학자들은 치매환자의 형사책임에 대한 사법적 평가는 미국 법률 시스템에서 사용되는 고전적인 정신이상의 항변(insanity defense)과는 다른 기준을 요구할 것이라고 주장하며, 특히 행동변이 전두측두엽 치매환자를 포함한 신경퇴행성 질환(neurodegenerative diseases)은 법적으로 다르게 취급하여야 할 필요가 있다고 한다(Liljegren 외, 2015). 미국의 Roper v.

Simmon 사건에서 연방대법원이 뇌의 미성숙발달 단계에 있는 미성년자에 대한 사형이 잔인하고 비정상적인 처벌을 금지하는 수정헌법 제8조를 위반하였다는 결정을 내린 바와 같이 치매 범죄자에 대해서도 사형과 종신형과 같은 극단적인 형을 제한할 수 있다고 한다(이인영, 2012). 정신이상에 근거한 무죄항변의 논리보다는 개인의 질병이나 증후군이 강박적인 행동을 초래했다고 주장하는 자동화 방어(automatism defense) 논리를 사용할 수 있다고 한다. 미국의 Madison v. Alabama, 2019 사건에서 수감기간 동안에 치매에 걸린 개인이 사형 이유를 합리적으로 이해할 수 없는 경우에는 사형 집행을 금지할 수 있다고 판결하였다. 다만 이 판결은 범죄 발생 이후 치매가 발생한 경우에만 적용하고 범죄 당시 치매환자인 경우에는 적용하지 않았다.

전두엽과 측두엽의 현저한 위축을 보이고 있는 bvFTD의 경우 그 정도가 정신병과 동등하다고 평가될 정도로 특정한 뇌 영역의 비정상적인 구조와 기능이 심각한 정도이면 충동조절장애의 경우와 같은 결론을 취할 수 있을 수 있다(이인영, 2019). 비정상적인 뇌기능이라고 하더라도 필연적으로 비정상적인 행위로 연결되지 않고 있으며, 실제 비정상적인 기능을 가진 대부분의 개인들이 범죄를 저지르지 않는다는 사실에 비추어 보면 섣부른 추론은 뇌과학의 신뢰성을 상실할 수 있을 것이다. 따라서 뇌과학에 근거한 뇌 손상이나 기능장애는 행위 당시의 피고인의 정신상태의 정상적인 기능과 관련된 필요하거나 충분한 입증증거를 제시하고 있지 않으며, 단지 뇌의 비정상성을 나타내는 것에 불과하다는 점이다. 불법적인 행위에 대한 책임을 논하면서 행위 당시를 기준으로 책임능력을 판단하는 데에 뇌 손상이나 뇌기능장애의 과학적 자료는 규범적 판단요소 또는 입증자료로 활용할 수 있다는 점에서 그 의미와 한계를 찾을 수 있는 것이다. 행동변이 전두측두엽 치매의 진행 과정에서 인격 변화, 공격성과 폭력성 등의 범죄행위와 관련된 탈억제화, 공감 상실 등의 행동변이를 가지고 있는 경우에는 충동조절장애 또는 판단력 저하, 실행기능의 장애로 볼 수 있으며, 그 증상이 매우 심각하여 원래의 의미의 정신병이 있는 사람과 동등하다고 평가할 수 있는지 여부에 따라 심신장애 상태 하에서의 의사결정능력이나 변별능력의 결함에 따른 책임조각, 책임감경의 판단을 할 수 있을 것이다.

5. 치매 범죄자에 대한 처우 전환

(1) 정신의학 서비스 계획 수립

고령범죄자 중 치매환자의 처우와 관련해서 인구가 노령화됨에 따라 이 문제는 점점 더 중요해질 가능성이 높다. 치매 범죄자의 경우 우선적으로 정신감정을 의뢰하고 정신과 의사의 정신감정 보고서는 법원에 전문적인 의견을 제공하는 데 중요한 역할을 하고 법원 역시 정신감정의 전문가 의견에 크게 의존하고 있다. 고령범죄자의 수가 증가함에 따라 노인 재판 전 구금자에 대한 법의학적 정신감정 의뢰에 따라 치매 진단 특히 전두측두엽 치매의 진단의 경우 대부분 증상이 정신과적 증상과 겹치기 때문에 진단의 정확성이 무엇보다 필요하며, 국제컨소시엄의 진단과 관련된 권고사항에 따라서 최근 진일보한 뇌영상 등 진단도구를 활용하여 보다 정확한 치매 감별이 가능하게 되었다. 2002년의 스웨덴 연구에서도 법원에서 정신과적 평가를 의뢰받은 노인 범죄자 중 약 절반은 정신병을 앓고 있었고, 15%는 약물 남용 또는 의존성을 갖고 있었으며, 10명 중 1명은 치매를 앓고 있는 것으로 나타났다. 그런데 2018년의 연구에서는 치매환자의 거의 60%가 진단을 받지 않았거나 진단을 인지하지 못했다고 한다(Amjad 외, 2018).

대부분의 서구 국가에서 노인 범죄자의 수가 증가함에 따라 대규모 단위로 치매유형별 범죄행위 유형과 그 유의미한 범죄 경향을 분석하는 이유는 형사사법체계 내에서 노인범죄자 대상의 법의학적 진단 및 치료적 서비스(forensic and therapeutic services) 계획을 세우는 데 도움이 될 수 있다고 지적한다(Fazel 외, 2002). 이는 젊은 연령층 범죄자의 정신장애 유병률을 추정하여 설계된 법의학적 정신과 서비스(forensic psychiatric services)가 노인 범죄자에게는 더 이상 의미가 없다는 것을 말한다. 노인들이 범죄적 행동을 보이고 기본행동에서 변화가 시작한다면 신경학적 장애에 대한 평가와 신경영상 촬영과 결합된 신경심리학적 검사는 신경퇴행성 질환에 대비하는 데 도움을 줄 수 있으며, 특히 전두측두엽 치매의 조기 퇴행에 대비하는 예방책을 마련하는 데 중요한 역할을 할 수 있다(Liljegren 외, 2019). 치매가 양형의 단계에서 완화요인으로 작용한다고 하지만, 다른 한편으로 재범의 위험성과 관련하여 악화요인으로 작용할 수 있으므로, 양 측면을 모두 감안하여 고령범죄자에 대한 법의학적 진단 서비스 계획을 수립하는 것이 필요하다.

(2) 치료 처우로의 전환

치매는 쉽게 치료하거나 회복할 수 있는 질환이 아니기 때문에 노인요양시설에서는 중범죄로 기소되거나 유죄 판결을 받은 노인들의 입원을 거부할 수 있고, 국가기관인 법무병원이나 교도소에 이들의 필요에 맞는 치료 시설이 거의 없으며, 지역사회에서는 노인 범죄자를 지역요양시설에 받아들이지 않으려고 한다. 현실적으로 중증의 치매환자의 경우 전통적인 처벌은 더 이상 유용하지 않을 뿐만 아니라 bvFTD를 가진 범죄자에게 치료감호처분의 효용성은 거의 없다고 할 수 있다.

치매 범죄자에 대한 효과적인 치료는 없지만, 치매 진단 이후의 처우에 대해서도 전략적으로 전문적 치료를 수반한 치료서비스가 필요하다고 할 수 있으며, 몇 가지 치료적인 접근은 가능하다. 예를 들어 행동변이 전두측두엽 치매를 치료하는 데 있어 공인된 치료 약물은 없지만, 해당 치매환자의 경우 알츠하이머병 환자와 비슷한 비율로 알츠하이머병 약물을 복용하도록 하는 것으로 알려져 있다. 아세틸콜린에스테라제 억제제는 알츠하이머병이나 루이소체 치매 등 콜린성 결손 질환의 인지적, 행동학적 증상을 감소시킨다. 이러한 치료제는 대증적인 행동증상 조절을 목표로 하며, 전두측두엽 치매환자의 심한 무감동, 강박행동, 초조감, 공격성, 충동성, 비정상적인 음식 섭취 등의 행동 문제는 선택적 세로토닌 재흡수 억제제(selective serotonin reuptake inhibitor)의 사용으로 일부 호전될 수 있다(전병선 외, 2016). 다만 이러한 향정신병 약물은 노인 치매환자의 감염이나 심장질환 등으로 인한 사망률을 1.6~1.7배 증가시킬 수 있음에 주의를 기울여야 한다.

전두측두엽 치매의 행동장애를 조절하기 위한 약물치료의 효과는 아직까지 제한적이기 때문에 치매환자의 행동변이를 교정하기 위해서 약물치료 이외에도 행동치료적 혹은 정신사회적 비약물적 치료 접근이 더욱 요구되고 있다(이강준, 2012). 필요한 경우 치매전문병원 등의 치료시설 입소도 이루어져야 할 것이다. 치매환자의 살인기수행위에 대해서 징역, 치료감호, 보호관찰을 부과하는 처우에서 최근 중증치매환자에 대해서 2020년 서울고등법원 형사합의부의 판결은 징역3년 집행유예 5년을 선고하면서 5년간의 보호관찰의 특별준수사항으로서 보호관찰관의 감독 하에 치매전문병원에서 격리하여 치료·수용할 것을 명령하였다.

정신장애를 가진 범죄자의 경우 정신장애의 상태에서 범죄를 저지르고 또 다시 범죄자의 자리로 되돌아오는 회전문 현상(revolving door syndrome)이 있다. 외국의 치매 연구에서도 전두측두엽 치매의 경우 재범의 비율이 높은 것을 보면 치매 범죄자의 경우에도 유사한 회전문 현상을 살펴볼 수 있다. 따라서 교통, 재산, 폭력, 음주 등의 경미한 범죄를 저지른 치매환자의 경우 치료사법적 처우의 일환으로 상담·치료조건부 기소유예 등의 제도를 활용하는 것도 하나의 방안이 될 수 있다고 본다. 검사는 정신적 장애인 또는 정신질환자가 금고 이상의 형에 해당하는 경미한 강·폭력범죄를 저지른 경우에 범행전력, 범행의 동기, 행위자의 연령 및 성행, 범행 후 정황 등 형법 제51조의 사항을 고려하여 처벌보다는 치료가 재범 방지에 도움이 된다고 판단되고, 범죄자 또는 범죄자의 친권자·

후견인 등이 동의하는 경우 보호관찰관의 선도 및 상담·치료를 조건으로 기소유예 처분을 할 수 있다(정신건강 상담·치료조건부 기소유예지침 제4조 제1항). 검사는 정신장애 범죄자의 상담·치료조건부 기소유예 처분을 할 경우 대상자의 주거지 관할 보호관찰소에 선도를 위탁하는 것을 원칙으로 하며, 상담·치료기관은 보호관찰소에서 선정한 전문의가 진료하는 기관 또는 단체를 원칙으로 한다. 다만, 대상자가 이미 정신건강 치료를 받고 있는 경우에는 기존 의료기관에서 상담·치료를 받을 수 있도록 할 수 있다(제7조 제2항).[8)]

6. 지역기반의 사전 예방책

외국의 연구결과에 의하면 고령범죄자의 사회적 지위 하락이 범죄행위에 미치는 영향력이 크다고 하였으며, 가족 간의 접촉의 상실과 돌봄의 박탈은 치매환자의 부수적인 범죄활동으로 이어질 수 있으며, 치매환자의 음주는 더 심각한 폭력범죄와 관련이 있다고 한다(정재훈, 2013). 기본적인 예방책으로서 치매 범죄자에 대한 정보를 일원적으로 관리하여 해당 범죄자의 기본신상, 치매진단결과, 환경조사, 집행경력, 범죄경력, 질병 및 특이사항 등의 정보교류 및 감독이 지역사회 기반으로 이루어져야 하며, 치매 진행 경과와 관련된 정확한 진단과 치료를 위한 법의학적 진단 서비스 제공 및 복합위기 차단을 위한 알코올 제한 프로그램 도입이 무엇보다 필요하다고 할 수 있다. 또한 치매 등의 이력이 있는 고령자의 총기 구입이나 사용에 대한 제한조치, 치매 진단 이후의 운전면허증 반환조치, 가정폭력에 대한 상호작용 모니터링 보고조치, 치매노인 환자의 배우자 및 가족 보호 경찰 지원 서비스 등이 제공되어야 할 것이다. 흥분, 공격성, 정신증과 같은 치매의 문제행동 및 정신적 증상은 환자 본인의 삶의 질과 기능적 일상생활만큼 환자를 돌보는 부양자에게 심각한 부담을 지운다. 그 중 심리적 부담은 스트레스, 우울, 불안, 분노, 소진 등으로 다양하게 나타난다. 치매노인 부양자의 정신적 건강이 심각한 수준이어서 치매노인 부양자들의 심리적 안정을 위한 정신건강 증진 프로그램이 다양하게 개발되어야 하며, 이러한 프로그램은 사회적으로 체계적인 지원이 필요하다.

---

8) 정신장애 범죄자의 상담·치료조건부 기소유예에 따른 보호관찰관의 선도 기간은 6개월로 한다(제5조 제1항). 검사는 정신장애 범죄자의 상담·치료조건부 기소유예 처분을 할 경우 그 대상자에게 처분 내용, 취지 등을 설명하고 대상자로부터 상담·치료에 참여한다는 내용의 동의서를 받는다. 이때 검사는 대상자에게 상담·치료기간 동안 관련 준수사항을 이행하지 않을 경우 사건을 재기하여 다시 처분할 수 있음을 고지하여야 한다(제6조 제1항).

▸ 제4장 참고문헌

Ⅰ.

이인영, "소년의 미성숙 뇌에 관한 연구와 형사책임 – 미국의 Roper 판례에 대한 분석과 우리나라에의 시사점 –", 『형사정책』, 제24권 제2호, 2012.

______, "청소년 뇌과학연구가 미국의 소년사법에 미친 영향에 관한 고찰", 『홍익법학』, 제16권 제3호, 2015.

Bernard J. Baars/Nicole M. Gage 지음, 강봉균 옮김, 『인지, 뇌, 의식 – 인지신경과학 입문서』, 교보문고, 2010.

Marie T. Banich 저, 김명선·강은주·강연욱·김현택 옮김, 『인지신경과학과 신경심리학』, 시그마프레스, 2008.

Allan L. Reiss, "Brain development, gender and IQ in children A volumetric imaging study", *BRAIN*, 119, 1996.

Arnett, "Reckless Behavior in Adolescence: A Developmental Perspective", 12 *Developmental Review* 339, 1992.

Barry C. Feld, "A Slower from of Death: Implication of Roper v. Simmons for Juveniles Sentenced to Life without Parole", *Notre Dame Journal of Law, Ethics & Pub. Pol'y*, 22(9), 2008.

Elizabeth A. Scott & Laurence Steinberg (2008), *Rethinking Juvenile Justice*, Harvard University Press.

Elizabeth R. Sowell et al., "Mapping Continued Brain Growth and Gray Matter Density Reduction in Dorsal Frontal Cortex: Inverse Relationships during Post adolescent Brain Maturation", *The Journal of Neuroscience*, 21(22), November 2001.

Jay N. Giedd, "Brain development during childhood and adolescence: a longitudinal MRI study", *Neuroscience and Biobehavioral Reviews*, 30, 2006.

Katherine Hunt Federle, "The Mind of a Child: the Relationship between Brain Development, Cognitive Function, and Accountability under the Law", *Ohio State Journal of Criminal Law*, 3(2), 2006.

Nina Rivkind & Steven F. SAhatz (2005), *Cases and Materials on the Death Penalty*, Thomson/West.

Peggy Sasso, "Implementing the Death Penalty: the Moral Implications Recent Advances in Neuropsychology", *Cardozo Law Review*. 29, 2007.

Richard E. Redding, "The Brain–Disordered Defendant: Neuroscience and Legal Insanity in the Twenty–First Century", *American University Law Review*, 56, 2006.

Robert E. Shepherd Jr., "The Relevance of Brain Research to Juvenile Defense", *American Bar Association Criminal Justice*, 19, Winter 2005.

Sally Terry Green, "The Admissibility of Expert Witness Testimony Based on Adolescent Brain Imaging Technology in the Prosecution of Juveniles: How Fairness and Neuroscience Overcome the Evidentiary Obstacles to Allow for Application of A modified common Law Infancy Defense", *North Carolina Journal of Law & Technology*, 12(1), Fall 2010.

Stephen J. Morse, "Brain Overclaim Syndrome and Criminal Responsibility: A Dignostic Note", *Ohio State Journal of Criminal Law.* 3, 2006.

Steven K. Erickson, "Blaming the Brain", *Minnesota Journal of Law, Science & Technology*, 11, 2010.

Terry A. Maroney (2010), *Adolescent Brain Science and Juvenile Justice, 「Law and Neuroscience」*, Oxford University Press.

Tracy Rightmer, "Arrested Development: Juveniles' Immature Brains Make them Less Culpable than Adults", *Quinnipiac Health Law Journal*, 9, 2005.

William J. Katt, "Roper and the Scientific Amicus", *Jurimetrics*, 49(3), Spring 2009.

Ⅱ.

김낭희·서정민, "마약류사범의 약물중독, 알코올의존, 정신질환 특성에 관한 탐색적 연구", 『정신보건과 사회사업』, 제40권 제4호, 2012. 12.

김주일, "약물예방에서 성숙한 약물사용능력 형성으로", 『교육의 이론과 실천』, 제17권 제1호, 2012.

김진선, "형사재판에서 전문심리위원제도의 활용 – 치료사법적 측면에서의 활용을 중심으로", 형사법 실무연구, 재판자료집 123집, 2012.

신경백·이영준·김경란·김현정·송동호, "국내 성폭력 가해자의 정신의학적, 심리학적 특성", 『신경정신의학』, 51(4), 2012.

이인영, "약물중독자에 대한 형사책임과 처우에 관한 고찰 – 뇌과학에 의한 약물중독의 인식변화와 관련하여 –", 『형사정책』, 제26권 제1호, 2014.

마이클 S. 가자니가 지음, 김효은 옮김, 『윤리적 뇌』, 바다출판사, 2009.

National Institute on Drug Abuse, Drugs, Brains, and Behavior: The Science of Addiction, 2010.

Nora D. Volkow & Ting–Kai Li, "Drug addiction: the neurobiology of behaviour gone awry", *Neuroscience*, 5, December 2004.

Peggy Fulton Hora & Theodore Stalcup, "Drug Treatment Courts in the Twenty–First Century: The Evolution of the Revolution in Problem–Solving Courts", *Georgia Law Review*, 42(3), Spring 2008.

R. A. Duff, "Who is Responsible, For What, To Whom", 2 *Ohio St. J. Crim. L.* 441, 2005.

Richard J. Bonnie (2002), "LLB, Responsibility for Addiction", *J Am Acad Psychiatry Law* 30, 2002.

Sapolsky, R., “The frontal cortex and the criminal justice system”, *Pilosophical Transactions of the Royal Society B: Biological Sciences* 359, 2004.

Stephen J. Morse, “Addiction, Genetics, and Criminal Responsibility”, *Law and Comtemporary Problems*, 69, 2006.

______, “Brain overclaim syndrome and criminal responsibility: a diagnostic note”, *Ohio St J Crim Law* 3, 2006.

Uhl, G. R. & Grow, R. W. (2004), “The burden of complex genetics in brain disorders. Arch”, *Gen. Psychiatry* 61, 2004.

Volkow, N. D., Chang L., Wang, G. J., Fowler, J. S., Franceschi, D., Sedler, M. et al. (2001). “Loss of dopamine transporters in methamphetamine abusers recovers with protracted abstinence”, *J Neurosci* 21, 2001.

Volkow, N. D., Chang, L., Wang, G. J., Fowler, J. S., Franceschi, D., Sedler, M. J. et al., “Higher cortical and lower subcortical metabolism in detoxified methamphetamine abusers”, *Am J Psychiatry* 158, 2001.

Volkow, N. D., Chang, L., Wang, G. J., Fowler, J. S., Leonido-Yee, M., Franceschi, D. et al. (2001), “Association of dopamine transporter reduction with psychomotor impairment in methamphet-amine abusers”, *Am J Psychiatry* 158, 2001.

Volkow, N. D., Fowler, J. S., Wang, G. J., Hitzemann, R., Logan, J., Schlyer, D. J. et al., “Decreased dopamine D2 receptor availability is associated with reduced frontal metabolism in cocaine abusers”, *Synapse*, 14, 1993.

Volkow, N. D., “Fowler JS. Addiction, a disease of compulsion and drive”, *Cerebral Cortex*, 10, 2000.

Volkow, N. D., Mullani, N., Gould, K. L., Adler, S. and Krajewski, K., “Cerebral blood flow in chronic cocaine users: a study with positron emission tomography”, *Br J Psychiatry* 152, 1988.

Volkow, N. D., Wang, G. J., Fowler, J. S., Logan, J., Gatley, S. J., Hitzemann, R. et al., “Decreased striatal dopaminergic responsiveness in detoxified cocaine-dependent subjects”, *Nature*, 386, 1997.

Volkow, N. D., Fowler, J. S. and Wang, G. J., “The addicted human brain: insights from imaging studies”, *J. Clin. Invest* 111, 2003.

Wallace, E., Wisniewski, G., Zubal, G., VanDyck, C. H., Pfau, S. E., Smith, E. O. et al., “Acute cocaine effects on absolute cerebral blood flow”, *Psychopharmacology*, 128, 1996.

Wang, G. J., Volkow, N. D., Chang, L., Miller, E., Sedler, M., Hitzemann, R. et al., “Partial recovery of brain metabolism in methamphetamine abusers after protracted abstinence”, *Am J Psychiatry*

161, 2004.
WHO, Neuroscience od Psychoactive Substance Use and Dependence, 2004 Report.

Ⅲ.

김효은, 『신경윤리로 본 도덕판단, 뇌속의 인간, 인간속의 뇌』, 바다출판사, 2010.
서종한·신강현·김경일, "한국사회에서의 사이코패스 개념, 믿음, 태도에 관한 연구: 사이코패스성격장애종합평가(CAPP)를 중심으로", 『한국범죄학』, 제12권 제2호, 2018.
이인영, "뇌영상증거의 과학적 증거로서의 기능과 한계", 『형사법연구』, 제22권 제4호, 2010.
______, "뇌과학 영상기반의 사이코패스 연구와 형사정책적 과제", 『형사정책』, 제31권 제3호, 2019.
James Blair/Derek Mitchell/Karian Blair 저, 이윤영·김혜원 옮김, 『사이코패스 정서와 뇌』, 시그마프레스, 2012.
Marie T. Banich 저, 김명선·강은주·강연욱·김현택 옮김, 『인지신경과학과 신경심리학』, 시그마프레스, 2008.

Adrian Raine, "The Criminal Mind", *Wall St. J.*, Apr. 27, 2013.
Andrea L. Glenn & Adrian Raine, "Neurocriminology: Implications for the Punishment, Prediction and Prevention of Criminal Behaviour", *Nature Reviews Neuroscience*, 15(1), 2014.
Anne-Marie R. Leistico, Randall T. Salekin, Jami DeCoster and Richard Roger, "A Large-Scale Meta-Analysis Relating the Hare Measures of Psychopathy to Antisocial conduct", *Law & Human Behavior*, 32(1), 2008.
Bernard Baertschi & Alexandre Mauron (2011), *Genetic Determinism, Neuronal Determinism, and Determinism Tout Court*, Oxford Handbook of Neuroethics.
Blair, R. J., "Neurobiological basis of psychopathy", *The British Journal of Psychiatry*, 183, 2003.
______, "The amygdala and ventromedial prefrontal cortex in morality and psychopathy", *Trends in Cognitive Science*, 11(9), 2007.
Christoph Eisenegger, Johannes Haushofer, and Ernst Fehr, "The role of testosterone in social interaction", *Trends in Cognitive Science*, 15(6), 2011.
Eyal Aharoni, Chadd Funk, Walter Sinnott-Armstrong, and Michael Gazzaniga, "Can Neurological Evidence Help Courts Assess Criminal Responsibility? Lessons from Law and Neuroscience", *Annals of the New York Academy of Sciences*, 1124(1), 2008.
John W. Krakauer, Asif A. Ghazanfar, Alex Gomez-Marin, Malcolm A. MacIver, and David Poeppel, "Neuroscience Needs Behavior: Correcting a Reductionist Bias", *Neuron*, 93(3), 2017.
Kent Kiehl, "A cognitive neuroscience perspective on psychopathy: Evidence for paralimbic system

dysfunction", *Psychiatry Research, Psychiatry Res.* 142(2-3), 2006.

______, "Can neuroscience identify psychopaths?", *A Judge's Guide to Neuroscience.* 2008.

Kiehl, K. A., Bates, A. T., Laurens, K. R., Hare, R. D., and Liddle, P. F., "Brain potentials implicate temporal lobe abnormalities in criminal psychopaths", *J Abnorm Psychol,* 115(3), 2006.

Marina Boccardi et al., "Abnormal Hippocampal Shape in Offenders with Psychopathy", *Human Brain Mapping,* 31, 2010.

Martina, L. Y., Julian C. Motzkin, Carissa L. Philippi, Gregory R. Kirk, Joseph P. Newman, Kent A. Kiehl, and Michael Koenigs, "Cortical thinning in psychopathy", *Am J Psychiatry,* 169(7), 2012.

Michael J. Vitacco, Steven K. Erickson, and David A. Lishner, "Comment: Holding Psychopaths Morally and Criminally Culpable", *Emotion Review,* 5(4), 2013.

Morse, S. J., "Psychopathy and Criminal Responsibility", *Neuroethics,* 1, 2008.

Peggy Sasso, "Implementing the Death Penalty: the Moral Implications Recent Advances in Neuropsychology", *Cardozo Law Review,* 29, 2007-2008.

Reid, M., "Crime and Punishment, A global concern: Who does it best and does isolation really work?", *Kentucky Law Journal,* 103(1), 2014-2015.

Richard E. Redding, "The Brain-Disordered Defendant: Neuroscience and Legal Insanity in the Twenty-First Century", *University Law Review,* 56(1), 2006.

Yang, Y., Raine, A., Lencz, T., Bihrle, S., LaCasse, L., and Colletti, P., "Volume reduction in prefrontal gray matter in unsuccessful criminal psychopaths", *Biol Psychiatry,* 57(10), 2005.

Yang, Y., Raine, A., Narr, K. L., Colletti, P., and Toga, A. W., "Localization of deformations within the amygdala in individuals with psychopathy", *Archives of General Psychiatry,* 66(9), 2009.

Ⅳ.

박대우·이가람·양호진, "경도인지장애 환자군에서 치매 발병 시점에 영향을 미치는 요인에 대한 연구", 『보건정보통계학회지』, 제47권 제4호, 한국보건정보통계학회, 2022. 1.

보건복지부·국립중앙의료원·중앙치매센터, 「대한민국 치매현황」, 2021.

이인영, "고령범죄의 치매와 형사정책에 관한 고찰", 『형사정책』, 제35권 제3호, 2023.

Byoung, S. J. & Joon, H. P., "Frontotemporal Dementia". *Korean J Biol Psychiatry.* 23(3), 2016.

Berryessa, C. M., "Behavioral and neural impairments of frontotemporal dementia: Potential implications for criminal responsibility and sentencing", *International Journal of Law and Psychiatry,* 46, 2016.

Diehl-Schmid, J., Perneczky, R., Koch, J., Nedopil, N., Kurz, A., "Guilty by suspicion? Criminal behavior in frontotemporal lobar degeneration", *Cogn Behav Neurol.* 26(2), June 2013.

Fazel, S. & Grann, M., "Older criminals: a descriptive study of psychiatrically examined offenders in Sweden", *Int J Geriatr Psychiatry.* 17(10), Oct. 2002

Gabriele Cipriani, Claudio Lucetti, Sabrina Danti, Cecilia Carlesi and Angelo Nuti, "Violent and criminal manifestations in dementia patients", *Geriatr Gerontol Int.*, 16, 2016.

Gale, S. A., Acar, D., and Daffner, K. R., "Dementia", *The American Journal of Medicine*, 131(10), October 2018.

Haußmann, R., Krug, C., Noppes, F., Brandt, M., Lange, J., and Donix, M., "Delinquentes Verhalten im Rahmen frontotemporaler Demenzen und der Alzheimer–Erkrankung [Criminal behavior in frontotemporal dementia and Alzheimer's disease]". *Nervenarzt.* 93(1), Jan. 2022.

Kim J. M., Chu K., Jung K. H., Lee S. T., Choi S. S., and Lee S. K., "Criminal manifestations of dementia patients: report from the national forensic hospital", *Dement Geriatr Cogn Dis Extra*, 1(1), Jan. 2011.

Lewis, C. F., Fields, C., and Rainey, E., "A study of geriatric forensic evaluees: who are the violent elderly?", *J Am Acad Psychiatry Law*, 34(3), 2006.

Liljegren, M., Landqvist Waldö M., Frizell Santillo A., Ullén, S., Rydbeck, R., Miller, B., and Englund, E., "Association of Neuropathologically Confirmed Frontotemporal Dementia and Alzheimer Disease With Criminal and Socially Inappropriate Behavior in a Swedish Cohort", *JAMA Netw Open*, 2(3), Mar. 1, 2019.

Mendez, M. F., Shapira, J. S., and Saul, R. E., "The spectrum of sociopathy in dementia", *J Neuropsychiatry Clin Neurosci*, 23, 2011.

Pressman, P. S., Matlock, D., and Ducharme, S., "Distinguishing Behavioral Variant Frontotemporal Dementia From Primary Psychiatric Disorders: A Review of Recently Published Consensus Recommendations From the Neuropsychiatric International Consortium for Frontotemporal Dementia", *J Neuropsychiatry Clin Neurosci*, 33(2), Spring 2021.

Risache,r S. L. & Apostolova, L. G., "Neuroimaging in Dementia", *Continuum (Minneap Minn)*, 29(1), Feb. 1, 2023.

Roberts, S., Henry, J. D., and Molenberghs, P., "Immoral Behaviour following Brain Damage: a Review", *Journal of Neuropsychology*, 13(3), Sep. 2019.

Shinagawa, S., Catindig, J. A., Block, N. R., Miller, B. L., and Rankin, K. P., "When a Little Knowledge Can Be Dangerous: False–Positive Diagnosis of Behavioral Variant Frontotemporal Dementia among Community Clinicians", *Dement Geriatr Cogn Disord*, 41(1–2), 2016.

Stepen J. Morse, "Psychopathy and Criminal Responsibility", *Neuroethics*, 1, 2008.

Strikwerda-Brown, C., Ramanan, S., and Irish, M., "Neurocognitive mechanisms of theory of mind impairment in neurodegeneration: a transdiagnostic approach", *Neuropsychiatr Dis Treat* 15, 2019.

Talaslahti, T., Ginters, M., Kautiainen, H., Vataja, R., Elonheimo, H., Erkinjuntti, T., Suvisaari, J., Lindberg, N., and Koponen, H., "Criminal Behavior in the Four Years Preceding Diagnosis of Neurocognitive Disorder: A Nationwide Register Study in Finland", *Am J Geriatr Psychiatry*, 29(7), July 2021.

Wang, H. Y., Chen, J. H., Huang, S. Y., Yeh, H. W., Mao, W. C., Chang, H. A., Kao, Y. C., Yeh, C. B., Chou, Y. C., Chiang, W. S., and Tzeng, N. S., "Forensic Evaluations for Offenders With Dementia in Taiwan's Criminal Courts", *J Am Acad Psychiatry Law*, 46(1), Mar. 2018.

Ward, J., Ly, M., & Raji, C. A., "Brain PET Imaging: Frontotemporal Dementia", *PET Clin*, 18(1), Jan. 2023.

WHO (2012), *Dementia: a Public Health Priority*, Geneva: World Health Organization Press.

제5장

뇌과학과 신경윤리의 전망과 제언

CHAPTER 5

뇌과학과 신경윤리의 전망과 제언

Ⅰ. 뇌과학과 신경윤리의 전망

뇌신경윤리는 뇌과학기술을 어떻게 적용할 것인가에 대한 답을 찾는 '뇌과학의 윤리학'(the ethics of neuroscience)인 동시에 인간윤리에 대한 뇌과학적 사실을 연구하는 '윤리의 뇌과학'(the neuroscience of ethics)이라고 한다(Roskies, 2002). 전자는 '적용의 문제'로서 뇌과적 탐구와 지식이 인간에 적용될 때 이를 규제하기 위한 윤리적 틀을 개발하는 분야이다. 후자는 '이해의 문제'로서 뇌과학의 발전이 가져올 인간 본성에 대한 관점의 변화와 그 영향에 대한 논의를 포함하고 있으며, 윤리 자체의 이해에 대한 뇌과학 지식의 영향을 연구하는 것을 말한다.

최근 인간의 행동 및 자아와 직접적인 관계가 있을 것으로 추정되는 뇌의 활동과 기능을 이해하고 활용하는 단계를 넘어서 인지향상약물(Cognitive Enhancer), fMRI 뇌영상기기 등의 도구, 뇌-기계 인터페이스(Brain-Machine Interface), 뇌-컴퓨터 인터페이스(Brain-Computer Interface)들이 개발되었다. 이러한 발전을 통해서 인간의 특징으로 여겨져 온 마음 또는 인지기능을 인위적으로 재구성하거나 간섭할 수 있다고 한다. 이러한 간섭적 도구 개발은 인간의 정체성을 위협하는 심각한 이슈를 제기할 수 있다. 더 나아가 기억력의 인위적 향상, 뇌 기능의 인위적 통제, 뇌 활동을 관찰하는 기기 개발을 통한 마음 읽기(mind reading)의 가능성, 새로운 뇌 거짓말 탐지기의 개발, 특정 행동이나 의사결정과 관련된 뇌 활동 발견을 통한 치료와 향상, 뇌 반응을 통한 인간의 반응을 통제할 수 있는 단계까지 개발될 수 있다고 전망하고 있다. 그런데 뇌 기능 통제나 뇌 간섭의 결과에 의해서 이루어지는 인간의 특질을 변화시키는 심리학적이고 인지적 변화에 대해서 법률적, 윤리적, 사회적 대응은 미흡하고 너무 침묵하고 있어 이러한 논의가 너무 늦게 이루어지고 있다는 점을 지적받고 있다.

과학기술과 관련하여 거버넌스라는 용어를 다양하게 사용하는데 가장 넓은 의미에서 거버넌스를 다양한 행위자가 참여해서 특정의 사안을 숙고하고 조정하는 방식이라고 이해한다면 뇌 거버넌스가 신경윤리 논쟁의 효율성과 타당성을 확보할 수 있는 하나의 대안이 될 수 있을 것이다. 새로운 뇌과학 기술이 법률 분야에 미치는 영향을 반영할 수 있도록 위원회 또는 협의체 형식으로 구조화하여 법률체계의 수정, 교체, 개선 여부에 대한 공개된 토론을 모색하는 뇌 거버넌스의 구축이 필요한 것이다. 사전적, 예방적 차원에서 뇌과학의 윤리적·법률적·사회적 이슈들을 공론화하여 공적 의견을 내거나 권고안을 다양한 참여자들의 논의를 거쳐서 생산할 수 있는 협의체기구로서의 뇌신경윤리위원회가 또 다른 뇌 거버넌스의 한 유형으로 제안할 수 있을 것이다.

예를 들어 프랑스 윤리위원회는 2012년 2월 "기능적 뇌영상(functional neuroimaging)으로 인하여 부상하는 윤리적 이슈"와 2013년 12월 "건강한 개인의 '신경향상'(Neuroenhancement)을 위한 바이오의학 기술사용: 윤리적 이슈"의 주제를 논의하였고 해당 주제의 보고서를 작성하였다. 윤리위원회 또는 소위원회는 이 보고서를 바탕으로 위원들의 논의를 거쳐 의견 또는 권고(Recommendation)의 형태로 회의결과를 정리하고, 일부 위원들이 제시하였던 소수 의견도 권고안에 첨부하여 위원회의 의견을 기자회견을 통하여 공개하고 있다.[1] 미국의 경우도 'Brain Initiative'를 시작하면서 국가윤리위원회에 신경윤리에 관한 이슈를 다루도록 하였으며 과학자들과 함께 학제간, 통합적 논의를 할 것을 강조하였다. EU의 'Human Brain Project'도 윤리자문위원회에서 HBP 연구가 제기하는 윤리적, 법적, 사회적, 철학적 이슈에 대해 자문을 제공하고 있으며, HBP 내의 신경윤리 관련 활동의 내용으로 프로젝트의 거버넌스를 민주주의 원칙 하에서 다중의 상호 체크가 가능하도록 설계하고, 프로젝트 파트너, 과학자, 윤리학자, 기업 등 다양한 이해당사자들이 수긍하고 합의 하에 연구가 진행될 수 있도록 하고 있다.

뇌과학 기술의 발전은 항상 앞서고 법률 시스템은 뒤늦게 반응하는 형식은 미래에도 여전할 것으로 전망할 수 있다. 뇌과학의 새로운 도구와 기술은 좋은 목적과 나쁜 목적으로 모두 사용될 수도 있다는 전망도 여전한 것이다. '책임 있는 연구와 혁신'(Responsible Research and Innovation)을 지향하는 뇌과학의 발전을 도모하기 위해서는 뇌과학의 윤리적,

1) http://www.ccne-ethique.fr/en/pages/presenting-national-consultative-ethics-committee-health-and-life-sciences.

법적, 사회적 영향에 대한 평가와 뇌과학자, 윤리학자, 철학자, 법학자, 변호사 및 여러 이해관계자 간의 지속적인 대화가 필요하다고 할 수 있다. 뇌과학과 그로부터 오는 혁신이 사회적 배경과 비전, 윤리적 요구나 법률 시스템 등에 잘 조화되어 대응하기 위하여 열려 있는 신경윤리와 뇌신경법에 대한 학문적 관심이 늘어나고 이를 바탕으로 한 연구 성과들이 뇌과학 기술의 진보를 촉진하면서 인간의 이해와 인권 보호의 지평을 유지할 수 있어야 한다.

Ⅱ. 뇌과학과 신경윤리의 거버넌스 및 제언

1. 윤리적 담론을 위한 협의체 논의

21세기의 뇌과학은 단순히 뇌의 해부학적 구조나 생리학에 관심을 두고 있는 것이 아니라 뇌가 어떻게 활동하는가를 알아내는 것이 중요한 관심사이다. 뇌가 사람으로 하여금 인지하고 생각하고 행동하는 일을 어떻게 야기하는지 끊임없이 묻고, 실험하고, 답하고 있는 것이다. 뇌기능을 탐구하기 위한 뇌영상기술의 급격한 발달은 뇌질환에 대한 이해와 진단 이외에도 인지과학, 사회학, 철학, 법학 등의 기본 논제들에 대한 새로운 인식과 관점을 제시하는 단계에 이르고 있다. 예를 들어, 뇌신경공학기술이 발전함에 따라 인간의 자유의지와 관련하여 회의론이 제기되고 이에 따라 인간의 자유의지를 이론적 토대로 삼고 있는 법체계에서 딜레마를 파생시키고 있다.

가자니아 교수는 도덕적 책임은 뇌의 상태에서 나오지만 뇌와 동일시될 수는 없고 행위의 책임은 뇌와 구별되는 인간에게 있음을 강조하며, 뇌는 자동적이고 규칙 지배적인 도구인 반면, 인간은 결정하는 데 있어 자유롭고 책임 있는 행위자라고 정의하였다. 우리 뇌의 기억에는 사라지는 기억, 정신 없음(Absentmindedness), 막힘(Blocking), 오귀속(Misattribution), 암시성(Suggestibility), 편견, 지속성으로 인한 오류가 있으며, 이러한 오류로 인한 윤리문제에 대해 과감한 대응을 요구하고 있다. 가자니아 교수는 생명의 정의에 대한 문제, 뇌영상을 통한 프라이버시 문제, 이에서 파생된 우생학 등 다양한 우려를 제기함과 동시에 이런 우려를 제어하고 인간 본성에 자리잡은 보편윤리를 정립해야 함을 주장하였다(조선비즈, 2015). 신경윤리를 뇌의 기초를 이루는 메커니즘을 이해함으로써 알게 된 질병, 죽음, 생활 철학 등의 사회적 쟁점을 우리가 어떻게 다루기 바라는지를 검토하는 분야로 정의하였으며, 뇌과학을 통해 전통적인 윤리적 패러다임을 검증할 수 있는 새로운 성찰의 기회를 가지게 하였다. 이런 배경으로 철학, 법학, 심리학 등 기존 뇌 연구자 외에 다양한 연구자들이 신경윤리의 문제를 본격적으로 다루기 시작하였다.

과학기술의 사회적 영향에 대한 책임 또는 위험분담이 문제될 때 그것의 많은 수는 정책적·법률적인 문제로 해결하는 경향을 가지고 있었다. 가치의 측면에서만 아니라 절차적 측면에서도 생명윤리는 법에 근접해 온다. 법사고의 진수인 이 절차적 정의는 생명공학의 적용에 따르는 윤리적 갈등을 해결하는 데도 기여할 수 있다. 오늘날과 같은 가치상대주의 분위기에서 생명윤리의 문제도 합의에 이르는 절차에 승복하는 형태로 해결될 가능성이 커가고 있기 때문이다(박은정, 2001). 생명과학기술과 관련된 안전과 윤리 이슈는 여러 사회 집단 간의 의견 차이가 심하고 갈등이 분명하게 드러나는 민감한 사안의 성격을 가지고 있다. 급속히 빨라지는 생명과학의 속도에 비해서 이에 따른 안전과 윤리에 대한 대응은 집단별로 각기 차이가 있으며, 이러한 문제에 대한 의견 차이는 제대로 된 공론화의 과정을 거치기보다는 자칫하면 소모적인 논쟁과 갈등으로 비화될 우려가 크다.

하버마스는 인간게놈 조작을 인간적 힘의 강화로 받아들일 것인가라는 물음을 제기하면서 새로운 과학기술들은 우리에게 문화적 삶의 형식 그 자체의 올바른 이해에 대한 공적 토론을 진행하도록 내몰고 있다고 답하고 있다고 말하였다(Habermas, 2002). 오늘날과 같은 다원주의, 가치상대주의 분위기에서 신경윤리의 문제도 합의에 이르는 절차에 승복하는 형태로 해결될 가능성이 커져가고 있다. 특히 첨단과학 연구의 허용 내지 임상적용 여부에 대해서 정책을 마련할 때 또는 특정 뇌과학 분야를 산학협력 예산 지원과 연계하여 정책을 수립할 때 과학정책의 민감성으로 인해 이해관계에 따른 합의가 도출되지 않는다면 큰 틀에서 조정과 중재하는 절차를 마련하여 거버넌스적 협의체기구의 의결절차를 마련할 수밖에 없다. 따라서 뇌신경윤리의 문제에 대한 윤리적 방향 설정이 되어 있지 않다면 커다란 사회적 문제들이 발생할 가능성이 있으므로, 뇌신경과학의 발전에 따라서 기존의 윤리적 문제들과 근본적으로 차원이 다른 윤리적, 법적, 사회적 문제들에 대응하는 신경윤리위원회의 거버넌스적 접근이 필요한 것이다.

2. 거버넌스 구축의 필요성

과학은 단순히 생명과학의 하위 분야를 넘어서 다양한 사회 분야와의 연계성과 확장성을 보이고 있으며, 뇌과학과 접목된 각 세부 분야별로 전문적인 연구를 촉구하고 있다. 신경윤리를 이론적, 선언적 규범이 아닌 민간과의 합의를 통한 현장에서의 적용성을 고려한 실천윤리로써 정립을 지속적으로 촉구하고 있다.

신경윤리의 초기 연구는 이론적 연구와 더불어 실제 생활 적용에 필요한 연구를 추진하였으나, 비교적 적은 데이터로 인해 한계가 있었다. 신경윤리 초기 단계는 임마누엘 칸트(Immanuel Kant)의 의무론적 윤리관인 인식론과 실천이성 비판의 윤리학을 토대로 이론 중심으로 발전해 왔다면, 이제는 프란시스 베이컨(Francis Bacon)의 사실에 대한 체계적 관찰과 경험을 통한 지식 습득, 경험주의 방법론을 추가할 것을 요구받고 있다. “Keep the Kant but Add More Bacon”이라는 말과 같이 실증적, 경험주의 방법론은 신경윤리가 객관적 사실을 토대로 윤리적으로 정당화할 수 있는 정책을 마련하여 적용하고, 이해 관계자로부터 정보를 유도, 조정하기 위한 중요한 수단이 되었다. 신경윤리 초기 연구 단계는 윤리 연구에 대한 철학적, 이론적 분석 중심으로 진행될 수밖에 없었으며, 뇌과학의 자율성에 대한 주제를 위해선 우선 ‘자율성’에 대한 개념 정의, 사회과학적 방법(인터뷰, 설문조사, 델파이 기법 등)으로 탐구하는 것이 우선이었다. 그러나 이제는 경험적 방법을 통해 다양한 윤리문제에 대한 깊은 이해와 이론적 분석을 제공함과 동시에 뇌과학의 임상과 사회적 적용에 장점을 극대화하는 정책 해결방안을 마련하는 데 기여할 수 있다. 정책방안을 마련하는 과정에서 이해 관계자가 참여하여 신뢰성을 높이고, 이론적 신경윤리와 경험적 신경윤리의 2가지 방법론으로 윤리문제를 더 잘 식별하고 이해하는 정책적 토대를 구축할 할 수 있다. 뇌과학 자체가 다양한 과학 분야를 아우르는 융합연구 분야로, 신경윤리 또한 이런 학제간 연구를 잘 활용해야 하며, 자연과학자와 사회과학자(예: 인류학자, 심리학자), 철학자, 윤리학자 및 기타 이해 관계자 간의 더 큰 참여를 포함해야 기술적 전문성과 복합성을 극복하고 뇌과학의 잠재적 응용, 오남용에 대한 효과적 대처가 가능함을 강조하고 있다(Lázaro-Muñoz 외, 2019).

뇌과학 성과에 대한 특정 기업의 독점, 개인정보 보호 위반과 같은 불공정한 거래를 사전에 예방하는 생태계를 구현하기 위해서는 거버넌스가 필요하다. 업계, 학계, 정부의 이해관계는 항상 일치하지 않기 때문에 지속적인 기술 개발과 책임 있는 적용을 위해서는 과학자, 윤리학자, 정부, 일반인들의 신경윤리에 대한 공동의 참여와 사전 연구가 필요하다(Zuk 외, 2018).

뇌질환 치료를 위한 의료기기 개발에 있어서 정부의 임상 중개 연구 지원에도 불구하고 환자에게 이식한 브레인 칩과 같은 기술 적용 과정에서 성능에 대한 검증, 그리고 시술 종료 이후는 민간 기업의 관심도가 낮아지며 지속적이며 책임감 있는 사후 관리 등을 담보할 수 없어 이로 인한 또다른 문제가 발생할 수 있다. 그리고 이런 시술은 공통 기준이 없는 상황에서는 단순히 치료목적 달성, 비용의 최적화 등 여러 요인에 따른 다양한 선택지가 존재하여 임상 현장에서는 어떤 것을 선택할 지에 대한 혼란한 상황이 발생할 수도 있다. 또한 환자를 보호하기 위한 정부의 엄격한 규제만을 강조하게 된다면 혁신적이고 개방적 기술발전에 저해 요소가 될 가능성이 크기에 이를 조율하고 혁신을 유도하는 기술환경 생태계를 만드는 일은 쉽지 않다. 이러한 새로운 신경윤리의 도전과 기회에 대해 추상적 원칙을 실현하고 구체화하기 위해 신경윤리의 통합을 전제하는 강력한 거버넌스 구축 설계를 촉구하고 있다(Borton 외, 2020).

과학의 윤리적 측면은 그 자체로도 인정될 수 있으나, 사회적 담론 형성과 제도화가 필요하다. 신경윤리와 같은 문제가 윤리라는 범주로 인식되고 이를 구체화하기 위해서는 뇌과학자들의 윤리적 문제 제기에 대해 법정책적으로 제도화하여 연구를 재구성하고 실무에 사용할 수 있도록 기반을 마련해야 한다. 신경윤리의 문제는 연구자, 정책입안자, 학계 및 산업계, 일반 시민과 지식생산 과정 자체에서 윤리적으로 중요한 문제를 탐구하고 해결방안을 마련할 수 있기 때문이다.

윤리와 철학, 행정관리에 관한 사항들이 비록 뇌과학 자체와 직접적 관련성은 없지만, 뇌과학자들 또한 사회의 구성원으로 도덕적 행위를 할 의무가 있으며, 옳고 그름을 판단하기 위한 준거가 필요하다. 뇌과학자들의 올바른 연구를 유도하고 윤리적 행동으로 인한 사회적으로 긍정의 효과를 성취하기 위해서는 일상적 규범 마련과 규제에 관한 해석을 토대로 윤리적 능력을 배양할 수 있다. 신경윤리에 대한 거버넌스는 뇌과학자들의 윤리적이고 실증적인 연구를 위해서는 규제를 개발하고 시행하여 윤리적 차원을 이해시키고 확산하기 위한 전문관리기관이 필요하다,

또한 뇌과학자들 스스로가 윤리적 부담으로 새로운 혁신연구를 기피할 가능성도 있으며, 이에 대해 일상적인, 그리고 윤리적인 전문지식을 제공하여 피험자를 보호하는 등 과학윤리 기반을 저해하지 않으며, 국내외 공동협력을 촉진하는 데 기여할 수 있다. 의도가 아무리 좋다고 하여도 사회적 지지를 받지 못하는 부주의한 연구와 같은 행위는 사회 자체를 전복시킬 가능성이 크기에 올바른 거버넌스 정립이 요구되고 있다(Pickersgill, 2021).

3. OECD '신경윤리 거버넌스 구축' 권고문

(1) OECD의 신경윤리 확산 노력

뇌과학 상용화로 인한 가장 큰 문제점은 '사회경제적 격차 심화와 고착화' 문제일 것

이다. ADHD와 같은 신경약물을 이용한 기억력 증가, 정서와 인지 향상으로 개인의 만족감과 사회경제적 성취를 더 효과적으로 이뤄낼 경우, 이러한 격차는 과연 사회에서 어디까지 용인될 것인지를 비롯해 다양한 문제가 예상되고 있다. 뇌과학을 비롯한 다양한 과학기술의 발전, 사회경제 분야에 대한 영향력 증가로 약 20여년 전부터 이에 대한 우려와 방안 마련 논의가 있었다. 4차 산업혁명으로 인해 국가의 경제발전의 원동력과 글로벌 패권의 핵심요소인 과학기술은 국가간, 사회간, 개인간의 불평등을 전제로 하고 있다고 해도 과언이 아니다.

과학기술의 범용성과 보편성 등 사회 전반에 확대하기에는 반드시 일정한 시간이 소요되며, 이러한 기간 동안 상위층, 부유층들은 경제적 배경을 토대로 또 다른 경제사회적 우위를 점하기 때문이다. 또한 ICT(Information & Communication Technology), 인공지능 등 공학 분야 전문가들도 BCI(Brain Computer Interface) 개발과 적용에 따른 예상 문제점과 사례를 이미 10년 전부터 예상하며 이에 대한 사회적 함의와 대응방안 마련을 주문하고 있다(공창진, 2009).

영국 케임브리지대 심리학과 사하키안(Barbara Sahakian) 교수는 뇌과학자들이 이루어낸 성과물의 윤리적 측면을 평가하기 위해 자체적으로 '신경윤리협회'를 만들게 되었다고 밝혔다(한국과학기술정보연구원, 2007).

> "발생하지 않을 수도 있는 범죄를 막기 위한 마이너리티 리포트 사회를 우리는 원하고 있는가? 이들 기술을 이용하면 이러한 사회가 되는 것은 시간 문제이다. 이것은 사회가 올바른 방향으로 사용해야 하는 또 다른 기술의 하나일 뿐이다. 하지만 이 기술이 결과에 대해서 사람들이 생각하지 않고 법정에 사용되는 것을 바라지 않기 때문에 이 문제에 대해 논의해야 한다. 많은 신경과학자들은 매우 조심스럽게 연구를 하고 있으며 우리는 개인의 마음을 읽는 것에 대해 이야기하지 않고 있다. 하지만 우리는 빠르게 변하고 있다. 얼마 시간이 지나지 않아서 우리는 사람이 거짓말을 하는지 또는 어느 정도 확실성을 가지고 사람이 범죄를 저지를 수 있는 의도를 가지고 있는지 여부를 말할 수 있게 될 것이다."

그리고 영국 의학연구위원회(Medical Research Council)의 의장인 블레이크모어(Colin Blakemore) 교수는 신경윤리에 대한 필요성을 아래와 같이 강조하고 있다.

> "현재 우리는 뇌과학 기술의 힘에 대해 과도하게 논의해서는 안 된다. 하지만 한 가지 확실하게 해야 하는 것은 이 기술에 대한 논의는 계속적으로 이루어질 것이며 우리는 점점 더 사람의 의도나 마음, 생각이나 희망 그리고 감정을 읽어낼 수 있는 능력을 갖게 될 것이다.

일부 과학자들은 극도로 이 기술의 개발을 바랄 것이다. 왜냐하면 이 기술은 진단과 교육과 같은 일에 도움이 되기 때문이다. 하지만 우리는 윤리적인 문제도 생각해야 한다. 개인적인 의료자료에 대한 전체적인 새로운 구실을 만들어내는 것이며 어떻게 이 기술이 사용되어야 하는가에 대한 논의가 덧붙여질 것이다."

2017년 10월 호주에서 개최된 국제 뇌연구 협력 협의기구(International Brain Initiative: IBI) 회의의 신경윤리 담론 전부터 OECD에서도 기존 일부 국가에서 선도적으로 추진되어 오던 신경윤리 논의를 초국가적으로 연결하고 국제적 차원의 정책적 함의를 도출하는 것을 목적으로 국제 회합을 추진하였다. 2016년 9월 미국 애리조나대, 미국 국가과학한림원(National Academies Of Sciences, Engineering And Medicine)과 함께 「뇌과학 기술과 사회: 뇌과학에서의 책임 있는 혁신 강화」(Neurotechnology And Society: Strengthening Responsible Innovation In Brain Science) 워크숍을 미국 워싱턴에서 개최하였다. 그 내용은 그간 각 국가에서 진행해 온 신경윤리 논의의 역사적, 사회적 맥락을 정리하고 국제적으로 도입할 수 있는 ELSI/RRI(Responsible Research Innovation) 논의의 토대를 정립하는 것이 특징이며 인간게놈 프로젝트로부터 시작된 ELSI 전통, 나노 테크놀로지에 관한 논의로부터 시작된 책임성 있는 혁신의 논의가 어떻게 뇌과학에 적용될 수 있을지를 성찰하고 있다. OECD에서 발표한 「Neurotechnology And Society: Strengthening Responsible Innovation In Brain Science」의 주된 내용을 정리하면 아래와 같다(OECD, 2021).

"전 세계 정부, 연구기관, 기업들이 뇌과학을 통한 유례가 없는 성과를 내고 있으며, 뇌과학의 혁신적 기술을 산업화, 상품화하여 우리 뇌에 새로운 영향을 미치고 있다. 이런 사회적 영향에 대한 고민은 상당히 중요한 것으로 뇌과학자뿐만 아니라 정책입안자를 비롯한 사회 구성원의 관심과 참여가 필요하다. 왜냐하면 이러한 문제점은 인간의 의식, 자율성과 같은 개념들과 관계가 크기 때문이다. 뇌컴퓨터와 같은 BCI 기술은 임상에서의 잠재적 위험성과 뇌 데이터로 인한 개인정보 보호, 신경자극으로 인한 통제 등 다양한 논쟁을 유발하고 있기 때문이다. 이러한 뇌과학의 기술은 윤리, 법률 및 사회적 함의가 필요하며 이런 환경변화에 대한 거버넌스 문제가 대두되고 있다. 기존 과학에서 사회적, 윤리적으로 확립된 틀과 새로운 틀을 모두 사용해야 하는 책임이 있으며, 정적 사회변화를 유도, 촉진할 필요가 있다. 잠재적 예상 문제를 명확히 하여 올바른 연구·개발을 촉진하고 개방형 과학혁신과 공동연구로 뇌과학의 광범위한 가능성과 혜택을 넓히고 인간의 고유가치를 의미 있게 이끌어 내는 논의로 미래지향적 메커니즘을 구축해야 한다."

(2) 신경윤리 거버넌스 구축의 핵심 키워드

OECD에서 핵심적으로 제시하고 있는 정책적 함의를 요약하면 다섯 가지로 아래와 같다(Garden 외, 2016).

① 뇌과학 R&D에 공공 연구기금, 민간 투자기관 등이 적절한 위치에서 책임 있는 혁신(Responsible Innovation)을 촉진하는 메커니즘을 보장
② 규제단위와 정책 입안 단위는 시장화 이전에 치료용 기구와 비치료용 기구 사이의 경계를 잘 정의
③ 예측형 거버넌스(Anticipatory Governance) 절차를 도입하되, 이를 위해 다양한 거버넌스와 대중적 숙려(熟慮) 과정을 실험적으로 수행
④ 현재 뇌과학을 대학 강의, 임상과 대중적 담론장에 통합시켜 합리적이고 균형 갖춘 논의를 더욱 촉진
⑤ 책임 있는 혁신을 위한 추후 후속 작업을 수행

위의 정책적 함의에서 중요한 점은 '책임 있는 혁신'(Responsible Innovation)뿐만 아니라 '예측형 거버넌스'(Anticipatory Governance), '개방형 혁신'(Open Innovation) 등의 키워드를 함께 도입하고 있는 것이 특징이며, 다양한 이해 당사자들이 초국가적으로 협력, 통합하는 거버넌스 구축을 권고하고 있다. U.S. BRAIN Initiative, EU 휴먼 브레인 프로젝트, 차이나 브레인 프로젝트, Japan Brain MIND 프로젝트 등 현재 많은 국가에서 지원하는 주요 뇌과학 이니셔티브가 진행 중이며, 이런 이니셔티브 가운데서 신경윤리는 국제적 기준과 이를 집행할 거버넌스가 필요한 것이다. 한 국가의 도덕적, 법률적 기준은 타인, 타국가사회에 강요할 수 없는 것으로 국제표준을 마련, 적용해야 한다. 뇌과학 발전을 위해서는 국제사회에서 공통된 기준에 따라 적절한 도덕 개념과 윤리 적용이 필요하며, 이런 원칙을 지속적으로 수정하여 뇌과학의 자율성을 최대한 보장하면서 윤리적 문제를 최소화하기 위한 노력이 필요하다. IBI와 같이 창의성을 기반으로 상호 협력과 대화로 국제 신경윤리 정립에 노력해야 한다. 윤리는 한 개인, 한 사회, 한 국가의 문제가 아니라 공공의 문제로 과학의 발전과 보조를 맞춰, 일반인에게 영향을 미치는 파급효과를 고려하여 신경윤리를 만들어 나아가야 한다. 신경윤리는 정적인 학문탐구 분야가 아닌 뇌과학과 사회발전에 대한 통찰력을 키우는 과정으로 역동적이며, 개방적인, 그리고 항상 진행 중인 작업의 형태를 가져야 하기 때문이다(Giordano & Shook, 2018).

(3) OECD 공식적 성명서 발표와 평가

2019년 12월 11일 OECD는 36개 회원국에서 뇌과학으로 인한 윤리적 위험에 대해 국제적 관심을 환기하고, 뇌과학으로 인한 오·남용 문제에 대한 거버넌스를 구축을 촉구하는 공식적 권고안을 최초로 발표하였다. 유전자 기술과 인공지능에 이어 뇌과학은 국제적으로 윤리적 위험을 야기할 수 있는 차세대 기술 분야로 규정하고 뇌 이식, 뇌 스캔 등 다양한 기술로 사생활 침해, 개인정보 보호를 비롯해 나아가 인간의 악의적 행동 제어까지 예상, 이에 따른 윤리적·법적·사회적 문제에 대비하면서 뇌과학을 혁신하도록 미래를 내다보는 거버넌스 방안 마련을 위한 OECD의 첫 공식 성명서로 국제적으로 상당한 파장을 불러일으켰다. 몬트리올 맥길대 신경연구소(Montreal Neurological Institute) 에드리스(Dylan Roskams-Edris) 박사는 상기 OECD 성명서 의의를 아래와 같이 평가하였다(Sciencebusiness.net, 2020).

> "행동에 대한 구체적인 제안이 아니라 일반 원칙에 대한 매우 광범위한 내용이지만, 정부가 뇌과학의 잠재적 결과에 대해 지금 생각하도록 촉구하는 것이 중요하다. 얼마 전에는 사람들이 소셜 미디어 계정에 정보를 올리는 것이 그렇게 큰 위험은 아니라고 생각했지만 이제는 그렇지 않으며, 이제는 선거에도 영향을 주는 스캔들과 같은 것을 볼 수 있다. 2년 안에 모든 사람의 머리에 칩이 있을 것 같지는 않지만 10년 후에는 웨어러블 또는 이식형 칩이 사람들의 생활 방식에 상당한 영향을 미칠 가능성이 훨씬 더 높아지고 있는 현실이다. 이런 점에서 정부의 미래지향적 행위를 촉구하는 것은 아주 바람직한 일이다."

2015년부터 2019년까지 5년 동안 OECD 내 기술 워킹그룹(Working Group)인 'Bio, Nano, & Converging Technologies(BNCT)' 프로젝트의 하위 프로젝트로 'Neurotechnology and Society' 연구를 수행하였다. BNCT 워킹그룹은 뇌과학으로 인한 사회경제적 측면에서 보다 혁신적이며 책임 있는 연구·개발을 국제적으로 도모하기 위해 학계, 의료계, 시민단체, 기업 등 다양한 분야의 이해관계자와 논의를 거쳐 뇌과학의 올바른 사용과 인류 건강증진을 도모하기 위해 성명서를 채택하여 발표하게 된 것이다. 이는 국가간 윤리적 가치의 다양성을 인정하고, 여러 국가에서 수용 가능한 윤리 규범과 표준, 조항 개발을 도모하기 위함이다.

이러한 과정을 거쳐 OECD 이사회는 '뇌과학의 책임 있는 혁신에 관한 권고'(OECD Recommendation on Responsible Innovation in Neurotechnology)를 공식적으로 채택하였으며, 아래의 9가지 원칙과 각 원칙에 따른 세부 실천방안을 각 국가별로 이행할 것을 권고하고 있다(OECD, 2017).

〈표 5-1〉 OECD「뇌과학의 책임 있는 혁신」 권고안(요약)

9대 원칙	주요 내용
① 책임 있는 혁신을 촉진	◦ 기술 개발의 단계 및 설계 단계에서 윤리적 고려사항을 통합하고, 공공의 가치 여부를 선제적으로 검토 ◦ 뇌과학 기술혁신을 위한 공공지원 및 경제적 인센티브 연계 촉진 ◦ 개인 인식 자유와 자율성에 대한 피해를 최소화, 인권과 사회적 가치, 특히 프라이버시에 대한 중점 고려 ◦ 뇌과학으로 인한 개인 자유와 자기 결정에 영향을 미치는 부정적 요소(차별, 배제 및 편견 등을 조장, 악화 등) 사전 방지 ◦ 기존 관리·감독 체제를 새로이 인식, 필요한 경우 뇌과학 적용 실무와 연구를 위한 법률과 규정을 개선
② 안전성 평가에서 우선 순위 지정	◦ 연구자, 전문가를 비롯 환자, 공공 및 민간 이해관계자와 정부를 포함해 연구 우선순위와 프로세스에 대한 자율성 강화, 위해성 감소 및 안전성 개념 정립 ◦ 예측하지 못한 잠재적 부작용에 대한 조기 고려를 유도 ◦ 뇌과학의 산업화, 시장 진출을 위한 정부가 승인한 제품과 절차 등에서 안전성, 품질, 효능 검사가 과학적 근거에 의해 처리 ◦ 뇌과학 상품, 제품에 대한 단기 및 장기 감독, 모니터링 및 보고에 대한 메커니즘 수립과 엄격한 안전, 보안 표준 구현
③ 포괄적 홍보 확산	◦ 기술 개발은 필요한 사람을 위해 개발될 수 있도록 사회적 노력 ◦ 뇌과학 활성화 및 혜택이 확산될 수 있는 정책 입안 마련 ◦ 뇌과학을 홍보, 확산함에 있어 다양한 문화를 인정하고 상호간 불평등 최소화를 위한 법규범 마련과 노력 촉구
④ 과학협업 육성	◦ 과학자들은 인문사회과학 등 융합연구 연계 강화하고 사회 공동체가 참여하는 학제간 연구 마련 ◦ 공공 연구기관, 민간단체 상호간 상호 협력을 위한 협의체 구성 및 육성으로 뇌과학 경쟁력 확보 기반 조성 ◦ 뇌과학 기술혁신으로 인한 사회의 파생되는 윤리적, 법적, 기술적 표준 및 모범 사례 개발 ◦ 뇌 데이터 공유, 집계 및 활용과 감사 등 공동 인프라를 조성
⑤ 사회적 심의기능 활성화	◦ 전문가 커뮤니티 간, 대중과 열린 소통을 촉진 ◦ 연구 프로세스, 공공정책 및 거버넌스에서 다양성 확보를 위해 다중 이해관계자 대화와 심의에 참여 ◦ 가능한 공식적, 공개적 회의 결과를 의사 결정에 반영 ◦ 이해관계자 참여를 위한 프로세스가 공정, 투명, 예측 가능 ◦ 뇌과학의 기술평가의 투명한 프로세스 및 공론화 등

9대 원칙	주요 내용
⑥ 감독 및 자문 기관 역량 강화·활성화	◦ 규제 기관, 자금 지원 기관, 연구기관 및 민간단체에 뇌 과학으로 제기된 새로운 기회와 윤리, 법률, 사회적 문제에 대한 대응 촉구 ◦ 신경 기술의 윤리적, 법적, 사회적 차원 연구 장려 ◦ 엄격한 사례 중심의 윤리지침 개발과 지속적인 모범사례 개발 ◦ 연구계획 검토에서 건설적 기술평가, 수평적 검토내용 포함 ◦ 잠재적 뇌과학 성과에 대한 결과와 경로를 예측, 평가하기 위한 기술평가 및 제도적 역량 강화를 위한 미래예측적 메커니즘 개발
⑦ 뇌에 관한 개인정보 및 기타 정보보호	◦ 개인정보 수집, 보관 및 처리와 수집된 개인 뇌 데이터의 잠재적 사용에 대해 참여자에게 명확한 정보를 제공 ◦ 대상자 개인의 자율성을 보호하기 위해 적절한 동의를 얻을 수 있는 수단인지 확인 필요 ◦ 개인 데이터 접근, 수정 및 삭제 등에 대한 개인의 데이터 사용 및 공유 방법을 선택할 수 있는 기회를 홍보 ◦ 개인 뇌 데이터의 차별과 같은 악의적 사용과 특정 이익을 도모하는 상업적 목적(법률, 고용 및 보험 가입 등) 사용 방지 ◦ 개인 뇌 데이터의 무단 사용 금지와 뇌 데이터 정보 의무 준수 ◦ 개인정보 기밀성 및 프라이버시를 증진, 보안 침해를 막기 위한 엄격한 보안 표준 개발 ◦ 연구 및 의료행위에서 수집 및 처리되는 데이터의 추적 가능성을 인정하고 이의 안전 보장 강화
⑧ 공공 및 민간 부문에서 책임과 신뢰 문화 증진	◦ 투명성, 무결성, 신뢰성, 안전성과 상호 소통, 책임 있는 모범 사례 및 사업 수행 발굴 장려 ◦ 사회적 책임 강화를 위한 혁신적인 접근방법과 지원방안 강구 ◦ 연구결과에 대해 긍정적, 부정적 요소를 모두 포함하여 과장됨 없이 근거 없는 표현을 자제하고 투명한 커뮤니케이션 활성화 ◦ 규제당국은 민간 부문 및 공공 부문 간의 대화를 통한 해결책을 마련하고, 거버넌스 시스템 내에서 다양한 사회문제, 격차 및 과제를 식별하고 검토
⑨ 의도하지 않은 사용 또는 오용의 가능성을 예측하고 지속적 모니터링	◦ 개인 또는 집단의 짧은 또는 긴 사생활, 비차별 및 존엄성을 확보할 수 있는 안전장치를 마련하여 무결성, 자율성을 담보할 수 있는 지원책 마련 ◦ 뇌과학의 오남용(뇌정보 불법수집과 감시, 인간행동조작 등) 개인이나 집단의 의사결정 과정에 부정적 영향을 미치려는 활동을 예측하고 예방

(OECD, 2017)

권고안의 9가지 원칙은 퇴행성 뇌질환의 의료 혜택을 확대하고, 고령화에 따른 복지와 경제적 부담을 완화하기 위한 수단으로 뇌과학을 혁신적으로 발전시켜 인류 건강증진과 삶의 질 향상을 위해 노력해야 함과 동시에 인공지능, ICT 등 이종 분야의 융합으로 인해 새로운 윤리적, 법적, 사회적 문제 가능에 따른 선제적 해결을 도모하기 위함이다. OECD 정책위원회(governing council)에서는 공식 성명서에서 ① 뇌과학으로 사람의 성격이나 사회 인식을 바꾸는 방법, ② 개인 뇌 정보를 표적으로 하는 마케팅 기법과 뇌 스캔으로 선거권자의 마음을 읽어 선거를 조작하는 행위, ③ 개인 뇌 정보를 이용해 범죄 예방을 명목으로 무고한 사람을 구금하는 행위, ④ 뇌과학으로 인해 자유나 자기 결정에 영향을 미치거나, 특히 차별이나 배제에 대한 편견을 조장하거나 악화시키는 경우 등을 예시로 들며 이에 대한 '책임 있는 혁신'을 강조하며, 신경윤리는 아직 일반적인 담론 수준으로 이를 보다 구체화하여 실현하기 위한 국제적 논의와 노력의 필요성을 강조하였다.

OECD가 국제 최초로 합의된 성명서를 발표하는 점은 '뇌과학의 특수성' 때문이다. 뇌과학은 시장화 단계에 왔을 때는 이미 통제와 규제의 범위를 넘어선 기술로 예상을 뛰어넘는 사회적 영향력을 줄 가능성이 크며, 기존 생명윤리 프레임과 같이 인간 대상 연구 규제와 같은 시장화 단계에서 규제만으로 뇌과학에 대한 규제와 거버넌스가 충분하지 않다고 판단했기 때문이다. OECD는 뇌과학으로 인한 문제에 대해 각 국가별로 공통된 기준이 없으며, 자유방임적(laissez-faire) 규제부터 일부 용도에 국한된 규제까지 천편일률적임을 우려하고 있다.

OECD는 뇌과학의 개방형 과학(Open Innovation)을 인정하되, 기존 인권과 생명윤리를 새롭게 해석하여 연구자, 정책입안자, 이해관계자 모두가 수용하는 기술 혁신과 국제 사회의 공동 규제가 필요하다는 입장으로 해석된다. OECD는 뇌과학의 혁신적 발전 시대에 진입한 현재, 벨몬트 보고서나 환자 권리장전 등과 같은 기존 인권과 윤리선언을 포함하여 뇌과학으로 인한 새로운 윤리적, 법적 문제를 대응하는 거버넌스를 구축하여 '인간 자유, 자율성, 안전과 인류 건강증진' 등 고유가치를 지키면서 과학기술의 발전을 도모해야 함을 주장하고 있다.

4. 뇌연구촉진기본계획상의 신경윤리 과제

국내에서 이제까지 구체적 논의가 없던 '신경윤리'가 제3차 뇌연구촉진기본계획에 신규로 포함되면서 중요 과제로 부상한 이유는, 주요 선진국들이 각자 추구하고 있는 국가 차원의 대형 뇌과학 프로젝트 발표 이후, 뇌과학의 발전에 따른 다양한 사회적 문제에 선제적으로 대응할 필요성을 느끼고 있기 때문이었다. 그리고 이와 동시에, 이를 새로운 연구 분야로 인식하고 관련 학문과 시장을 우리나라가 선제적으로 유일하게 선점 가능한 분야이기 때문으로 치열한 세계 뇌과학 분야에서 우리나라가 한 축을 담당하며 선도할 수 있는 분야로 인식했기 때문으로 판단된다.

1990년부터 2003년까지 미국, 영국, 일본, 독일, 프랑스, 중국의 18개 기관 과학자들이 모여 컨소시엄을 구성, 약 30억 달러를 투자하여 수행한 '인간 유전체 프로젝트'(Human Genome Project)는 인간의 모든 유전적 정보를 확인할 수 있는 과학혁명이 되었으며, 또한 그 당시 인간 유전체 분석에 약 13년 기간과 27억 달러가 소요되었지만, 유전자 분석기술 발전으로 현재는 2일 이내에 100달러 미만으로 분석이 가능토록 기반을 마련하였다(과기정통부, 2020).

20세기 최고의 과학 성과 중의 하나로 선정되는 이 프로젝트는 인간의 질병을 치료, 예방하고, 다양한 응용으로 인류의 건강을 위한 초석을 다졌다는 점에서 큰 의의가 있다. 이와 더불어 프로젝트에 참여한 6개국은 약 7,960억 달러의 경제적 효과를 가져왔으며, 31만 개의 일자리 창출 혜택을 누렸다.[2] 당시 우리나라도 참여 제안을 받았으나, 예산 부족과 정부의 의지 부족으로 참여치 못하였으며, 유전체 연구에서 후발주자로 남게 되어 글로벌 연구 경쟁력 선점에 실패한 사례로 거론되곤 한다(이준석, 2015). 이런 게놈 프로젝트의 사례를 토대로 우리나라 정부는 해외와 뇌 연구 경쟁력에서 어떤 국가도 선제적으로 결과를 만들어 내지 못한 신경윤리를 선점하여 뇌과학에서 글로벌 경쟁력 우위의 한 축으로 삼기 위함으로 분석된다.

현재 많은 전문가들은 미래 사회의 주요 입법적 과제로 뇌과학을 거론하며 뇌과학의 미래 사회적 파급효과를 위해 현행 「뇌연구촉진법」 개정 등 국가 차원의 대응을 요구하고 있다. 2017년 12월 국회 법제실에서는 4차 산업혁명을 국가 차원에서 선제적으로 대응하기 위한 주요 입법적 과제로 「4차 산업혁명 대응 입법과제」 보고서를 발간하였다. 이는 국회 차원의 규제 개선과 입법과제를 마련하기 위해 제작된 보고서로 과학기술 분야에서는 국내 많은 전문가들이 다양한 입법과제에 대한 의견을 개진하고 있으며, 이 중 뇌과학과 관련된 사항은 아래 2가지이다(국회 법제실, 2017).

---

2) https://ec.europa.eu/futurium/en/content/38b-investment-human-genome-project-drove-796b-economic-impact-creating-310000-jobs-and.html.

① 정책안을 현장 실무자들과 논의, 현실적·실질적인 방안의 논의 필요
② 4차 산업혁명의 핵심 분야인 뇌과학에 대한 분야를 전문 분야로 세분화하여 전문적인 연구가 필요

법학과 윤리학의 공통점은 둘 다 규범 학문으로 사실관계 증명보다는 문제에 대한 방법론에 대한 관점의 차이로 법과 윤리는 구별된다. 법은 강제로 제재를 가해 효율성과 효과성을 우선적으로 하지만, 윤리는 자율적으로 양심에 따름으로 강제할 수 없다는 점을 우선으로 법으로 허용되는 모든 것이 윤리적으로 동의할 수 있는 것을 다 포용하지 않는다. 다시 말해서 법의 준수가 반드시 양심과 일치하는 것은 아니며, 현행 법의 옳고 그름에 대한 문제는 윤리의 문제이지 법 자체 문제는 아니다. 그러므로 모든 윤리학은 법으로 대체될 수 없다.

의생명과학 분야에서 모든 연구행위는 일정 법규범이 있어야 하지만, 모든 것을 법이 다 정할 수는 없는 현실에서 법보다 사회 구성원의 합의를 거친 공통윤리 적용이 최우선이지만, 이런 윤리를 담보하기 위해서는 법이라는 제도적 기반이 필요한 상황이다(진교훈, 2017). 하지만 법은 행위의 명확한 방향과 근거를 제시하는 국가 최고의 제도적, 구속적 행위이지만, 또한 새로운 방향을 제시하는 프레임으로 가장 효과적 수단이기에 국회 법제실에서 제언한 신경윤리에 대한 입법과제의 중요성은 큰 의의를 가진다.

우리나라에서는 1997년에 「뇌연구촉진법」을 제정하여 뇌 연구를 국가 차원에서 지원해 왔으며, 이후 몇 차례 개정을 거쳐 현재의 모습을 갖추게 되었다. 특히, 최근 개정 경과와 관련한 국회 상임위(과학기술정보방송통신위원회) 보고서에서는 신경윤리 거버넌스 구축 여부에 대한 논의와 별개로 신경윤리 관련 미래 이슈에 대해서는 아래 예시를 들며 우리 생활 속의 발생 가능한 문제를 제기하며 그 연구의 필요성과 국제 협력 등을 통한 해결방안 마련을 촉구하였다.

뇌과학연구가 산업화에 직결되어 있고, 평범한 사람들의 가장 큰 관심거리인 건강, 수명 연장, 인간 향상 문제와 직결된 만큼, 안전과 윤리를 바탕으로 한 지원책이 추진되어야 한다는 것을 부인하는 사람은 거의 없을 것이다. 시민단체나 시민들은 뇌과학 분야의 기술혁신과 첨단 연구가 가져다주는 성과와 역기능, 그와 관련된 개인과 사회에 대한 사회적, 윤리적, 법률적 문제에 대해서 그들의 의견을 발표할 수 있는 기회가 주어져야 하며, 정부는 이를 수렴하여 지적한 문제점들을 논의하고 정책에 반영하도록 노력하는

〈표 5-2〉 국회 과방위 검토 보고서 중 신경윤리 주요 이슈

구 분	주요 내용	부정 사례 예시 등
마음 읽기	뇌영상 근거 거짓말 탐지기 사용, 소비자 선호/의도를 파악하고자 하는 뉴로 마케팅	fMRI와 같은 장비로 사고, 감정, 동기, 의사결정 등을 관찰
사적 자유 침해	뇌영상 자료는 특정 정보만 선택적 제공 불가 기존 개인정보 기준 적용 가능 여부	뇌영상 패턴으로 개인 식별 가능 핵심정보 외에 부가/파생정보를 조합하여 개인 식별 가능
행위책임	행위책임에는 의도가 중요. 뇌 이상으로 인한 범죄행동의 책임과 뇌 발달이 완성되지 않은 청소년 범죄 여부	뇌영상자료, 유전자 결함
인지기능 증강	인지기능/정서불안/부정적 기억개선 등 뇌 작용에 개입	경두개자기자극(TMS: Transcranical Magnetic Stimulation), 경두개직류자극기(TDCS: Transcranial Direct Current Stimulation), BMI(Brain-Machine Interface)
사회정의	브레인 도핑(약물 부작용과 정당한 노력의 대가 개념)	수능과 같은 시험에서 ADHD 치료제 처방으로 일시적 뇌기능 향상 및 기술의 접근성 문제
정체성과 인간의 경계	개인 신체로 경계가 지워지는 인간의 정체성	BMI 알고리즘 오작동, 뇌 해킹 문제
미니 뇌 / 오가노이드	인공장기로 인한 생명을 정의하는 자율성과 재생산의 능력 여부와 생명의 존재로 인정할 것인지 및 생명의 정의를 재정립할 것인지 여부	-

(국회 과학기술방송정보통신위원회, 2018)

책무가 주어지는데 이를 위해서 뇌신경윤리위원회의 설치가 필요하다고 할 수 있다. 뇌과학 연구로부터 야기되는 사회적 이슈에 대해서 어떠한 결론을 내리든 시민의 신뢰를 받아야 우리 사회에 수용되고 논란을 잠재울 수 있는 의사결정기구이자 감시탑(watchtower)으로서 기능이 뇌신경윤리위원회의 역할이다.

첨단과학 연구의 경우 아직 그 성과에 대해서 불확실성을 가지고 있는 특성으로 인하여 과학적 과장이나 부정행위 또는 안전성에 대한 기만은 언제든지 일어날 수 있고, 그로 인해 일반국민이나 사회에 미치는 파장은 상당히 클 수 있으며, 항상 노출되지 않고 은폐될 가능성도 얼마든지 있다. 윤리적·사회적으로 심각한 영향을 줄 수 있는 첨단 뇌

과학 연구분야에 대해서는 관련 전문가들에게 의견을 구하고, 해외의 연구동향을 점검, 분석하는 과정을 거쳐서 이를 보고서로 만들어 이 보고서를 바탕으로 관련 시민단체 또는 과학협회에 회람하고 의견을 수렴하여 뇌신경윤리위원회의 심의를 거쳐 권고안 또는 공적 의견을 제시하는 방안이 있어야 할 것이다. 신경윤리의 영역에서 무엇이 개인 또는 사회를 위해서 최선인지에 대해서도 물어야 하지만, 더 중요한 것은 주어진 상황에서 어떠한 의견 수렴절차를 거쳐서 누구를 설득하고 무엇을 이해하며, 상황을 분석하고 평가하여 그 과정에서 뇌과학 전문가와 시민들의 성숙한 이성을 어떻게 활용하고 있는지에 대한 과정을 마련하는 것이 중요한 과제로서 주어져 있는 것이다.

▸ 제5장 참고문헌

과학기술정보통신부, 「대한민국 과학기술 미래전략 2045」, 2020. 10.

국회 과학기술방송정보통신위원회, 「뇌연구촉진법 일부개정법률안 검토보고서」, 2018.

국회 법제실, 「4차 산업혁명 대응 입법과제」, 2017.

공창진, "뇌－컴퓨터 인터페이스의 신경윤리학적 측면에서의 문제점 분석 및 개선 방향", 한국정보과학회 학술발표논문집, 36(1C), 2009.

박은정, "생명공학기술과 인권", 『과학기술과 인권』, 유네스코한국위원회, 2001.

이준석, "포스트게놈 시대의 국내 유전체연구 현황: 한국적 거버넌스의 제도적 다형성 연구", 『과학기술학연구』, 15(1), 2015.

조선비즈, "[북리뷰] 뇌는 윤리적인가", 2015. 10. 31.

진교훈, "한국 생명윤리의 과거와 현재 그리고 미래. 생명", 『윤리와 정책』, 1(1), 2017.

한국과학기술정보연구원, "사람의 의도를 읽어낼 수 있는 뇌스캔 기술에 대한 윤리적인 논쟁", 『SCIENCEON』, 2007. 2. 13.

Habermas, Jürgen 지음, 장은주 옮김, 『인간이라는 자연의 미래－자유주의적 우생학 비판』, 나남출판, 2002.

Borton, D. A., Dawes, H. E., Worrell, G. A., Starr, P. A., and Denison, T. J., "Developing collaborative platforms to advance neurotechnology and its translation", *Neuron*, 108(2), 2020.

Garden, H., Bowman, D. M., Haesler, S., and Winickoff, D. E., "Neurotechnology and society: Strengthening responsible innovation in brain science", *Neuron*, 92(3), 2016.

Giordano, J., & Shook, J. R. (2018), "Neuroethics: What it is, does, and should do", *Health Care Ethics USA*, 1－5.

Lázaro－Muñoz, G., Zuk, P., Pereira, S., Kostick, K., Torgerson, L., Sierra－Mercado, D., … and McGuire, A. L., "Neuroethics at 15: Keep the Kant but add more Bacon", *AJOB neuroscience*, 10(3), 2019.

OECD. (2017). Recommendation of the Council on Responsible Innovation in Neurotechnology, OECD/LEGAL/0457.

______. (2021). "Neurotechnology and society: Strengthening responsible innovation in brain science", *OECD Science, Technology and Industry Policy Papers*, No. 46, Paris: OECD.

Pickersgill, M. (2021). "Experiences of Ethics, Governance and Scientific Practice in Neuroscience Research", In *The Cambridge Handbook of Health Research Regulation*, Cambridge University Press.

Sciencebusiness.net. “The ethics of neurotechology come under sharper scrutiny”, 2020. 1. 9.
Zuk, P., Torgerson, L., Sierra–Mercado, D., and Lázaro–Muñoz, G., “Neuroethics of neuromodulation: an update” *Current Opinion in Biomedical Engineering* 8, 2018.

찾아보기

[ㅇ]

[ㅈ]

[ㅊ]

[저자 약력]

이 인 영

홍익대학교 법과대학 교수
한국생명윤리학회 회장, 한국비교형사법학회 회장 역임
미래의료인문사회과학회 회장
연세대학교 법학박사

정 성 진

한국뇌연구원 책임연구원
국제뇌과학기구(International Brain Research Organization, IBRO) 사무총장
아시아-오세아니아 뇌과학연합회(Federation of Asian-Oceanian Neuroscience Societies, FAONS) 사무총장
글로벌뇌신경윤리회의(Global Neuroethics Summit, GNS) 공동의장
한국뇌신경과학회 부회장
하버드 의과대학 및 보스턴 어린이병원 박사후연구원
서울대학교 이학박사

설 선 혜

부산대학교 심리학과 교수
다트머스대학교 심리뇌과학과 연구원 역임
서울대학교 심리학박사

심 지 원

동국대학교 철학과 교수
중앙대학교 HK+인공지능 사업단 연구교수
독일 뮌스터대학교 철학박사

김 소 윤

연세대학교 의료법윤리학과 교수
한국의료법학회 회장
한국골든에이지포럼 정책연구원장
아시아-태평양공중보건학회(APACP) 회장
연세대학교 보건학 박사

남 승 민

고려대학교 문과대학 강사
이화여자대학교 의과대학 강사
한국철학회 생명윤리위원회 위원
한국의료윤리학회 간행이사보
한양대학교 의과대학 의료인문학 박사

양 지 현

연세대학교 인문사회의학교실 의료법윤리학과 연구강사
미래의료인문사회과학회 편집이사
연세대학교 의료법윤리학협동과정 법학박사

강 태 우

한국뇌연구원 책임행정원
대구경북과학기술원 총괄기획팀장
대구경북첨단의료산업진흥재단 전문위원
국가과학기술연구회 예결산 심의전문위원
경일대학교 행정학 박사

신경윤리 입문

초판발행 2023년 12월 20일

지은이 이인영 · 정성진 · 설선혜 · 심지원 ·
김소윤 · 남승민 · 양지현 · 강태우

펴낸이 김중용

편 집 심성보 · 김인숙

펴낸곳 도서출판 정독
경기도 고양시 일산서구 하이파크로 113, 102-204
등록 제406-2014-000093호
전 화 031)924-7203 팩 스 031)935-0345
홈페이지 www.jeongdok.co.kr 이메일 admin@jeongdok.co.kr
ISBN 979-11-6858-191-3 93190

정 가 25,000원

이 책은 한국연구재단 미래뇌융합사업 뇌신경윤리과제(2019M3E5D2A026450822)의 지원을 받았음